JN425139

그를 습격한 28개의 비자발적 기억

김우남 에세이

걸레도둑 만나러 나는 테미로 간다

이화

일/러/두/기

1. 정확한 글이 아름다운 글이다. 그런 생각으로 썼다.
2. 영어식 구조의 문장, 일본투의 표현, 잘못된 말 등, 오염된 문장을 쓰지 않으려고 했다.
3. 필자의 소설에서 체험이 투영된 일부를 인용했다.

이이 도서의 국립중앙도서관 출판시도서목록(CIP)은 서지정보유통지원시스템 홈페이지(http://seoji.nl.go.kr)와 국가자료공동목록시스템(http://www.nl.go.kr/kolisnet)에서 이용하실 수 있습니다.(CIP제어번호: CIP2013025691)」

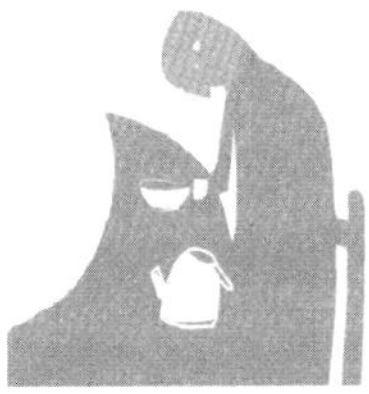

걸레도둑 만나러 나는 테미로 간다

작가의 말

지나고 보니 가난도 재미있었다.

마냥 비극적인 것만은 아니었다. 배가 고파도 유년 시절은 순진무구한 탐구로 요동치며 흘러간 세월이었다.

월사금을 못 내서 선생님께 쭈뼛쭈뼛 거짓 약속을 하는 것도 두근거리는 치킨게임(?) 같은 것이었다. 당장 가져와. 노기어린 선생님의 한마디에 집으로 쫓겨가면서도 비참하다는 생각은 들지 않았다. 쫓겨가는 사람은 나 말고도 언제나 여럿이었기 때문이다.

검정 빤쓰 하나와 메리야쓰 한 장을 여름철 교복과 일상복으로 삼아 지내던 일도 부끄럽지는 않다. 다른 애들도 다 그렇게 입고 여름을 났기 때문이다.

그 시절의 가난은 동무들과 나의 인생 상견례였다.

지난 세월은 부르스 윌리스의 다이하드처럼, 아슬아슬했던 131분짜리의 상영시간에 지나지 않았다. 나는 마치 해피엔딩의 미래를 알고 있었던 것처럼 걱정하지 않았다. 아등바등했던 일상에서도 모든 것엔 반짝이는 재미가 있었다.

과거는 행복한 마침표로 끝나고 싶은 현재의 뿌리다. 숨은 고수에게서 비기秘技를 전수 받은 주인공이 마침내 무공을 완성하는, 우리는 파란만장한 성취를 꿈꾸었다.

성장기의 고통은 황홀한 공황장애 같은 것이다.

그러나 결코 두렵지는 않았다. 케세라세라. 뭐 어떻게 되겠지.

자본주의가 연출한 상대적 박탈감이 대상포진처럼 아프다. 지금은 가난을 나누지 않는다.

티브이 드라마에 등장하는 재벌의 2세 3세, 돈으로 행복지수를 따지는 배금주의 신봉자들, 자신의 생애를 비리로 물들인 정치인 권력자들이 내 글을 읽기 바라지만 언감생심 과욕일 것이다. 만약에 그들이 수세식 화장실에 가서 서너 쪽이라도 본다면, 나는 대한민국의 목욕재계에 일조했다고 스스로 즐거워할 것이다.

마침표를 찍고 공룡 발바닥만 한 마당에 내려서니 쪽달이 떴다.

쪽달 우러르며 가만히 나에게 말했다.

고맙습니다. 작년 그러께 그그러께가 엊그제 같은데, 올해도 앵초꽃 원추리꽃 또 보게 해주셔서.

여름이 가도록 이런저런 생각을 품게 하시고, 깊어가는 가을에 뒤척이는 겨울밤을 몇 번이나 더 주실는지.

고맙습니다. 한밤중에 쓰디쓴 커피빛 커피를 주시고, 컴퓨터 자판 앞에서, 어리고 젊었던 시간들을 돌아보게 해주셔서.

글쓰기는 살아온 날들을 버겁게 해주던 것. 버거우면서도 황홀하던 것.

고맙습니다. 슬프고 기쁜 일을 생각나게 해주셔서.

이 글들이 지나온 생애를 그리워하게 해주십시오.

된장국에 냉이 향을 풀고자 하오니 봄 식탁을 다시 한 번 차려주십시오.

2013년 가을, 작은 마당에서

차례

걸레도둑 만나러 나는 테미로 간다

황태사黃太辭

너희가 나를 낚아 덕장에 세우고는
독한 햇살에 찬바람 그리고 눈보라를
날마다 겨끔내기로 쐬인 뜻은 무어더냐
온몸은 포로 뜨고 대가리는 무치고
장을 치고 파 썰어넣고 후춧가루 뿌려대고
부글부글 속 끓이고 조리고 구워
찜이다 구이다 탕이다하여
쩝쩝 입맛들을 잘도 다시는구나
허나 네 이노옴들
두 눈 부릅뜨고 다시 날 보거라
얼면 동태요 마르면 북어요
더덕처럼 얼부풀면 몸매도 홀쭉한 빛 누른 황태지만
등은 청갈색 배는 은백색
동해바다 찬 무대를 즐겨 찾던, 내 본시 명선생이 아니더냐
그러나 그보다도 네 이노옴들

일렁이던 쪽빛 물결 물살 가르며
우리 살붙이들 좋아라 나들이할 땐
나는 바닷속 바람이었느니라
그런즉 네 이 노옴들
나를 먹을 땐 삼가 공경하여 옷깃을 여미라
너희가 젓가락을 방자히 놀린다면
달아오른 냄비 속 찜으로 있다가도
나는, 먹힐 살점에 날개를 달아
저 하늘 은하수 청석골에서
꺽정이 칼처럼 세상을 겨눌 것이다

나는 바다의 재즈다
듣거라, 너희가 너희인 것처럼
나는 나, 명태이니라.

인구 10만이 채 못 되던 시절의 작고 순결했던 도시, 대전은 내 자유의 바다였다.

남가지몽이란 고사성어의 이야기 속에서 개미의 일생이 홰나무 아래를 벗어나지 못했던 것처럼, 나도 목척교를 가운뎃점으로 삼아 반경 4km를 벗어나지 못한 생애를 살았다.

그 4km 안에는 대전천도 들어있고 중앙시장도 들어있고 대흥동의 테미도 들어있다.

어릴 때 내 놀이터나 마찬가지였던 중앙시장엘 가면 팔고 사는 이들의 호객과 흥정이 온몸에 땀처럼 달라붙는다. 비로소 사람 사는 세상에 온 것처럼 끈적끈적하다.

목척교에 기대어 대전천을 바라보면 유년의 기억이 손짓하는 동영상이 떠오른다.

목척교에서 중교, 중교에서 대흥교 사이에 있었던 수백 채의 판잣집들, 그 속에서 꼬무락거리며 살고 있던 봉숭아꽃 같던 사람들, 갑남을녀 필부필부들이 어른거린다. 그러다가 나는 멱 감던 목척교, 술 먹던 목척교, 사랑하던 목척교의 한세월에 젖어든다.

목척교에 서있으면 안다성의 저음 '못 잊을 대전의 밤'이 귓전에 맴돈다.

'가로등 희미한 목척교에 기대어서서'.

누구든지 헨리폰다가 주인공이었던 영화 'On Golden Pond'처럼 자신의 '황금연못'에서 한가로이 늙어갈 권리가 있다.

저녁노을에 물든 호숫가에서, 갈등하던 딸과 용서와 화해를 낚는 헨리 폰다의 노년은 한 폭 삶의 몽유도원도다. 그런 Golden Pond를 사유지로 소유하지 못한 가난뱅이라 해서 낙담할 필요는 없다.

생각하기 나름이다. 목척교 반경 4km는 내 Golden Pond다.

눈만 뜨면 경제대국 또는 선진국 진입이라는 미명하에 싸가지 없는 변화가 도처에서 일렁이고 있는데 대전의 테미가 아직도 옛날의 원형을 간직하고 있다면, 그곳은 내 노년의 Golden Pond 중에서도 제일경第一景이 될 것이다.

내가 다닌 중고등학교는 대전의 대흥동, 테미의 옆구리에 있다. 대학 시절 4년을 줄창 오가면서 청년의 몽상을 일삼던 길도 테미를 통과해야 했다. 등굣길에서 잠옷 입은 중년의 사내가 개를 끌고 산책하는 광경과 마주치는 일도 있었다. 사람보다 더 개를 사랑하는 요즘 풍속도의 기형적 단초가 그 사내에게서 비롯한 듯한 느낌도 든다.

33년을 근무했던 학교도 테미에 있었다.

그러고 보니 테미의 공기를 마시고 산 그 세월이 무려 43년이 넘는다.

보문산 공원으로 들어서는 삼거리 길목이 테미의 끝이다.

흐드러지게 벚꽃이 피는 수도산도 테미에 있다. 지금은 노인 복지회관이 들어서서 날마다 황혼의 나그네들이 모여드는 노년의 땅이기도 하다

구불구불, 뒷골목이 막창자 같은 곳. 테미는 내 인생실록의 일번지나 다름없다.

몇 달 전, 테미 그 아날로그 세월의 좌표에서 나는 주막 하나를 발견했다.

내가 좋아하는 사진작가 성기영씨의 단골집이라는데 조촐하고 정갈했다. 주모의 마음 씀씀이가 수더분하다. 주모이자 주인인 아낙은 있는 그대로 베푸는 목포댁이었다.

녹두 빈대떡의 두툼한 두께는 실팍하고 인정스럽다. 텁텁한 입안을 가시는 콩나물국 또한 내 입맛에 맞는 별미다.

그곳에선 '탁배기'라는 막걸리를 팔고 있다. 나는 탁걸리라는 말도 곧잘 쓰지만 탁배기라는 말이 우리말 입맛 같아서 유난히 좋아한다.

'탁배기'는 언제나 가슴에 앵기는 말이다.

주막은 좁지도 넓지도 않아 탁배기 한 잔 걸칠 만한 무대로 손색이 없다.

적당히 어우러지는 주도酒道의 분위기도 미상불 깔끔하고 상스럽지 않다. 나이 진득한 술꾼들이 모여들기 때문에 어색한 노소동락의 풍경도 보이지 않는다.

주막의 삼박자가 그럴 듯하다. 이만하면 나처럼 까칠한 술꾼이 단골주막으로 삼아도 부족함이 없다.

일배일배부일배一杯一杯復一杯. 한 잔 한 잔 또 한 잔.

막걸리에 녹은 이야기가 잘랑잘랑 잔을 채운다.

세 사람이 둘러앉아 술잔을 나누면 복사꽃이 피고, 단풍이 든다.

한 잔 가니 다시 한 잔 되오고. 취했으면 그대는 가시게나.

내일 또 덧없다 하염없거든 흘러간 세월 가슴에 안아 오시라.

군자고향래君子故鄕來

그대가 고향으로부터 왔으니

응지고향사應知故鄕事

응당히 고향의 일을 알리라

— 왕유의 「잡시3수」에서

갈 때마다 나는 가을산처럼 불콰해서 돌아오곤 했다.

주막의 벽엔 성기영 사진작가의 구름 사진 몇 점이 걸려있다. 그는 뛰어난 예술적 감성의 소유자로 그의 부친도 마음에 안 드는 사진은 사정없이 찢어 버리던 예술혼 그 자체였다.

'인생은 환상과 같은 것', 그런 느낌도 들고 '혁명적 격동'을 나타낸 듯한 터키 하늘의 구름사진은 우리들이 살아온 세월의 파란만장 같기도 하다.

어떤 음악 마니아가 갖다 놓았다는 오디오에서 바흐의 바이올린 협주곡 E장조인지 모차르트의 피아노 협주곡 C장조인지 뭔가가 흘러나올 때도 있다. 나는 E장조, C장조를 구분할 능력도 없다. 흘러나오는 음악이 아마도 그런 종류가 아닐까, 하고 추측할 따름이다.

모르는 명언이 나오면 셱스피어라고 넘겨짚어 보시라.

모르는 음악이 나오면 바흐 아니면 모차르트를 거명하시라.

나는 서양음악엔 문외한이다. 명문학교 티를 내던 모교는 나에게 괜찮은 피아노곡 하나를 제공한 일이 없다. 아, 하나가 생각난다. 어느 날 음악시간에 해설을 곁들여 '경기병서곡'을 들려준 일이 있다. 그래서 그건 지금도 흘러나오기 무섭게 알아챈다.

차라리 어렸을 때 곧잘 들었던 아버지의 창소리가 내 귀엔 더 익다.

아마추어 소리꾼이었던 아버지는 거나하면 장비가 호통 치는 적벽가의 한 대목도 뽑았고 정정열의 춘향가도 불렀다.

물론 그 당시 나는 적벽가나 춘향가를 알 수 없었다. 훗날 내가 대가리 커서 판소리 지식을 쌓은 40대 이후에 유년의 기억과 아버지의 소리를 퍼즐처럼 짜맞추어본 결과 내린 판단이다.

서울대 합격에 목매달던 명문교는 내 음악적 소양과 감상 능력에 아무런 보탬이 된 바 없다. 오히려 아버지야말로 나를 판소리 세계로 인도해준 음악적 스승이라 할 수 있다.

술에 촉촉이 젖은 아버지가 그때마다 각종 판소리를 시연해 준 덕택에 나는 초등학교 4학년을 전후해서 시공관이나 경신관을 쫓아다니면서 '해바라기' 같은 국극 공연을 여러 차례 혼자 본 일도 있었다. 그 무렵으로 돌아가면 나는 임춘앵이나 김진진에 흠뻑 빠진 꼬마 광팬이었다.

아버지는 대체 어디서 그런 소리들을 배웠을까? 아버지의 소리 습득 과정을 추적하노라면 제법 그럴 듯한 이야깃거리를 찾아낼 법도 하련만 미처 거기에까지는 생각이 미치지 않았다.

임방울의 '쑥대머리'나 박유전의 '이별가'도 좋고 장사익의 '찔레꽃' 한 대목이 나오면 내 취흥은 더 도도할 것이련만 이곳은 막걸리에다가 바이올린을 짝지어 놓고는 시치미를 떼고 있다.

어떻든 예부터 '술과 시와 거문고'를 선비의 북창삼우北窓三友라 하지 않았던가.

술과 거문고가 있다면 시가 있어야 할 터.

옳거니, 내심 가끔 들르는 술의 Golden Pond로 삼아야겠다 싶어 며칠 뒤 나는 시 한 수를 실사 출력해서 주막에 선물했다.

테미주막에서

여기는 백제 땅
근초고왕이 산성 쌓아

테미라 불리던 곳

한 잔은 사랑
한 잔은 슬픔
석 잔이면
칠백 년 왕국도 주막 같은 것

어서 드시게
목포댁 손맛이 마실 와서
콩나물국에 빈대떡도 부쳤으니
인생만사 일장춘몽
눈물 삭은 게 탁배기여

춘삼월 이짝 언저리엔
그 뭣이다냐
연분홍 벚꽃들 피었다가는
난분분 난분분 낙화할 거여.

멋진 신세계라도 발견한 것처럼 희희낙락하면서, 나는 이곳에서 가끔 세월을 낚기로 작정했다.

이제 비로소 테미에 갈 까닭 하나가 생겼다.

청춘은 거듭 오지 않고 세월은 사람을 기다리지 않아도 막걸리 한 잔에 불콰하면 초록빛 청년 시절이 어른거릴 것 같아 내심 느낌이 괜찮았다.

인생은 한바탕 어지러운 일장춘몽.

죽기 전에 '내 인생의 마지막 변화구' 한 번쯤 던지고 싶었는데 '언제, 어디서, 던져야 하는지, 변화구의 주제는 무엇이어야 하는지, 던진다면 왜, 던져야 하는지, 그러지 않아도 만만치 않은 갈등을 품으며 살던 차였다.

인생을 비유하는 말은 부지기수다.

일장춘몽도 한단지몽도 같은 뜻이고 남가지몽이나 여옹침이란 말도 오십 보 백 보다. 일취지몽도, 황량몽이나 노생지몽도 또 마찬가지다. 흘러가는 생의 본질 자체는 예나 지금이나 무에 다를 것인가.

당신은 지금 청춘인가. 그렇다면 이 말들을 굴비 엮듯 하나의 이야기로 꿰어 몇 가지 의미를 찾아보시라. 아니, 노년이라면 노년 그대로 한 번 음미하시라.

중국 당나라 때, 심기제라는 사람이 쓴 전기소설에 침중기枕中記라는 글이 있다.

기원전 4세기 전국시대, 조나라의 서울이었던 한단의 어느 날.

노생盧生이라는 한 젊은이가 사냥길에 나섰다가 이 한단의 어느 주막에서 하룻밤을 머무르게 되었다.

시장기가 잔뜩 들어 뱃속에서는 연신 쥐새끼 소리가 난다. 노생은 마침내 참지 못하여 주모에게 때 이른 저녁밥을 재촉했다.

"밥이 마악 떨어졌으니 새로 해야겠수. 잠시만 기다리시우."

"어서 빨리."

"그런데 우리집에 쌀은 없으니 그런 줄 아시우."

"쌀이 없으면 무슨 밥을 짓는단 말이오?"

"황량미黃粱米가 있을 거요."

황량미는 좁쌀의 한자어다.

"지금 내가 무어는 못 먹겠소."

주모가 좁쌀밥을 짓는 동안에 노생은 무료하여 말벗을 찾았다.

마침 한 늙은이가 있어 통성명을 하고 본즉 여옹呂翁이라는 도사였다.

두 사람은 이런저런 이야기를 나누었다.

이야기가 흘러가다 보면 신세한탄과 팔자타령이 끼이게 마련. 노생의 말투도 어느새 하소연과 넋두리조로 옮아갔다.

"사나이 대장부가 한 평생 살면서 가난에 찌들었을 뿐 아니라 앞으로도 나아질 기미가 없으니 이 어찌 한스럽지 않겠습니까."

노생의 장탄식을 듣던 여옹이 배낭에서 청자靑磁베개 하나를 꺼냈다.

"이 사람아, 이 베개 베고 잠시만 눈을 붙여 보시게."

마침 졸립기도 한 터라 노생은 하라는 대로 했다. 눕자마자 노생은 깜박 잠이 들었다.

잠 속에서 꿈을 꾸고 꿈속에서 노생은 지화자 좋다, 신나는 일생을 살았다.

노생은 명문세도가 재벌 최씨의 아리따운 규수를 맞이하고 과거에 응시하여 진사에 급제했고 그때부터 출세가도를 달려서 오늘의 서울 시장에 해당하는 벼슬에 올랐을 뿐만 아니라 마침내는 천자의 오른팔 재상에 이르게 되었다. 한때 유배생활도 하고 죽을 뻔한 고비도 있었으나 그것은 밋밋한 이승살이의 양념이었고 승진에 승진을 거듭한 끝에 연국공燕國公의 봉작까지 누리게 되었다.

눈썹이 희고 길게 자랄 때까지 잔병치레조차 안하고 여든 살의 수복壽福을 받았을 뿐 아니라 슬하에는 영특한 아들 다섯을 두어 오복에 복 하나를 더 보탰고 '우리가 남이가', 일가친척들도 부귀영화를 함께 누렸다. 누리고 누리고 일백 번 고쳐 누린 한 세상, 남들이 침 흘려 부러워 한 바니 무엇을 더 바라겠는가.

노생이 기지개를 켜며 잠에서 깨어나 살펴보니 이게 뭐여, 모두가 한낱 꿈이었다.

몸은 한단의 초라한 주막에 누워 있었고 옆에는 청자 베개를 준 여옹이 그대로 앉아 있었다.

허기진 배를 끌어안고 잠들었던 사실을 그제야 깨닫고 주모를 찾으니 좁쌀밥은 아직도 뜸이 들지 않은 채였다. 그런즉 꿈속에서의 부귀영화 80평생은 밥 한 끼 지을 만큼의 시간도 안 되는 찰나에 지나지 않았던 셈이다.

깨어난 노생을 보고 여옹이 빙그레 웃으며 말했다.

"인간세상의 모든 일이 바로 그와 같은 것일세."

한단은 조나라의 서울이었으므로 한단에서 꾼 꿈은 곧 '서울사람의 꿈'이다. 서울로, 서울로 모여들다 보니 대한민국 4분의 1이 서울에 모여 산다. 그 4분의 1이 꾸는 '서울의 꿈'이 한단지몽이다.

밥 한 끼 지을 만큼의 꿈이었다 하여 일취지몽이라 하는 것은 인생의 시간이 짧다는 비유다. 평균수명이 늘어서 100살 시대가

왔다고 좋아라 하지만, 100살 살다보면 120살 못 사는 것이 원통하고 허무할 것이다. 60년이나 100년이나 '찰나'라는 점에서는 거기서 거기다.

좁쌀밥 짓는 동안의 꿈은 황량몽黃粱夢이다.

꿈속에선 산해진미일지 몰라도 현실은 좁쌀밥이다. 그러니 꿈 깨라, 그런 경고가 숨어 있는 것은 아닐까.

여옹이 준 베개를 베고 꾼 꿈이라 하여 베개 침 자를 넣어 여옹침呂翁枕이라 한다. 여옹은 늙은이다. 이것은 깨달은 늙은이가 깨닫지 못한 젊은이에게 생의 본질을 가르쳐주는 지침이다.

노생은 젊은이다. 따라서 꿈은 노인의 것이 아니다.

꿈은 젊은이가 꾸는 소망이다. 노생지몽盧生之夢은 젊음의 욕망을 가리킨다.

굴비처럼 엮인 이 꿈 이야기의 실체는 결국 행복학개론의 허망이다.

꿈속에선 재벌의 부귀영화, 현실에선 카드빚 돌려막는 빈곤.

노생은 젊음, 여옹은 늙음.

꿈속에선 으르딱딱거리는 권력자, 현실에선 힘없고 가난한 백성 따라지.

꿈속의 현주소는 서울의 강남, 현실의 현주소는 언제 철거당할지 모르는 개발대상지역.

꿈속의 인생이 영원 같은 80년이라면 현실의 인생은 밥 한 끼 짓는 동안의 찰나. 꿈속의 한 끼가 진수성찬의 웰빙 식탁이라면 현실의 한 끼는 나물 먹고 물 마시는 좁쌀밥 밥상.

모두가 이승살이의 헛됨과 부질없음을 가리키는 말이다.

당나라 이백이 '장진주將進酒'에서 머리칼 읊은 구절이 있다.

조여청사모성설朝如青絲暮成雪

아침에는 푸른 실 같더니 저녁에는 백설이 되었네

이백이 다시 읊는다.

'황금 술단지로 하여금 부질없이 달빛을 대하게 하지 말라.'

고급술 있으면 째째하게 굴지 말고 빨리 내놔. "예부터 성인이며 현인들이며 한 세상 주름 잡던 놈들 많았지만 모두가 죽으니 그저 적막하고 오직 술 먹던 자만 이름을 남겼다. 빨리 술 가져와, 나랑 대작하자." 그렇게 말한 것이다.

외형상으로는 권주가이지만 속뜻은 찰나에 지나지 않는 인간만사를 빗대 무욕을 깨우쳐준다.

'침중기枕中記'나 '장진주將進酒'나 어찌 허무한 삶의 덧없음만을 가리키랴. 적어도 '노세, 노세 젊어서 노세.'는 아니다. 부귀영화도 쓰레기, 권력욕도 명예욕도 티끌 같은 것. 그러니 '그런 것은 버리고 분수껏 맛있게 살아라.'는 채찍질의 뜻이 강하다.

진실하게 살아라. 위장전입에 탈세도 하지 말고 병역회피에 위장증여, 투기 같은 것도 하지 말아라. 범법자가 되어 권좌에 올라도 저승사자 따라갈 땐 발걸음이 천 근 만 근일 것이다.

꼼수 쓰지 말아라. 까불지 말아라. 욕심 버려라. 그게 이 꿈의 요

체다.

나라고 별 수 있겠는가. 좁쌀밥 짓는 동안에 한숨 자고, 눈 비비고 일어나 바라보니 청춘을 잃어버린 웬 늙은이 하나가 거울 속에 있다. 부귀영화는 그만두고 '광해, 왕이 된 사나이'는 보았으니 이번에는 '7번방의 행복'이나 '파파로티'를 보아야겠다, 하면서 'CGV' 영화 한 편을 겨냥하는 늙은이의 현재가 날 바라보며 꿈뻑거린다.

지금 나는, 65년 전의 기억을 글의 실마리로 삼으려고 컴퓨터 자판 앞에 앉았다.

그러자 피식 웃음이 나온다. 문득 내가 삼국유사나 조선왕조실록에 등장하는 망자亡者 같다는 생각이 들어서다.

그러나 손가락 꼽아가며 내 나이 셈하려 들지는 마시라.

비록 나이가 좀 들긴 했지만 나는 무덤 속에서 발굴한, 700년 전의 고대 미이라가 아니다. 나는 호모 사피엔스로서 아직도 숨 쉬는 현존인물이다.

아줌마들에게서 귀동냥한 우스갯소리가 떠오른다.

20대의 세월은 20km로 달리고 30대는 30km로 달리고 70대는 70km로 달린단다.

아줌마들의 유머를 적용하면 내 인생의 자가용은 이제 마악 70킬로미터의 주행속도로 고속도로에 진입했다. 바야흐로 시간이 쏜 살같은 나이다.

그러나 나는 당분간 60킬로미터로 달릴 것이다.

자동차 면허도 없고, 운전은 아내가 하고, 아내는 다섯 살 연하니 나는 아내의 속도에 빌붙어 가기로 작정했다. 부부 일심동체는 이럴 때 쓰는 이론이 아닌가.

1965년 11월, 늦가을의 어느 하루가 아직도 동영상처럼 생생하다.

그날의 첫 강의를 들으려고 이 테미 길을 거쳐서 나는 10시쯤 학교에 도착했다. 그런데 문리대 국문과 강의실엔 교수도 동기생들도 아무도 없었다. 웬일인지 휴강이었다. 나만 몰랐던 걸 보면 휴강의 정보를 놓쳤거나 내가 왕따를 당했거나 둘 중의 하나였을 것이다.

하는 수 없이 나는 터벅터벅 다시 이 테미 길을 걸어서 집으로 되돌아가야 했다.

한 시간을 걸으며 걸으며 나는 여름 내내 고이고 고였던 수많은 생각들, 아지랑이처럼 피어오르는 생각의 집합을 정리해야겠다고 마음먹었다. 집에 도착하자마자 나는 생각의 실타래를 풀기 시작했고 9시간 남짓해서 200자 원고지 87장의 마침표를 찍었다. 그것이 신춘문예 로또에 당선된 소설이었다. 그것이 작가의 시작이었다.

테미주막에 탁배기 마시러 가자.

내 글쓰기의 종소리가 울리던 테미에 가자.

50년 만에 테미에 돌아와 좌우를 살펴보니 그리운 이들이 많이도 죽었다.

내일홍매착화미來日紅梅着花未

그대 오던 날 홍매가 피었던가, 안 피었던가

내일은 오늘 다음의 내일이 아니라 '당신이 오던 날, 고향에 오던 날'을 가리키는 또 다른 뜻의 시어다. 내가 좋아하던 이들이 많이 죽었으니 이제 나에게 내일은 오지 않을 것이다,

'피었던가, 안 피었던가' 하며 갸우뚱거릴 '홍매'도 이젠 없다. 작년 그러께 그그러께 무렵에 상추 심고 쑥갓 심자 하여 공룡 발바닥만 한 뜰에서 홍매를 캐내어버린 탓이다.

그러나 뭐 어떠랴. 난분분 난분분 벚꽃이 지는 그곳 테미에 그 주막은 있을 것이니.

빵 한 덩어리를 훔친 죄로 19년의 옥살이를 한 19세기의 프랑스 사내.

이 '불쌍한 사람'을 우리는 장발장이라고 부른다.

내 유년 시절엔 장발장이 많았다.

마당 바지랑대의 빨랫줄에 널어놓은 샤쓰를 훔쳐가는 도둑도 있었고 김칫독의 김치를 훔쳐가는 도둑도 있었고 된장을 퍼 가는 도둑도 있었다. 연탄이 나오면서부터는 연탄도둑도 생겨났다.

그중에서도 걸레도둑은 도둑 중의 백미다.

걸레를 다 훔쳐 가느냐고 못 믿는 아이돌도 있겠지만 이것은 사실이다.

걸레도둑은 내가 살던 시대의 가난을 감동적(?)으로 수놓은 개인사 중의 하나다.

걸레도둑의 주범들은 거의 다 죽었거나 죽어가는 중이다. 우리 세대는 굳이 말한다면 거의 대부분이 걸레도둑의 종범從犯이거나

목격자에 해당한다.

어떻든 우리는 '걸레도둑 세대'다. 내 또래들을 만나면 나는 '50년대의 전사戰士여, 질긴 생존을 축하한다.' 그렇게 속삭이고 싶다.

장발장은 19년의 옥살이를 했다지만 대한민국 걸레도둑의 수형기간은 아마도 죽을 때까지일 것이다.

걸레는 집안을 깨끗이 닦기 위해 필요한 것인데 걸레도둑은 바로 그 걸레를 훔친 도둑이다. 그렇다면 걸레도둑은 수신제가修身齊家를 위하여 걸레를 훔친, 도덕률의 모범생이다.

걸레도둑의 몇 %쯤이 가난에서 벗어나 잘 살고 있을까? 아마도 도덕적 걸레도둑의 상당수는 아직도 후손에게 가난을 대물림하고 있을 것이다. 그게 대한민국의 현실이다.

잘사는 대한민국에 '장발장의 후예' '레 미제라블'은 아직도 현존하는 존재다.

걸레도둑이 있었던 시절의 풍속도(?) 같은 절대가난이 지금도 떠오른다.

테미의 성스튜디오 뒤쪽 일대에 방죽 하나가 있었다.

한 천 평쯤 되었으려나?

어렸을 적 눈썰미로는 통일천하 다투는 그 천하처럼 너른 방죽이었다.

못이나 강, 너른 물을 보면 누구나 한 번쯤은 '물팔매'를 하고 싶을 것이다. 당연히 나도 그랬다.

납작하고 얄팍한 돌을 던지면 돌은 방죽의 물위를 몇 번씩이나 튀기면서 멀리 간다.

물팔매질을 맵시 있게 하면 얄팍한 돌은 열 방도 넘게 물위를 담방담방 스쳐 지나간다. 돌이 물위를 스치며 송사리처럼 튀어갈 때마다 우리들은 '한 방, 두 방, 세 방' 하면서 스치고 튀는 횟수를 헨다.

담방담방 스쳐 지나가는 자리마다 튀는 물.

돌의 크기와 물팔매질의 솜씨에 따라 튀는 물의 생김새는 송사리가 튀는 것 같을 수도 있고 붕어가 튀는 것 같을 수도 있고 때로는 메기가 튀는 듯한 투박한 물 자취로 남을 수도 있다.

그러나 잘 던진 물팔매의 물 생김새는 나비처럼 가볍다. 튀는 속도는 말잠자리의 비상처럼 빠르고 날렵하다.

말잠자리를 본 적이 있는가?

말잠자리는 고추잠자리나 된장잠자리가 아니다.

그놈은 늠름하기 그지없고 그놈의 비상은 쏜살처럼 빠르다. 말잠자리는 역사상 수없이 명멸했던 영웅을 떠올리게 해주는 놈이다.

나는 말잠자리에 뿅 가, 언제쯤 그놈을 잡을 수 있을까, 호시탐탐 가슴 설다.

한여름 방죽의 물 위를 날으는 말잠자리, 그 영웅적 풍모라니.

된장잠자리나 고추잠자리는 범접도 못할, 마하 같은 속도. 숨 가쁘게 기나긴 비상의 거리. 하늘과 겨루는 그 유유한 평행平行.

된장잠자리 열 마리를 잡아 말잠자리와 바꾸려고 시도했지만 말잠자리를 나포한 주인공은 언제나 기고만장 고자세였다.

그런데 테미의 방죽에 가면 좀처럼 보기 힘든 그 말잠자리가 있었다.

왜였을까? 왜 그 방죽에 가면 말잠자리가 있었을까? 그곳이 유비현덕과 조조와 손권이 다투는 잠자리들의 천하 1번지라도 되었단 말인가.

테미 방죽엔 사방 곳곳 지하에서 모여드는 비밀스런 물줄기가 있다.

그곳은 자연산 방죽이었다. 물을 대지 않아도 마르지 않고 언제나 착한 놈 눈에 고이는 눈물처럼 풍부한 물이 그렁그렁 고여 있었다. 물이 그렁그렁 했기에 잠자리들이 떼 지어 나는 사냥터였던 것이다.

말잠자리로 환생하고 싶다.

말잠자리의 비행飛行을 본 사람이라면 유년 시절에 누구나 한 번쯤은 그런 생각을 했을 것이다. 언제나 말잠자리가 날으던 그곳.

테미방죽을 돈으로 따지면 얼마쯤일까?

교육적 가치, 자연생태적 가치를 따진다면 오만 원 권 몇 트럭은 될 것이다.

테미 방죽엔 늠름한 말잠자리처럼 고고한 고목도 하나 있었다. 아마도 느티나무였을 것이다. 고고한 느티나무와 늠름한 말잠자리는 몇 십 년 전의 개발논리로 메워지고 말았다. 용두동 이무기와 테미의 이무기가 승천을 다투던 전설과 그 늠름 그 고고도 방죽과 함께 사라지고 말았다.

지하 어딘가에서 방죽으로 모여들던 물은 방죽을 잃어버리고 갈 곳을 몰라 헤매고 있을 것이다. 오늘도 물줄기는 이쪽의 지하도 기웃거리고 저쪽의 지하도 기웃거리고 무언가의 명목으로 선 몇 층 건물의 지하를 기웃거린다.

어쩌면 지쳐서 지금쯤은 숨을 할딱거리며 방죽으로 가던 길을 멈추고 울고 있을 물.

아아, 갈대가 우거졌던, 테미의 자연산 방죽을 살렸으면 좋겠다.

방죽이 있던 땅 천 평을 사서 되살리면 우리의 후손들은 천 년을 아름답게 살 것이다. 테미는 눈꺼풀과 코를 성형했지만 이마에다 양악까지 칼질한 건 아니니 말이다.

어진 대전시 리더십이 나타나서 주민들과 함께 방죽을 되살리는 꿈을 꾼다.

도화유수묘연거桃花流水杳然去 별유천지비인간別有天地非人間
복사꽃 물에 떠서 묘연히 흘러가니 이곳이 별천지, 인간세상 아니로다

–이백의 「산중문답」에서

말잠자리가 날으는, 방죽이 있는 도심,
여기가 무릉도원이 아니고 무엇일까.

테미에 가면 나와 같은 시대를 살아온 걸레도둑들을 만날 수 있다.

오늘은 유년의 방죽을 찾아 말잠자리 만나러 가야겠다.

걸레도둑을 만나면 말잠자리 안부도 전할 것이다.
그들 걸레도둑의 잔에 탁배기 한 잔을 철철 따르고 싶다.
당신의 과거는 걸레도둑이었다. 건배!
우리가 건너온 세월에 경배한다. 건배!

나에게는 40년 동안 놀던 추억의 땅, Golden Pond 테미가 있다.
당신의 테미는 어디에 있습니까?

대통령 때문에 나는 똥 쌀 뻔했다

판검사는 오래 전부터 서민들의 머릿속에 박힌 출세의 한 전범典範이었다.

내가 번번이 100점 맞은 시험지를 가지고 와서 자랑스레 내놓으면 엄니는 대견한 표정을 짓곤 했다. 기억력 좋은 애가 장땡이던 시절의 시험, 나는 달달달 외어 쓰는 주관식 시험에서 언제나 우수한 점수를 받았다.

나는 내 점수를 보면서 나에게 던지는 엄니의 눈빛이 좋았다.

초등학교 4학년이었던가, 5학년이었던가, 엄니와 나눈 이야기를 기억하고 있다. 국어, 산수, 자연, 100점짜리 시험지를 무려 석 장이나 가져왔던 것 같다. 시험지를 물끄러미 바라보던 엄니가 나에게 물었다.

"커서 무엇이 될 텨?"

깡보리밥이었던가, 수제비였던가. 뭐 그런 것 중의 한 가지였지만 먹다 말고 나는 대답했다.

"대통룡이 될 텨."

"이것아, 대통룡이 아니고 대통령이여."

엄니 말에 나는 비로소 대통령이 '룡龍'이 아니고 '령領'인 것을 알았다.

"왜 하필 대통령인 겨?"

"대통령은 쌀밥두 먹구, 배두 안 고플 거 아녀."

"겨우 그거여?"

"대통룡은 뭐든지 할 수 있다며?"

"고시 합격해서 판검사 되거라."

"판검사가 더 좋을라나?"

어쨌든 뱉은 말을 주워 담을 수는 없는 일. 엄니 앞에서 우연히 한 마디 쏟아놓은 죄로 그날부터 나는, 대통룡이 되기로 마음먹었다. 정 안 되면 엄니 말마따나 판검사라도 되겠다고 생각했다.

'만약에'라는 말은 부질없는 가정이지만, 엄니가 오래오래 살았다면 나는 법과를 갔을지도 모른다. 엄니를 좋아한 내가 엄니의 말을 거역하지는 않았을 터이므로.

엄니가 죽고, 배가 고프면서도 크긴 커서 나는 중학교 일학년이 되었다.

가을 어느 날이었다.

쏴아, 이따금씩 한 줄기 찬바람이 소매 속으로 기어들고, 노오란 단풍잎이 실 끊어진 가오리연처럼 떨어지던 날, 앞에 보이는 민둥산은 더할 나위 없이 황량해 보였다.

"운동장 집합!"

무슨 일일까, 느닷없이 아침부터.

육이오도 아니고 팔일오도 아니고 조회가 있는 월요일도 아닌데. 뭣일까? 오라, 반공궐기대회가 있는가 보다.

우리는 등교하자마자 운동장에 모여 대오를 정돈했다.

뭐가 됐든 수업을 빼먹는다는 사실은 분명했으므로 신명이 났다. 잔칫날의 동네 강아지처럼 꼬리를 흔들며 깝신거리는 녀석들이 여기저기서 강종거리며 뛰어다녔다.

삼일절 행사, 육이오 행사, 팔일오 행사, 반공대회 행사, 보리밟기, 피 뽑기, 송충이 잡기, 잔디 씨 받기, 나무 심기, 모심기, 행사 행사와 동원 동원이 수도 없이 많던 시절이었다. 우리는 역전 광장에 모이기도 했고 공설운동장에 모이기도 했고, 시내 거리를 행진하기도 했다. 우리는 동에 번쩍, 서에 번쩍 조국에 충성하는 동원일꾼들이었다.

"피 뽑으러 가는가 보다."

어떤 녀석이 그런 소리를 했다. 우리는 무심코 그럴지도 모른다고 생각했다.

"이 바보 숙맥들아 나락 빈(베어낸) 지가 언젠데 피 뽑으러 가니!"

누군가가 고함을 질렀다. 피 뽑으러 간다고 했던 녀석은 자라처럼 목을 집어넣곤 입을 꾹 다물었다.

"그럼, 잔디 씨 받으러 갈라나 보다."

그건 그럴 듯하다고 여겨졌다. 그러자 고함을 질렀던 녀석이 조회대쪽을 가리키며 다시 말했다.

"이 깡통들, 저길 봐, 저길. 저기 대대장이 행군복장을 하고 나오잖아. 송충일 잡으러 가거나 잔디 씨 받으러 갈 땐 행군복장 안 해."

우리는 녀석의 날카로운 상황판단에 내심 탄복했다.

녀석의 말대로 학도호국단 대대장과 중대장들이 행군복장을 하고 쏟아져 나오기 시작했다. 어깨에서부터 허리에 이르기까지 비스듬히 또 허리에 굵은 가죽 띠를 두르고, 각반을 차고, 완장을 차고, 흰 장갑을 낀 대대장과 중대장들은 늠름하게 걸어 나왔다. 대대장의 지시를 받아 중대장들은 연신 구령을 매기고 호루라기를 불어대면서 대오를 정렬시켰다.

우리들 애송이 1학년에게 삼학년 중대장이나 대대장은 커다란 느티나무처럼 보였다. 우람한 몸매며 넓은 어깨며 굵은 목소리는 우리가 영원히 따라잡을 성싶지 않은 위압 같은 것이었다. 게다가 가죽띠와 각반과 완장과 장갑을 두르고 차고 끼면 그들의 위엄은 말할 수 없이 그럴 듯했다. 그것들은 그들에게 권능을 부여했다.

가죽띠를 두르면 녀석들은 헤라클레스처럼 삼손처럼 포효했고, 각반을 차면 녀석들은 로마의 검투사처럼 살기등등했다. 완장을 두르면 페르시아의 담요에 올라탄 알라딘처럼 의기양양해서 우쭐거렸다. 호루라기를 불 때면 그들은 로마군단의 지휘관 같았다.

그래서, 행사가 있을 때마다 우린 노예처럼 주눅이 들었다.

송송송 노랑털이 가시지 않은 우리 1학년들은 기가 죽고 풀이 죽었다. 우린 언제쯤 저렇게 몸집이 굵어질는지, 굵어져도 아무나 완장 차는 게 아니었으므로 그들이 가지고 있는 힘은 결국 우리가 가질 수 없는, 영원한 불가능이라고 단정한 나머지 가엾게도 꽁지 빠진 수탉처럼, 추레하게 고분고분 그들의 구령에 흐느적거리기 일쑤였다.

역전 광장에서 무슨 궐기대회라도 있는가 보다, 우리들은 지레 짐작하고 시큰둥했다.

시가행진을 또 하겠지. 중대장과 대대장만 제 세상 만난 듯이 신이 날 것이다. 여학생들과 마주치면 꽥꽥 소리가 그 얼마나 드높으랴. 에이구, 이놈의 못난 백성 노릇.

그러자 갑자기 우리에게 작은 태극기 수기가 하나씩 배부되었다. 걸핏하면 수기를 들고 행사에 동원되던 터였으므로 그것들은 우리가 얼마 전에 하나씩 만들어 제출했던 것이었다.

"태극기가 찢어지지 않도록."

행선지가 밝혀졌다. 뜻밖에도 유성 공군부대 비행장이었다. 이제껏 한 번도 가보지 못했던 곳이었다. 우린 입을 따악 벌렸다. 대충 어림잡아도 이십 리나 되는 거리였기 때문이었다.

"왜 그러지, 거기까지 왜 가는 거야?"

여기저기에서 모두들 수근거렸다.

시내버스도 없던 시절, 깡마른 삭신으로 웬만한 거리는 걸어서 누비는 우리였지만 이십 리는 만만한 거리가 아니었다. 그래도 우리는 수업을 빼먹는다는 즐거움 하나로, 여럿이 함께라는 사실 때문에 희희낙락해서 행군을 시작했다.

중대장들의 호루라기가 악을 쓰기 시작했고 우리는 인형극의 목각인형처럼, 헝겊인형처럼 호루룩호루룩 호루라기에 맞춰 로봇처럼 팔다리를 움직여 걸었다.

장거리 행군이었기 때문에 노래란 노래를 죄다 끄집어내 줄창 불러댔지만 곧 바닥이 나고 말았다. 교가도 세 번 이상 불렀으리라.

"흙 다시 만져보자 바닷물도 춤을 춘다."

팔일오 광복절 노래를 박박 불러댔지만 팔일오가 아니라서 그런지 신명이 나질 않았다.

"아아, 잊으랴, 어찌 우리 이날을……"

육이오 노래를 꺽꺽 불러댔지만 차가운 늦가을엔 어쩐지 이상하기만 했다.

"기미년 삼월 일일 정오오오……"

삼일절 노래를 꽥꽥 불러댔지만 태극기를 흔들 기분은 나질 않았다.

천막천으로 몸체를 만들고 바닥창이 얇은 싸구려 운동화, 발바닥은 아프고 땀이 축축이 배어들었다.

공군부대에 도착했을 무렵 모두들의 꼬라지는 지쳐서 축 늘어진 몰골이었다. 떠나던 때의 희희낙락과 장난기는 어디론가 사라지고 물 먹은 걸레처럼 길다랗게 눕고 싶어 했다. 못 먹어서 누렇게 뜬 애들은 물오징어처럼 흐물거렸다.

우린 도중에서 수많은 시내 중고등학생들의 행군과 만났다. 그래서 이것이 시내 중고생들의 총집결이란 것을 알아챘을 뿐더러 마침내 왜 우리가 그곳에 가는지 꼬투리를 잡을 수 있었다. 궁금증을 품었던 시간은 고작 삼십 분에 지나지 않았다.

공군부대 연병장은 어마어마하게 넓었다. 연병장과 비행장의 까마득한 저 너머에는 이국의 광활한 세계가 펼쳐져 있을 것 같았다. 우리가 늘 상대하던 역전 광장은 이것에 비하면 판잣집 마당이나 마찬가지였다.

모여든 학생들은 개미새끼 떼처럼 많았다. 손에 손에 태극기를 든 검정색과 감색의 교복들. 남녀학생들은 바글바글 모여서 여름 개구리마냥 개골개골, 각각각 울어댔다.

오호라, 우리는, 대통룡을 마중하기 위하여 동원된 것이었다.

대오를 정돈하고 우리는 '대통룡'을 기다리기 시작했다.

늦가을의 가을 햇살은 애처로웠다.

바람이 불 때마다 비행장 위로 낙엽이 뒹굴어갔다. 땀이 마르자 오슬오슬 춥기까지 했다. 시간이 점점 흐르자 논배미에서 와글와글 개구리처럼 울던 학생들의 소리도 다 타서 숯만 남았다. 가끔씩 두런두런 속삭이는 소리가 새어나왔고 속없고 끈질긴 녀석들이 더러 장난을 걸곤 했지만 대부분은 하품을 깨물거나 지루한 표정으로 하늘을 바라보았다.

그러나 대통룡은 좀체로 오지 않았다. 구름 타고 오시려나, 비를 몰고 오시려나, 우리들의 용님.

아홉시에 등교해서 모이느라고 30분쯤, 행군에 한 시간 몇 분쯤. 이리저리 주먹구구로 시간을 헤아려본즉 벌써 한 시간도 넘게 기다렸으니 아마도 열두 시가 넘었을 터였다. 시계라면 100명에 하나쯤 찼을까 말까였으므로 우리는 찾아드는 시장기로 배꼽시계 시간을 어림잡았다.

두 시간이 지나고 세 시간이 지났다.

행사에 동원되어 기다리는 덴 이골이 난 우리였지만 우리는 마침내 너나없이 궁둥이를 들썩거리기 시작했다. 아무래도 기다림의 최장 기록이 세워지리란 예감이 들었다.

잠자리비행기(헬리콥터)로 대통룡이 오신단다.

아, 대통룡. 여의주를 물고 구름 타고 오시는 용. 아, 대통룡을 이 두 눈으로 보게 되었구나.

구름에 싸인 용이 아니라, 바로 코앞에서 대통룡을 보았노라고, 똑똑히 똑똑히, 시퍼렇게 눈 뜨고 보았노라고, 그렇게 말하고 싶었던, 설레던 가슴도 두 시간 세 시간이 지나고 보니 싸늘히 식어버리고 우리는 그저 쪼르륵쪼르륵 하는 제 밥통소리에 망연히 귀 기울이며 늦가을의 하늘 아래 망부석처럼 서 있었다.

그런데 문제가 생겼다.

기다리고 기다리다 보니까 큰 문제가 생겼다. 보통문제가 아니었다. 바로, 오줌이었다.

뒷간이 보이질 않았다. 부대 내 어딘가에 사병들이 사용하는 뒷간이 있겠지만 부대 안 출입은 허용하질 않았다. 오줌 따위는 대통룡 마중 프로젝트에는 애당초 기획된 바 없는 '꼰수'였다. 각하 환영 행사에 수천 명 학생들의 오줌 문제는 안중에도 없었던 게 분명했다.

모두들 야단법석이었다. 여기저기에서 노랑꽃 핀 얼굴들이 안절부절못하고 웅성거렸다. 방귀 같으면야 슬그머니 늦가을 하늘 속으로 날려보낼 수도 있었으련만 오줌은 그럴 수도 없는 일. 누가 오줌을 하늘 높이 쏴 올려 보낼 수 있으랴.

엄정했던 대오의 정렬상태는 방뇨의 욕구로 말미암아 뒤죽박죽, 엉망진창으로 변해버렸다. 드디어 남학생들은 연병장의 가장자리로 대이동, 뛰어가서는 마구 갈겨버렸다. 정말로 버렸다. 어떻게 하란 말인가. 오줌이란 버려야 할 그 무엇이 아니던가.

아마 부대 사병들이 연병장 가장자리를 화장실로 삼았다면 사령관은 노발대발했을 것이다. 군기문란으로 영창 조치라도 시켰을 것이다. 그러나 공군부대의 장교며 사병들조차 이 집단 방뇨를 제어할 엄두도 내지 못했다. 자신들의 부대 연병장 모퉁이 모퉁이가 느닷없이 화장실로 변하는 상황을 바라보면서 그들은 망연자실, 단지 물끄러미 바라만 볼 뿐이었다.

연병장의 가장자리에까지 갔다가 돌아오는 사내녀석들의 표정은 아침햇살처럼 찬란했다. 부처님 얼굴처럼 둥글고 온화했다. 싸버리고도 무엇을 얻은 사람처럼 만족한 낯빛이었다. 그것은 잃은 자의 평온이자 비운 자의 평화였다.

그런데 다시 문제가 생겼다.

중학교 남학생이었던 우리들 옆으로는 서너 살 더 먹은 고등학교 누나들이 차례로 줄지어 서있었다.

누나들의 오줌, 그것이 진짜 큰 문제였다.

그들이라고 예비 오줌보가 몇 개씩 달려 있을 리 없었다. 요도가 짧은 여성의 특성상 여학생들은 남학생보다 훨씬 위급, 절박했다. 우리 옆에 정렬해 있던 누나들을 보니 그들의 얼굴빛은 흙빛에 오줌색 똥색이었다.

지긋지긋했던 오줌을 쏟아버린 뒤끝이라 안정을 찾은 우리들 대한 남아들은 동포 여학생들에게 끊임없는 연민의 정을 보내면서, 대신 누어 줄 수도 없는 구조상의 차이에 안타까움을 보내면서, 어쩔거나 어쩔거나, 하회를 지켜볼 수밖에 없었다.

그러나 그 순간 기적이 일어났다. 아니 그것은 놀라운 예지였다. 성령이 하늘에서 내려온 것일까?

느닷없이 백주 대낮에, 강강수월래라도 하려는 것처럼 그녀들은 두 겹 세 겹으로 사람의 울타리를 만들기 시작했다.

우리는 곧 상황을 알아차렸다.

강강수월래의 겹겹, 인의 장막 속에서 마침내 구원을 받은 여학생들이 열반의 경지에 이르고 있다는 사실에 우리는 감동했다.

강강수월래의 울타리가 풀어진 군데군데에 흥건한 해탈과 평화의 뒷자국은 오줌의 위기를 극복한 생리적 윤리적 지혜의 산물이었다.

아아, 용감하고 영특한 행주치마의 후손들.

대통룡은 네 시간도 훨씬 넘어서야 왔다. 하늘에서 용처럼 왔다.

헬리콥터의 프로펠러 소리와 바람에 일으키는 먼지 속에서 걸어나오는 대통룡을 우리는 드디어 보았다. 대통룡은 용이 아니었다. 현란한 사슴의 뿔도 없었고 여든 한 개의 비늘도 없었다. 대통룡은 머리가 허옇게 센 노인에 지나지 않았다.

오랜 미국생활로 말미암아 서툰 모국어 발음, 우리의 영접에 감사하는 대통룡의 어눌한 말이 무어라고 귓전을 울렸다. 그러나 불량한 마이크는 잔뜩 소음을 먹고 있어서 잘 알아들을 수가 없었다.

쉐에! 우리들의 귓속은 남학생과 여학생들의 수많은 오줌이 가득차 멍멍했다.

어차피 상관없었다. 60초도 안 되어서 대통룡의 말이 끝났기 때문이었다.

대통룡의 말이 끝나자마자 우리는 지체 없이 다시 귀로의 행군을 시작했다.

그런데 이번엔 나에게 문제가 생겼다.

심상찮은 조짐이 내 뱃속에서 일어나고 있었다. 그것은 오줌이 아니고 똥이었다.

학교까지는 아직도 까마득한 서역 삼만 리 길인데 배변의 기미가 슬금슬금 일어나서는 걸음을 옮길 적마다 나를 괴롭히기 시작하는 것이었다.

내 얼굴은 사색이 되고 똥색이 되었다.

행군을 하면서도 나는 두리번거리며 대문이 열려있는 집을 찾았다. 더러더러 대문이 열린 집이 있었고 뒷간인 듯한 옹졸한 집들을 발견 못한 바는 아니었지만 행군의 행렬 속에서, 가죽띠와 호루라기와 흰 장갑의 위압을 떨쳐버리고 뛰쳐나갈 용기가 없어서…… 주저주저하다가 나는 몇 번의 기회를 놓치고 말았다.

조금만 더, 조금만 더. 나는 어금니를 악물고 괄약근을 바짝 죄며 어기적어기적 행군을 계속했다. 여학생들의 오줌 고통을 천연덕스럽게 즐긴(?) 죗값을 치르는 것이리라.

싸버려야 할 때 싸버리지 못하는 고통이 얼마나 지독한 고문인가를 겪어보지 않은 사람은 말하질 말라. 그것은 대낮에 꾸는 악몽이었다. 한 걸음 한 걸음 걸음을 뗄 때마다 습격해 오는 배변의 고문. 대오에서 이탈하지 않고자 온몸을 누룽지처럼 눌리며 나는 걸었다.

하느님, 저는 아침밥도 그다지 많이 먹지 못했고 도시락도 싸오지 못했는데 왜 이렇게 싸야하는 고통을 주시나요? 흐르는 눈물을 도로 눈 속으로 집어넣으며 나는 걷고 걷고 일백 번 고쳐 걸었다.

학교의 교문이 보였다.

수난의 이십 오리가 끝난 것이다. 교문에 들어서자마자 나는 응징당할 것을 각오하고 변소를 향해 방아깨비처럼 날아갔다. 내 생애 전무후무한 빠르기였을 것이다. 대통룡에게 흔들어댔던 태극기는 이미 내 손에 없었다.

변소에 쪼그리고 앉아 고통과 악몽의 몇 숟가락을 나는 단숨에 누어버렸다.

커서 무엇이 될 텨?

대통룡이 될 겨.

엄니와 주고받았던 유년시절의 문답이 문득 생각났다.

대통령은 학생들에게 기쁨을 주어야 한다.

대통령은 국민들에게 고통을 주어선 안 된다.

대통령은 누구든지 싸고 싶을 때 싸게 해야 한다.

학생동원을 기획했을, 충성에 환장한 각료들, 그 인사의 장막.

그런데, 그런데, 그런데.

변소를 나오며 나는 대통룡 꿈을 포기했다.

판검사 꿈도 포기했다.

대통룡이나 판검사는, 그것이 되어도 괜찮은 조국을 만났을 때 도전하는 것이다.

대통령 때문에 나는 똥 쌀 뻔했다.

아니다. 그건 틀린 말이다. 똥 쌀 뻔했지만 똥을 못 싸서 죽을 뻔했다.

57년 전의 그 똥이 지금도 생생하다.

누나뻘이었던 그녀들의 강강수월래가 유관순 누나의 독립만세인 것처럼 생각난다. 그건 누나들의 저항적 지혜이자 오줌을 누려는 처절한 의지였다.

그녀들의 오줌을 생각하면 내 늙은 영혼이 몇 년은 더 싱싱할 것 같다.

엄니는 걸레도둑의 자베르경감이었다

아동복과 성인복 경계 무너진 '미니미 룩' 열풍!

인터넷 기사 하나에 잠시 눈길이 멎었다.

『아동 패션 트렌드에 변화가 일고 있다. 그 동안 동화 속 공주님, 왕자님 스타일이 인기였다면, 최근에는 성인 패션 트렌드를 반영한 옷들이 인기다. 아이에게도 어른용 패션의 축소판을 커플로 입히는 일명 '미니미 룩'이 떠오르고 있다.

인기 아이템으로는 매년 겨울 스테디셀러로 손꼽히는 마일리사 이러스의 '아동용 양털 부츠, 팔 부분과 몸통 부분이 배색으로 처리되어 스타일리쉬한 느낌을 주는 오뉴패딩코트'가 있다. '게스 키즈 퍼 본딩 스웨이드 조끼'의 경우 복고 패션 아이템인 무스탕 느낌의 …… 생략 ……』

기사가 어지럽다. 패션 설명도 어지럽고 외국어 많은 문장도 어지럽다.

잘 사는 시대의 패션을 탓할 생각은 없다. 잘 입는 시대의 기사를 보다 보니 못 입던 유년이 생각난다.

옛날 옛적 호랑이가 담배 먹다 정학 당하던 시절, 그때의 사내아이들은 여름이면, 메리야스에 검정 빤쓰를 외출복이자 교복으로 삼았다.

아마도 초등학교 4학년 때였을 것이다. 지금도 그 일을 생각하면 참담한 장면이 떠올라 얼굴이 뜨끈뜨끈하다.

운동회 날 아침, 운동장에서 내 메리야스를 본 담임선생님이 쯧쯧, 혀를 차더니 화난 표정으로 퉁명스럽게 말했다.

"빨아나 입고 올 것이지."

그제서야 다른 아이들 메리야스와 비교해보니 내 메리야스는 낡은데다가 더러웠다.

운동회 한다고 새 메리야스를 입고 온 아이들도 많았다. 새것이 아니더라도 다른 아이들은 모두 깨끗이 빨아 입고 온 터였다.

운동회 전날 나는 메리야스를 빨아 입을까말까 망설이긴 했다. 그런데 땀이 밴 것도 아니고 별반 더럽지도 않은 것 같아서 그냥 온 것인데 그건 결국 어린애의 판단일 따름이었다.

가겟일에 바빴던 엄니는 미처 내 운동회를 챙겨주지 못했다. 형과 나는 메리야스가 달랑 하나씩이었던 것이다.

4학년 텀블링 종목 시간에 어깨 위에 올라가 양팔도 벌리고 몇 가지 모양을 만들다가 나는 그만 떨어져 버리고 말았다. 연습 때는 단 한 번의 실수도 없었는데, 내내 더러운 메리야스가 창피해서 집중력이 떨어졌던 것이다.

접질려 부어올라 침 맞으러 다니던 왼쪽 손목을 보면 메리야스와 운동회의 치욕이 오버랩으로 떠오른다.

그래, 먹는 것도 그랬고 입는 것도 그랬지.

그래, 메리야스도 그랬지.

열 살 무렵에 나는 탱자나무 울타리가 있는 집에서 사글세를 살았다.

주인집을 포함해서 모두 네 채가 살았다.

외아들과 살았던 과부 하나는 가끔 신문지에다 쇠고기 반 근을 사오곤 했다. 마당에 들어서면서부터 그 여자는 신문지를 펼쳐서 벌건 쇠고기를 노출시켰다.

"쇠고기가 어찌나 비싼지, 글쎄 이게 반 근여!"

울안에 사는 사람들 다 들으라는 소리였다. 그런 다음엔 풍로에 불을 피워 마당에서 쇠고기를 구웠다. 불에 굽는 쇠고기, 그 달콤한 냄새가 여름날의 저녁마당에 퍼진다. 과부는 아들을 불러 마루에서 쇠고기를 먹였다.

그 가련한 과시라니. 그것은 가난한 이웃들에게 지켜야 할 정중한 예의가 아니었다.

갸우뚱갸우뚱. 엄니가 두세 번을 거푸 갸우뚱거린다. 곰곰이 무언가를 생각하는가 보다. 웬일인가 싶어 나는 밖으로 내달으며 흘깃하다 말고 엄니를 지켜보았다.

"아니, 메리야스가 워디루 갔댜?"

마당 한가운데를 가로질러간 빨랫줄의 바지랑대를 뉘며 엄니는 하나씩 하나씩 빨래를 걷다 말고 혼잣말로 고시랑거린다. 무언가 마뜩찮은 일이 있는 것 같다. 알고보니 글쎄, 아버지 메리야스가 없어졌다는 것이다.

"밀가루두 아닌 게 바람에 날아갔을 턱두 없구. 귀신들 모여서 곡 허겄네."

나나 형은 달랑 하나씩이지만 아버지 메리야스는 최소한 두 개다. 세 개일 때도 있었다.

엄니가 꼬박꼬박 겨끔내기로 메리야스를 빨아 아버지 앞에 대령한다.

하지만 형이나 나는 그게 아니다. 저녁에 빨아서 아침에 겨우 그놈을 도로 입기 일쑤인데 장마철엔 채 마르지도 않은 걸 입어야 했다.

엄니, 메리야스 하나씩 더 사줘. 더러 조르지만 말짱 황이었다.

엄니는 공연히 하늘을 휘휘 둘러본다. 하늘 끝 어느 한 자락에 아버지 메리야스가 널려 있기라도 한 양 살핀다. 어디로 갔을까? 설마 메리야스가 저 혼자 외출했을까?

내가 어렸을 땐 메리야스 도둑이 있었다.

빨아서 마당 바지랑대에 받쳐 널어놓으면 열린 대문 안으로 들어와 누군가가 슬쩍 걷어가곤 했다.

탱자나무 울타리 안에서 우리는 네 집이 모여 살았다.

주인집 빼고 나머지는 다 고깃국 먹는 일이 별로 없는 셋방살이였다.

탱자나무의 탱자처럼 셋방살이 모두가 그저 대롱대롱 노오랗게 매달려 살았다.

"아니 된장이 왜 이렇게 푹 줄었댜?"

독아지 뚜껑을 열고 사발로 된장을 퍼내다가 엄니가 갸우뚱거리면 된장이 없어진 것이다.

"엄니 뭐가 어쩐 겨?" 물으면, "넌. 알 것 없어." 한다.

가만히 보니 된장도둑이 들었던 것 같다. 된장이나 김치는 반 양식이다.

메리야스 도둑. 된장도둑, 참, 도둑도 많다.

우리집 같은 가난을 도둑질하는, 더 가난한 도둑도 있구나. 우리집은 부잔가?

첫서리가 내렸던 날이었던가. 엄니는 또 갸우뚱하면서 혼잣말을 했다.

"마루에 있던 걸레가 워디루 갔댜?"

아버지 메리야스나 내 것이 아무리 해져도 엄니는 좀체 걸레로 쓰질 않는다. 해지고 해지고 해져서 깁고 싶어도 더 기울 수가 없어야만 서운한 듯이 걸렛감으로 내놓는다.

엄니는 그날, 방 두 칸 구석구석이며 마루를 여러 번 기웃기웃 걸레를 찾았다.

"기운이 없어 쏘다니지도 못할 놈의 걸레가 대체 워디루 갔는 겨?"

한때 아버지의 메리야스였던 걸레는 살던 집에서 죽지 못하고 누구에게 납치되었는지 끝내 나타나지 않았다. 걸레는 당장 필요한 것이다. 엄니는 걸렛감을 찾으려고 한참이나 골머리를 앓아야 했다.

메리야스는 면사나 모사를 씨실과 날실로 코를 엮어 만든 속옷을 통틀어 이르는 말이다. 신축성이 있고 유연성이 좋고 보온성이 좋다. 그러나 무엇보다도 메리야스는 물기를 잘 머금는다.그러기에

낡고 낡아 해진 메리야스는 일등 걸렛감이다.

광목은 뻣뻣하여 겉옷감이지 걸렛감으로는 젬병이다.

모시나 삼베를 걸레로 만들었다간 정신병자 소리 듣기 딱 좋다.

실크는 부자 행세하는 고급 옷감이지 역시 걸렛감으로는 낙제다.

나일론은 걸렛감으로는 하지하下之下다. 더구나 1950년대에는 우리나라에서 나오지도 않았던 화학섬유다.

만약에 죄 지은 메리야스가 있어서 청문회에 세운다면 메리야스는 자신이 걸렛감으로서 얼마나 탁월한 특성을 가졌는지 온갖 변설로 증명하려 들 것이다.

걸레도둑은 세상 어디에도 없는 진귀한 도둑이다.

아무리 가난하던 그 시절, 걸렛감이 귀했다 하더라도 걸레도둑은 해외토픽감이다.

주인집까지 합해서 모두 네 가구가 사는 울타리 안에서 누구네가 걸레를 집어갔는지 집집에서 쓰는 걸레를 확인할 방법은 없다.

걸레는 모두 비슷비슷하다. 빨간 걸레나 파란 걸레를 쓰는 집은 없다.

신축성도 사라져 누덕누덕할 때까지, 유연성이 사라져 흐느적거릴 때까지 백이면 백, 거의가 다 하얀 메리야스가 땟자국으로 거무스름해지면 그제서야 걸레로 내놓는다. 그러니까 걸렛감은 귀하다. 메리야스는 차마 눈 뜨고 볼 수 없을 때까지 오래오래 입어야 하므로 걸렛감 메리야스는 귀하디귀한 존재다.

잃어버린 내 집 걸레는 셜록 홈즈라도 찾을 재간이 없다.

엄니가 그 귀한 걸레를 찾으려고 여기저기 기웃거린 것은 결코 이상한 일이 아니었다.

엄니는 결국 아버지의 메리야쓰 하나를 새로 사왔다. 새로 사온 메리야쓰가 행여 내것일까 싶었던 기대는 물거품처럼 사라졌다. 새 메리야쓰는 나를 조롱하듯 큼지막했다.

이리저리 살피더니 엄니는 결심한 듯 아버지의 낡은 메리야쓰를 물에 담가 쥐어짰다. 엄니는 화난 표정으로 방안을 닦기 시작했다. 그렇게 해서 아버지의 헌 메리야쓰는 눈 깜짝할 사이에 새 걸레로 변신했다. 나는 구멍 난 내 메리야쓰를 보면서 내 메리야쓰야말로 더 걸렛감이었다고 원망했다.

걸렛감은 귀하다. 걸렛감이 귀하니 걸레도 귀하다. 그럼, 걸레도둑도 귀한 존재인가?

메리야스 도둑은 지나던 사람일 수도 있다고 치자. 걸레도둑은 틀림없이 울안 사람일 것이다. 주인집 빼고 우리집 빼고 그러면 두 집만 남는데 과부네일까, 아니면 나머지 한 집일까?

겨울 들어 벌써 세 번째 눈이 수북이 쌓였다.

마당이며 어디며가 온통 백설기 같다. 오줌을 누러 뒷간엘 갔다 오다가 이번에도 나는 엄니가 갸우뚱하는 걸 보았다.

뒤꼍 김장독에서 김치를 퍼오던 엄니가 나와 마주치자 입을 꼭 다물었다. 분명히 갸우뚱한 것 같았는데 시치밀 뗀다.

그뿐만이 아니다. 어둑어둑한 저녁 무렵이 되자 엄니는 뒤꼍에서 왔다 갔다 어슬렁거렸다. 내가 뭐 보려고 그랬던 것도 아니고

자기 전에 오줌 한 번 더 누려고 나왔다가 보았을 뿐이었다. 엄니가 대체 왜 저런댜? 궁금해서 뒤곁에 살짝 가보았더니 눈 내린 김칫독 언저리엔 엄니의 발자국만 어지럽게 찍혀 있었다.

다시금 눈이 내리고 다시금 세상이 백설기처럼 하얘지고. 저녁을 먹다가 나도 모르게 고개를 갸우뚱했더니 형이 아참, 하면서 엄니에게 소곤거렸다.

"엄니, 어젯밤에 저 집에서 우리 김치 퍼가는 것 같았어."

그러자 엄니가 얼른 형의 입을 막았다.

"김치도둑은 없어."

나도 형도 움찔했지만, 나는 어찌면…… 하고 생각했다. 메리야스 도둑, 걸레 도둑, 김치 도둑, 도둑은 저 집이다, 하고 생각했다. 그렇다면 엄니는 눈 내린 김칫독 언저리에 엄니의 발자국을 부러 찍었나 보다. 그래야 저 집에서 마음 놓고 김치를 퍼갈 것 아닌가.

메리야스 도둑은 애시당초 잡을 생각도 못했다.

그러나 걸레도둑은 잡을 수 있었다. 된장도둑, 김치도둑도 잡을 수 있었다.

그러나 엄니는 도둑이란 도둑은 하나도 못 잡았다. 김치도둑은 잡을 것 같았는데도 기어이 못 잡았다.

지금 생각해보니 엄니는 장발장을 안 잡은 자베르경감 흉내를 낸 것 같다. 엄니는 레 미제라블 소설도 안 읽고 영화는 물론 구경도 못했는데.

엄니가 맡은 자베르경감 역은 엄니가 살던 시대의 순수이성이었을 것이다.

누군가가 빨랫줄에 널어놓은 메리야스를 걷어갔다.

누군가가 우리집 걸레를 훔쳐갔다.

걸레도둑은 발자국을 남기지 않는다.

눈이 내린 날, 누군가가 우리집 김치를 퍼갔다. 김치도둑은 발자국을 남겼다.

엄니는 김치도둑 발자국 옆에 발자국을 많이 찍었다. 엄니는 김치도둑 공범이었다.

그런데 이상하다. 도둑이 마치 내 인생의 뒤를 밟아 쫓아다니는 것처럼 잊을 만하면 찾아들곤 했다.

나는 해방 전에 지은 선화동 양철지붕 밑에서 신혼살림을 차렸다.

1974년 늦봄(?)무렵에 우리는 늘그막의 양모에게 흑백 티브이를 사드렸다.

한 달이 지나자마자 기다렸다는 듯이 도둑이 들어와 낼름 집어갔다. 이제 마악 할부금을 내기 시작하던 차였는데. 24개월 동안 우리는 도둑의 티브이를 위하여 열심히 할부금을 치렀다.

얼마 뒤에 또 도둑이 들었다.

이번엔 뒤꼍 바람벽에 매달아 놓은 마늘 두 접을 가져갔다.

한참 뒤엔 양모가 당신의 수의로 쓰려고 장만한 삼베 몇 필도 가져갔다.

대문을 열어놓고 사는 집이니 그럴 만도 했다. 동네할머니들이 모여드는 안방 문을 글쎄, 숟가락 따위로 걸어 잠갔으니 이건 도둑에게 현관 비밀번호를 문자 메시지로 보낸 거나 마찬가지였다.

유천동 슬라브집에 이사 와서도 몇 번이나 도둑이 들었다.

결혼 예물 반지에 돌반지며 금붙이 따위를 두어 번 싹쓸이로 훑어갔다.

결혼 때 아내에게 다이아몬드 반지를 못해준 것은 당시의 풍습에 무뎌서가 아니었다. 그런데도 나는 다이아몬드를 '이수일과 심순애'의 속물성으로 폄훼했다.

아내는 다이아몬드 반지를 끼고 싶었는가 보다. 아내는 나 몰래 다이아몬드 계를 들었고 어느 날 마침내 소원성취 했다. 나는 못난 내 위선을 내던지고 축하했다.

그런데 도둑은 그 작고 슬픈 다이아몬드도 가져갔다.

'이제는 방문하셔도 가져갈 게 없습니다.' 그렇게 써붙이고 싶었으나 부질없는 일, 아서라 말아라, 포기하고 말았다.

2002년 월드컵 무렵엔 벽걸이용 42인치 티브이를 마련했더니 그걸 또 떼어갔다.

나는 스포츠 마니아다. 몇 달을 버티다가 프리미어 리그와 메이저리그를 보고 싶어서 견딜 수가 없었다. 42인치를 또 샀다. 우리집 티브이는 그래서 84인치짜리다.

84인치 티브이가 신명나게 중계한다. 이 글을 쓰는 중에 류현진이 마침내 LA에인절스를 상대로 3대 0 완봉승을 거두었다. 84인치는 그 성능이 정말 대단하다.

나는 자전거를 도둑맞은 일이 없다. 자전거가 없었으니까.

38년째 사는 내 슬라브집엔 이제 패물쪼가리 하나도 없다.

도둑은 이제 오지 않는다. 우리집은 몇 년째 평화롭다.

훔쳐갈 것이라곤 내 영혼밖에 없다는 것을 도둑들도 알았기 때문이다.

그래도 혹시 내 영혼을 도둑맞을지 몰라서 나는, 밤마다 가슴에 손을 얹고 잔다.

잊고 살았던 아날로그 도둑을 만나러 가자.

김치도둑 걸레도둑은 잡히려고 탄생한 도둑이 아니다.

그들은 1950년대의 결핍에서 태어나 2만 달러 국민소득을 이룬 생존의 야사野史다. 그들은 구박덩어리로 내몰릴 만큼 무가치한 늙은이들이 아니다.

바보 같은 김치도둑, 걸레도둑의 안부나 물어보자.

진리를 훔치면 성인이지만 걸레를 훔치면 도둑일 뿐이다.

1950년대 도둑은 이웃의 눈을 피하지만, 2000년대의 도둑은 세상의 눈을 피하지도 않는다.

1950년대에 훔칠 건 김치나 걸레였겠지만 21세기엔 훔칠 게 억수로 많다.

법은 물론이고 양심도 훔칠 수 있다. 마음만 먹으면 대통령 자리도 훔칠 수 있다.

걸레도둑이 살아있다면 미수米壽(88세)쯤 됐을 것이다.

장수한다면 백수白壽(99세)도 되었을 것이다.

김치나 제대로 씹을는지, 걸레질할 때 무릎관절은 괜찮을는지?

집 나간 장도리는 돌아오지 않았다

B.C와 A.D는 예수 그리스도의 탄생을 기준으로 삼는다.

재미로 들어두시라. 나의 B.C와 A.D는 다섯 살 때 있었던 '장도리 분실 사건'을 기준으로 삼는다. 다섯 살 이전의 일은 기억나지 않는다. 다섯 살 때의 기억도 사실은 벼랑에 핀 진달래꽃처럼 겨우 한두 그루만 남아 있다.

어떻든 나의 B.C 시대와 A.D 시대는 장도리 분실사건을 기준으로 삼는다.

나는, 현재 나의 A.D 65년에 살고 있다.

독좌유추일獨坐幽秋日	그윽한 가을날 외로이 앉아
외유인인래畏有隣人來	이웃사람 올까 두려워하네

'나 홀로 집에'의 케빈처럼 나도 다섯 살 때 집을 지키곤 했다.

엄니는 아침마다 제사공장에 출근했다. 할아버지도 있었건만 엄니는 어느 날부턴가 나를 파수꾼으로 지목했다. 엄니가 사라지면 이웃사람들은 뭔가를 빌리러 오곤 했다.

이제 와서 회고해보니 그랬다,

나뭇잎으로 치자면, 엄니는 오동잎이나 떡갈나무 잎이 아니라 솔잎에 가까운 아낙이었다. 불어오는 바람을 품어 살랑거리는, 오동잎이나 떡갈나무 잎이라기보다는 부딪혀 오는 바람을 바늘잎 사이사이에 스미게 하여 다시 저 멀리 산등성이 어디로 떠나보내는, 칼칼한 고요를 지닌 듯한, 그런 솔잎이었다. 생전에 엄니는 대꼬챙이처럼 찌르는 목소리를 낸 적이 없다.

사대부 집안 종갓집 마나님처럼 범접 못할 기품을 느꼈던 적은 없지만 바다 밑의 침잠처럼, 냉정에 가까운 말씨로 언제나 작은 시시비비 따위를 제압하곤 했다. 나중에사 알았지만 엄니는 적어도 독립운동을 한 외할아버지의 형형한 넋을 이어받은 따님의 기개가 있었다.

네 살 때까지의 일은 까마무투름히 생각나지 않는다. 내 기억의 시작은 다섯 살부터다. 다섯 살 때 기억 몇 가지가 어렴풋이 생각난다.

박인환의 시 한 구절이 떠오른다.

지금 그 사람 이름은 잊었지만 /그 입술 눈동자 /내 가슴에 있네

흘러간 첫사랑의 기억을 더듬는 게 아니다. 나는 지금 서른 몇 살쯤의 아저씨 하나를 생각하고 있다.

그렇지만 터무니없는 일이다. 다섯 살이라면 기억이 가물가물할 때다. 어찌 그의 이름을 알 수 있겠는가. 그냥 동네 아저씨라는 것

만 생각난다. 내 앞에서 무언가 사정하는 아저씨 하나가 퇴색한 흑백사진처럼 어른거린다.

그 무렵, 사람들은 무소유의 스님 같았다. 무엇이 그리도 없는 게 많은지 걸핏하면 빌려달라고 했다. 마치 무엇이든 빌려서 생을 마감하기라도 할 것처럼 틈만 나면 변부자 찾아간 허생원처럼 이웃집들을 기웃거렸다.

쌀 한 사발 빌려달라고 하질 않나, 보리쌀 한 됫박 빌려달라고 하질 않나, 그릇도 빌려달라고 했고 심지어는 숟가락을 빌리러 오기도 했다. 빌려달라는 말로 하루를 시작하려고 작정이라도 한 사람처럼 싸리짝문을 밀고 들어오곤 했다. 어둑어둑할 무렵에 오는 사람은 영락없이 그랬다.

빌려줘유, 빌려줘유,

헛웃음을 지으며 하는 말은 그저 '빌려줘유'였다.

지지리도 없는 게 많은 살림살이.

소쿠리 좀 빌려줘유. 풍로 좀 빌려줘유.

손님이 왔는데 사발두 모자라구 국대접두 모자라유.

솥단지까지 빌려달라는 웬수 같은 '무소유'들이 눈만 뜨면 얼씬거렸다.

바로 옆집은 말할 것도 없이 이웃이었고 몇 집 건너 30미터쯤 떨어진 집도 이웃이었다. 온 동네가 이웃으로 똘똘 뭉쳐 사는 집성촌 같았다. 붙임성이 좋은 건지 뻔뻔한 건지 사람들은 '빌려줘유'를 인삿말처럼 입에 달고 살았다. 집안에 뭐 하나 변변한 것이 없던,

절대무소유의 시절이었으니 그럴 만도 했다. 조선시대나 50년대나 한 집 건너 서캐처럼 박혀 있는 가난한 집구석엔 변변한 게 없었다. 다산 정약용의 시 '적성촌에서'에도 그런 묘사가 있다.

실중소유태소조室中所有太蕭條	집안에 있는 물건 쓸쓸하기 짝이 없어
변매부저전칠팔變賣不抵錢七八	모조리 팔아도 칠팔 푼이 안 되겠네

바람벽에는 개꼬리 같은 좁쌀 이삭 서너 줄기가 매달려 있다.
헝겊으로 때운 항아리 속은 텅텅 비었다.
무너앉은 선반대는 새끼줄로 얽어맸다.

다산의 글이 아니더라도 우리집이나 옆집이나 이웃집이나 살림살이 형편은 모두가 도긴 개긴이었다.

굴뚝 밑에는 무청 시래기 두 꿰미가 매달려 그을음을 잔뜩 먹고 있고 방바닥 한구석에는 이불 한 채 요 한 채만이 덩그렇게 놓여있으니 밤이 되면 그걸로 어떻게 대여섯 식구가 등판대기 대고 잔단 말인가. 찌그러진 양은 세숫대야 하나만 있어도 마당의 신수가 풍채 좋은 부잣집 주인처럼 훤해 보일 때였다.

애비 죽인 원수, 살부지원수殺父之怨讐 같은 가난들.
10년을 만나도 아는 척 하고 싶지 않은 무소유들.

흙풍로는 흙으로 빚어 만든 화로다. 아래에는 불이 잘 붙게끔 바람구멍을 냈다. 밥도 지어먹고 찌개도 끓여먹을 수 있어 아주 요긴한 살림도구였다.

하루는 우리집 흙풍로가 없어졌다.

엄니는 혹시 앞집이나 옆집이 빌려가지 않았느냐고 누나에게도 묻고 형에게도 물었다. 우리는 모른다고 했다. 엄니는 마지막으로 할아버지에게 물었다. 할아버지도 모른다고 시큰둥하게 대답했다.

흙풍로가 돌아온 것은 이틀쯤 지나서였다. 빌려간 사람은 몇 집 건너 이웃이었다.

몇 집 건너 그 아낙이 미안한 표정을 지으며 말했다.

"할아버지께 말씀 드리고 빌려갔구먼유."

어느 가을날이었을 것이다. 그런 일이 있어서였는지 엄니가 집을 나서며 나에게 말했다.

"아무에게나 뭘 빌려주면 안 돼."

여느 날 같지 않은 단호한 말투로 보아 엄니는 풍로 때문에 화가 단단히 난 것 같았다. 엄니는 할아버지를 못마땅하게 여겼을 것이다.

오정이 좀 넘었을 무렵에 동네 아저씨가 왔다.

"느이 집 장도리 좀 빌리자."

장도리는 음양의 양극을 가진 긴요한 연장이다. 자신의 대가리로는 못을 때려 박고 자신의 갈라진 사타구니로는 박힌 못을 뽑아낸다. 못뽑이도 되고 망치도 되는 장도리. 장도리는 암수 동체 연장이다.

여섯 살 더 먹은 누나가 그랬다. 그는 무언가를 빌려다 쓰고는 제 때에 가져오지 않는 사람이란다. 빌려갔다가 금세 안 가져오면 성인군자라도 울화가 치밀 것이다. 제 때 가져오지 않는 사람들 때문에 엄니는 속을 끓이기 일쑤였다. 그는 우리집에서 신용불량자로 낙인 찍혔던 아저씨였다.

사람들은 할아버지에게서 무언가를 곧잘 빌려갔다. 할아버지가 개떡 같은 걸 드실 때가 있었다. 누가 할아버지께 개떡을 드렸을까? 할아버지는 혼자서만 드셨다.

할아버지는 빌려준 사실을 엄니한테 도통 알려주질 않았다. 할아버지는 엄니한테 종종 심사가 뒤틀리는 일이 있었는지도 모른다. 없어진 물건을 찾느라고 집안을 들들 뒤지다가 빌려간 사람이 물건을 가져오면 그제야 할아버지가 빌려주었다는 사실이 드러나기도 했다. 할아버지는 일부러 시치미를 떼는 것처럼 보였다.

나는 엄니의 단호한 말투를 떠올렸다. '아무한테나'라고 말한 엄니의 말은 바로 이런 아저씨를 염두에 둔 것이리라. 그런 판단이 섰기 때문에 나는 앙다물었던 입을 열어 차갑게 대답했다.

"안 돼요."

"너, 나, 처음 보니?"

나는 그의 시선을 피한 채 조개처럼 입을 닫았다.

"우린 동네 이웃이야."

산 조개는 입을 닫으면 열지 않는다.

"어른 말을 들어야지."

그는 위압적으로 으르딱딱거리기까지 했다. 그래도 난 외눈 하나 깜짝하지 않았다.

기가 막힌 듯이 나를 바라보던 동네 아저씨는 슬금슬금 헛간께로 다가갔다. 그곳에 우리집 장도리가 있었고 그는 그것을 알고 있었다. 나는 그의 앞을 막아섰다.

"안 돼요."

그러자 화가 난 그가 나에게 알밤 한 대를 오지게 먹였다.

"어른이 말하면 들어야지."

나는 알밤이 아파서 눈물이 찔끔 나왔지만 단호히 'No'했다.

그는 끝내 나에게서 장도리를 빌려가지 못했다.

세 살 위의 형이나 여섯 살 더 먹은 누나는 학교를 갔을 테고 나는 꼼짝없이 노틀담의 콰지모도처럼 엄니의 종지기가 되어야 했다.

가난한 사람끼린 서로 돕고 서로 나누며 살아야 하는 것인데 내가 그런 상부상조의 진리를 터득했을 리 없다. 나는 엄니가 하라는 대로 하는 다섯 살 마마보이였다.

나는 엄니에게 장도리 건을 보고했다. 엄니는 혼잣말처럼 뭐라 중얼거렸다.

신뢰가 없는 사람에겐 빌려줄 수 없어. 뭐 그런 류의 혼잣말이었을 것이다. 여자에게 밉보이면 뜻하지 않은 비극을 맞는다. 그 아저씨는 두고두고 엄니한테 구박을 받았다.

그러나 그것은 세월이 꽤 지난 뒤에 내린 내 자체 분석에 지나지 않는다.

그런데 이상했다. 빌려주지 않은 장도리가 웬일인지 어디론가 가출해서 행방이 묘연했다. 엄니는 나에게 어떻게 된 일인지 추궁했다. 나는 결코 빌려준 일이 없다고 대답했다. 아버지는 장도리 따위엔 관심조차 없었다.

저녁 무렵이 되면 나는 마을 어귀에까지 엄니 마중을 나갔다. 엄니는 벤또(도시락의 일본말)에 번데기를 가득 담아왔다. 마중 나가는 까닭은 바로 그 번데기 때문이었다. 살기 위해선 머리를 써야 한다. 살기 위해선 가죽 구두끈처럼 질겨야 한다. 살기 위해선 번데기를 가져오는 가정경제의 안주인에게 잘 보여야 한다. 나는 형보다도 먼저, 누나보다도 먼저, 고단백 번데기를 하나라도 더 먹고 유년기의 내 성장을 스스로 도와야 했다.

엄니가 건네주는 번데기는 눈을 뜨고 나를 빤히 바라보았다.

그러나 다섯 살 그 무렵에는 번데기의 눈이 도통 보이질 않았다. 스물 몇 살이 된 훗날, 나는 시장에서 번데기의 눈과 마주쳤다. 너에게도 눈이 있었구나. 마주친 순간 나는 속으로 중얼거렸다. 쳐다보지 마.

다섯 살의 눈과 스물 몇 살 청년의 눈은 대체 무슨 차이가 있단 말인가?

나는 번데기의 눈을 외면했고 그 뒤로는 번데기를 먹지 않았다.

기억의 출발선상에 섰던 다섯 살, 그런데 그 하찮은(?) 일이 제일 먼저 생각나는 까닭은 무엇일까?

자동차가 다닐 수 있도록 넓힌 길을 신작로라고 불렀다. 그렇다면 이 말은 아마도 일제시대 때의 신조어일 것이다. 선화초등학교 뒤쪽은 널따란 밭이 펼쳐져 있었다. 사람들은 그곳을 운동장이라고 불렀다. 지금은 운동장이란 마을 이름이 존재하지 않는다. 운동장이란 이름은 그 당시 즉흥적으로 붙여진, 편의적인 지명이다.

그 운동장 한가운데에 거름으로 쓰려고 만들어 놓은 똥 탱크가 있었다. 탱크라고는 했지만 시멘트 시설 같은 것은 아니고 땅을 파고 똥을 퍼다 부은 똥 저장소이다. 바로 그 저장 구덕에 빠진 것이다. 똥이 오래 되면 표면이 거무튀튀해 지고 단단해져서 얼핏 흙바닥으로 오인할 수 있다.

그곳을 땅바닥인 줄 알고 내딛었으니 가슴팍까지 똥 똥 똥, 살아나온 게 천만다행이었다.

그때의 기억은 언제나 지독한 똥내와 함께 피어오른다.

똥 때문에 할아버지에게서 먹은 저주와 지청구가 똥내처럼 남아있다.

“똥구덕에 빠졌으면 그대로 쳐박혀서 거름이나 될 것이지 왜 똥내를 끌고 들어오는 거여.”

뭐, 그런 류의 악담이었던 것 같다. 할아버지에게서 귀염을 못 받은 손자의 기억은 ‘살인의 추억’처럼 처참하다.

할아버지가 연출한 활동사진 하나도 떠오른다.

역시 가을이었을 것이다.

무슨 일로 노기충천했는지 할아버지는 엄니의 머리채를 끌고 동네를 한 바퀴(?) 돌았다.

둥구나무 아래에 이르러서는 숨을 고르기도 하면서 할아버지는 입에 게거품을 물고 연신 고함을 질렀다. 마을 아낙들은 떼거리로 뒤를 따르며 구경했다.

“네 이년, 그 잘난 공장에 나간다고 시아버지 밥도 제 때 안 차려 줘! 뭐, 장도리가 어쩌구 어째?”

집을 제대로 못 지켜서 생긴 일 같아서 나는 가슴을 죄야 했다.

엄니가 제사공장에 다닌 것은 가난한 살림을 꾸려나가기 위한 방편이었을 것이다. 그러니 어쩌다 시아버지 밥 공양이 늦어지는 경우도 있었을 것이다. 그렇다고 며느리의 머리채를 잡아끌고 동네를 한 바퀴씩이나 돌다니,

나는 엄니를 사랑한 막내아들이었다.

나는 할아버지의 분노에 분노했다.

광고에 나오는 아름다운 탤런트들의 머리채를 보면 내 기억은 수십 년 전의 둥구나무로 되돌아간다. 울고 부는 엄니와 할아버지 손에 잡힌 엄니의 머리끄덩이. 이런 것도 비자발적 기억이라고 명명할 수 있는 것일까?

9회 말 투아웃에 연장전은 없을 것 같은, 인생의 마지막 시간.

영화 '내 인생의 마지막 변화구'에서 클린트 이스트우드는 바로 그런 시간을 맞이하는 할아버지다.

그러나 내 할아버지는 'On Golden Pond'의 헨리 폰다가 아니었다.

인생의 마지막 변화구를 던지는 클린트 이스트우드도 아니었다.

오욕칠정을 가진, 지극히 고집 센 할아버지에 지나지 않았다.

6년 뒤, 내가 열한 살 되던 해에 할아버지가 타계했다. 그 1년 뒤, 내가 열두 살이던 해에 엄니도 돌아가셨다. 나는 할아버지가 엄니의 머리채를 끌고 저승에까지 갔다고 생각했다. 살 만큼 사신 할아버지가 서른아홉 살 엄니를 저승에까지 끌고 가다니. 저승에서도 머리채를 잡고 한 바퀴 돌 심산이었을까?

그런데 장도리는 뭐지? 할아버지가 장도리를 어쨌다는 거지?

문득 나는 고개를 갸우뚱거린다. 어느 날, 그 아저씨의 집 앞을 지나다가 나는 그가 사용하는 장도리를 보았다. 직감적으로 나는 그게 우리집 장도리라고 생각했다. 그러나 그는 태연했고 나는 어쩔 도리가 없었다.

장도리의 행방불명에 할아버지가 연루된 게 아닐까, 그런 의구심이 들었지만 그 비밀은 영원히 묻히고 말았다.

그 뒤로 할아버지를 슬슬 피했던 일이 생각난다.

1966년도 조선일보 신춘문예에 당선했던 내 소설 '조부사망급래'는 제목 그대로 할아버지 사망이 작품의 모티브이다.

주인공인 대학생 병구는 할아버지가 돌아가셨으니 급히 오라는 전보를 받는다.

병구는 갈등한다. 할아버지에 대한 사랑 따위는 없다. 있다면 아버지의 아버지라는 계보적인 슬픔이 고작이다. 장손이라는 이유만으로 장례식에 급히 가야 하는 것인가? 전통적 인습과 사회의 부조리, 한일협정 비준 반대, 고뇌하는 병구의 젊음.

프로이트의 정신분석을 대입해보면 내 잠재의식 속에 있는 할아버지 기피증이 그런 소설을 낳은 게 아닐까, 하는 자가진단도 가능하다.

아리송하면서도 나는 지금 엉뚱한 생각을 하고 있다. 65년 전의, 다섯 살 때의, 내 최초의 거부 '안 돼요'는 내 생의 행로를 어떻게 안내했을까?

다섯 살 때의 동영상 속에서 그 아저씨가 나타나 말했다.

“느이 집 장도리 좀 빌리자.”

“안 돼요.”

내 대답이 생생하다.

그러나 씁쓸하다. 그랬으면 뭐 해. 장도리는 없어져 버린 걸.

죽을 날이 가까워오지만 나는 단연코 현자의 경지에 오르지 못할 것이다.

환경은 인간의 격조를 결정하는 큰 요인 중의 하나다.

아프리카의 악어가 도강하던 들소 누를 포식한 뒤에는 강조차 관대해진다. 만약에 그때 강을 헤엄쳐 건너려는 사람이 있다면 그 사람은 무사히 건널 확률이 높다.

배부른 사자는 하이에나가 고기를 빼앗아가도 너그럽게 허용하는 법이다.

산불염고山不厭高 산은 높을수록 좋고
해불염심海不厭深. 바다는 깊을수록 좋다.

위나라 조조가 한 말이다. 그렇다면 사람은 인불염관人不厭寬, 너그러울수록 좋은 것일까? 반은 맞고 반은 틀린 말이겠지.

장도리 건 이후로 아저씨는 날 보기만 하면 ‘이 싸가지 없는 녀석' 하듯이 도끼눈으로 째려보곤 했다.

장도리도 지키지 못한 채 남은 건 도끼눈뿐.

빌려주지 않았는데도 돌아오지 않은 것은 장도리만이 아니다.

여러 번의 선거, 사회적 이슈가 터질 때마다, 어른이 되었는데도 나는 엉뚱하게도 빌려주지 않은 장도리 생각을 하곤 했다. 알밤이 너무 아파서 기억이 선명했던 것인가?

난, 빌려주지 않았는데. 난, 안 돼요, 라고 거절했는데.

터무니없는 비약인가? 대한민국에서 살다보면 빌려주지 않은 장도리처럼 빌려준 일 없는 내 권리도 돌아오지 않는다. 70년대도 그랬고 80년대도 그렇고 2000년대에 들어서서도 달라진 건 없다.

강이라도 옛날처럼 흘러야 할 텐데, 대한민국의 정의와 진리는 도대체 어디에서 노숙하고 있단 말인가?

누구나 법 앞에서 평등하다는 평등권도 무전유죄 유전무죄의 차원을 벗어나 이제는 무권유죄 유권무죄에 이르렀다. 언론, 출판, 집회, 결사의 자유권이 명시되어 있다고는 하나 마음 놓고 권력을 비판하는 일도 그저 찝찝하기만 하다. 투표의 환경도 이상야릇해서 참정권도 순도가 떨어진다. 교육권, 근로권, 환경권 모두도 부실해서 손볼 제 많다.

장도리 하나도 지키지 못한 다섯 살의 실패가 오래도록 남는다.

그러나 '노우'를 말하고 싶을 때 난 '노우'를 말할 것이다.

주인이 시원찮으면 장도리도 집을 나가는 법이다.

번데기, 하면 엄니가 떠오른다. 장도리, 하면 아저씨 하나가 떠오른다. 티브이에서 치렁치렁한 머리채가 나오면 할아버지에게 잡힌 엄니의 머리채와 둥구나무가 떠오른다. 똥, 하면 연상작용이 꼬리를 문다.

당신의 B.C는 몇 년입니까?
당신의 A.D가 시작되는 첫 기억은 무엇입니까?
그 기억은 당신의 생애에서 어떤 의미를 나타냅니까?

'전쟁'을 검색어로 치지 말라, 자판이 피로 물들 것이다

내가 4월 입대 예정의 영장을 받고 민간인의 자유를 만끽하고자 막걸리집을 순례하고 다니던 『1968년 2월 25일, 베트남 꽝남성 디엔반현 하미마을에서는 베트남전쟁에 참전한 한국군이 M60기관총과 M79 유탄 발사기로 마을사람 135명을 깡그리 학살하고 초토화한 뒤 주검마저 불도저로 밀었다.

학살에서 살아남은 생존자 팜티호아 할머니의 말은 전쟁의 참혹한 미스테리를 전하는 메시지였다.

할머니가 마지막까지 풀지 못한 수수께끼 하나는, 운명의 그날, 친절하고 다정했던 한국의 청년들이 왜 하루아침에 갑자기 살기 번득이는 야수로 돌변했는가 하는 것이었다.

"한국에 가거든 제발 높은 양반들에게 좀 물어봐줘. 왜 우리 같은 무고한 양민들에게까지 총질을 했는지, 대체 왜 갓 태어난 젖먹이까지 쏴 죽여야 했는지 ……."

2013년 6월 16일 낮 12시 40분, 87세를 일기로 할머니는 영원히 잠들었다.

"원한은 내가 짊어지고 갈게, 그러니 내가 없어도 한국 친구들이 찾아오거든 잘 대해줘."

두 아이와 자신의 두 발목을 잃은 팜티호아 할머니는 그렇게 용서를 마지막 선물로 주고 갔다.(2013년 7월 6일, 한겨레신문 커버스토리 '구수정' 글에서)

전쟁을 말할 때는 선악의 구분이 의미 없다.

학살자조차도 자신이 왜, 무엇 때문에 악惡의 화신化身이 되었는지를 모른다.

정치적인 이유, 지구의 헤게모니를 잡으려는 지배자들의 프로젝트가 배경으로 깔린 전쟁터에서 자신이 살육의 로봇으로 변한 사실조차도 의식하지 못한다.

전쟁은 그런 것이다.

피가 날아다니는 전쟁터는 아무리 '착한 옷'이라도 피를 뒤집어쓸 수밖에 없는 악마의 놀이터다.

일곱 살이던 1950년 여름의 그날, 갑자기 동네가 흉흉해지기 시작했다.

대전역에서 마지막 피란열차가 떠난다는 소문이 돌았다. 엄니는 허겁지겁 짐을 꾸리기 시작했다. 아버지는 웬일인지 나타나질 않았다. 아버지는 우리 가족사의 주요사건에 때때로 등장하지 않았다.

젖먹이 동생을 들쳐 업고, 형과 누나를 데리고, 집채(?) 같은 보따리를 머리에 이고, 왼손에 오른손에 또 보퉁이를 들고, 엄니는 우리들을 소대장처럼 진두지휘했다. 도대체 엄니는 그 비범한 힘을 어디에 감춰두고 있었던 것일까?

"싸게 따라와."

무언가 사태가 심상치 않다는 불길한 위험을 본능적으로 깨닫고 누나와 형과 나는 죽을 둥 살 둥 엄니의 치마꼬리를 놓칠세라 따라갔다.

우리는 대전역으로 갔다.

피란민을 싣고 남행할 기차가 능구렁이처럼 길게 누워 있었다.

죽음을 피하려는 사람들의 몸뚱이가 칸마다 칸마다 들어박혀 있었다.

이 칸에도 사람, 저 칸에도 사람. 어느 칸에다 송곳 하나를 꽂을 수 있으랴.

차창 유리창은 성한 게 없었다. 사람들은 깨진 차창으로 대갈통이 터져라 들이밀었다. 이 기차를 놓치면 죽는다. 핏발 선 눈으로 악다구니를 쓰며 밀치고 넘어뜨리고, 찰거머리처럼 기차에 들어붙었다. 사람들은 송충이처럼 기어오르고 기어올랐다. 사람들은 들쥐처럼 헐거운 칸을 찾아 다녔다. 미친개처럼 킁킁거렸다. 저승으로 가는 아귀가 있다면 바로 이런 형상일 것이다.

장도리를 빌리러 온 옆집 아저씨처럼 사정하는 얼굴이 아니었다. 아랫마을 복실이네 집에 마실가는 눈빛이 아니었다. 개장국 끓이려고 다리 밑에서 개를 때려잡는 걸 본 적이 있다. 사람들은 몽둥이 맞은 개 같이 무서웠다. 너 나 없이 사람이 아닌 것 같았다.

엄니는 마술사였던 것일까?

우리는 기차 지붕에 올라앉아 있었다.

엄니와 엄니의 등에 업힌 젖먹이 동생과, 보따리와 보퉁이와 형과 누나와 나는, 피란민들 틈새에 끼어 기차 지붕의 한 자리를 차지하고 있었다.

누군가 더 오기를 기다리는 것 같이 늑장을 피우던 기차가 이윽고 목쉰 기적을 울리며 움직이기 시작했다.

무슨 생각을 했는지 엄니가 갑자기 보따리를 묶은 삼베 끈을 풀어냈다. 엄니는 엄니의 허리와 내 허리를 묶었다. 젖먹이동생은 업고 있었지만 나머지 삼남매 중에서 가장 어린 내가 기차 지붕에서 떨어질까 걱정하신 것이다.

삼베 끈은 마치 엄니로부터 뻗어 나온 탯줄 같았다.

어른이 되어서 그 피란길 기차지붕 위의 삼베 끈을 제2의 탯줄이라고 명명한 것은 그 상황이 주는 위험을 감지했기 때문이었다.

기차에 오르지 못한 사람들은 악을 쓰며 떼거리로 발을 동동 굴렀다. 털썩 주저앉아 아이고 아이고, 땅을 치는 사람들도 있었다. 똬리를 튼 뱀처럼 머리를 쳐들고 기차 지붕 위에서, 나는 이 뜻밖의 안락에 안겨 지나가는 풍경을 신기한 듯 바라보았다.

만삭의 몸이 무거운지 남행열차는 이따금 비명을 지르며 속도를 냈다.

칙칙폭폭, 빼에엑—.

"꼭 잡어. 떨어지면 죽는 겨."

엄니는 쉴 새 없이 응원단장처럼 소리를 질렀다.

우리는 검은 연기를 뒤집어썼고 기차는 남쪽으로 달렸다.

갑자기 엄니가 깨진 유리조각처럼 날카로운 소리로 날 불렀다. 기차에 취해, 씽씽 옆으로 지나가는 산이며 들에 취해서 멍청히 고개를 빼들었던 나는 느닷없는 엄니의 고함에 놀라 하마터면 까무러칠 뻔했다. 그러자 엄니가 우악스럽게 내 목덜미를 낚아채며 또다시 소리를 질렀다.

"굴이여 굴, 엎드려 이것아!"

바퀴만 빼놓고 사람들은 개미 떼처럼 빈대처럼 기차의 곳곳에 달라붙었다.

보따리를 이고 보퉁이를 들고, 젖먹이 동생은 업고. 그렇게 우리 4남매를 기차에 태운 엄니의 기적, 그 수수께끼는 어디에서 비롯되었을까.

엄니가 행한 그 슈퍼우먼의 괴력은 대체 어디에서 온 것일까.

당신이 해야 하는 것. 그것은 몸과 마음이 하라는 대로 하는 모성애의 무위자연無爲自然일 것이다.

얼마를 달렸을까. 기차는 멎었고 더 이상 가지 않았다.

기차에서 내린 피란민들은 남쪽으로 걷기 시작했다. 우리도 걸었다. 걸음을 멈춘 엄니가 보따리에서 주먹밥을 꺼냈다. 물에 담갔다 꼭 짠 삼베보자기에는 깨소금을 뿌린 주먹밥이 있었다. 밥알이 달라붙지 않게 하려면 삼베 보를 물에 적셔 축축하게 만들어야 한다. 우리네 어머니들은 실용의 지혜를 터득한 생활의 달인들이다.

우리는 주먹밥 한 덩이씩을 들고 먹으면서 걸었다. 전쟁이 가져다 준 소풍길, 타오르는 서녘의 저녁노을.

주먹밥은 전쟁이 준 선물이었고 저녁노을은 신이 준 황홀경이었다.

피란길이 밋밋하다고 누가 시샘했던 것인지, 사건이 있었다.

영천 외갓집 과수원에 도착해서 얼마 동안 머물렀다가 우리는 다시 남행의 피란길을 떠났다. 사과는 채 익지 않았고 외할머니는 사과 김치를 담가 주었다. 소금에 절이고 고춧가루를 뿌려 담근 사과 김치는 새콤했다.

어느 초등학교에서 피란민들은 잠시 숨을 고르고자 한 사흘을 머물렀다.

그런데 그곳에서 경남이가 죽었다. 젖먹이 내 동생 경남이가 죽었다. 병명은 이질이었다,

엄니는 젖먹이를 살리려고 물어물어 피란민 속에서 의사를 찾아냈다. 엄니는 된장덩어리를 싸들고 가 의사에게 매달렸다. 약 좀 줘유, 약 좀 줘유,

작은 알약은 의사들의 피란길 재산목록 1호였다. 하지만 된장덩어리와 재산목록 1호를 바꿀 바보가 어디 있으랴. 전쟁은 티브이의 이웃돕기 이벤트 행사가 아니었다.

엄니는 학교 뒤 야산에 경남이를 묻었다.

다음 날 엄니가 무덤을 찾았을 때 경남이의 무덤에 경남이는 없었다. 들짐승 짓이라면서 엄니는 하염없이 울었다.

사람들이 학교를 버리고 다시 어디론가 피란길을 떠나고 있었다.

떠나고, 떠나고, 피란민의 마지막 꼬리가 교문을 빠져나가고 있는데도 엄니는 오지 않았다. 우리 3남매만 너른 운동장에 섬처럼 남았다.

섬은 점점 외로워졌다.

엄니가 돌아왔다. 우리는 비로소 공포에서 벗어났다. 경남이 시신이라도 찾을까 싶어 엄니는 무덤가를 배회했던 것 같다.

우리는 비로소 피란민들의 꽁무니를 좇아가기 시작했다.

두 달쯤 뒤, 4남매로 출발했던 우리는 3남매만 살아서 대전으로 되돌아 왔다.

4+1=4였다.

육이오의 피란길이 나에게 준 산술 공식은 '4+1=4'라는 것이다.

+1이 마치 엄니의 등에 업혔던 경남이 같았다. +1은 경남이를 가리키는 상징적 형상화다. 4는 우리들 3남매와 엄니를 합한 숫자다.

우리는 4+1=5의 산술로 귀환하지 못하고 4+1=4의 산술로 돌아온 것이다.

슬픈 산수다.

고모들은 경남이가 우리집안에서 가장 똑똑한 애였다고 말했다.

핏덩이를 겨우 면한 아기가 제일 똘똘한 아이라니.

일곱 살도 먹지 않은 아기가 제일 똑똑하다니. 일곱 살 먹은 나는 자존심이 상했지만 살아왔기 때문에 아무 말도 못했다. 그래도 똘똘한 내 동생이 죽었다는 것은 슬펐다. 정말 경남이가 우리집에서 가장 똘똘한 아이였을까?

우리 3남매는 물끄러미 우리들 자신 3을 바라보고 있었다.

우리들 3은 경남이를 생각하는 엄니를 바라보면서 울먹울먹했다.

영천 외가까지 피란을 갔다가 엄니는 우리 삼남매를 끌고 점점 전쟁의 소용돌이 속, 현장 가까이로 갔다. 이유는 단 한 가지였다. 우리를 굶길 수 없었기 때문이었다.

엄니는 군인부대에 가서 비정규직 밥 당번 알바를 했고 캄캄해지면 냄비에 밥과 반찬을 담아 가지고 왔다. 어느 날인가는 군인들의 유탄에 맞은 노루의 살덩이를 얻어온 일도 있었다.

엄니가 올 때까지 우리는 피란을 떠나 아무도 없는, 텅 빈 남의 집에서 주린 배를 안고 기다렸다.

칠흑 같은 어둠을 날아다니는 탄환의 빛줄기, 귀를 찢는 총소리와 포탄 소리.

우리는 오금이 저려 방에서 나가지도 못했다. 겁이 난 형은 창호지 구멍에 거시기를 내밀고 마당에다 오줌을 갈겼다. 며칠을 그렇게 버텼는지 가물가물하다.

떨어지는 비행기도 보았고 눈을 뜬 채 죽은 시체도 보았다.

다시 전쟁이 난다면 끔찍하다. 전쟁은 게임이 아니다.

자가용 타고 피란 가는 꿈은 꾸지도 말라.

전쟁에는 해피엔딩이 없다.

전쟁의 비극을 알지 못했기 때문에 주먹밥을 먹으며 걷는 일곱 살의 피란길은 처음엔 재미있었지만 점점 개고생 같은 나날이 흘러갔다. 유대인 소녀 '안네'에게도 피를 말리는 하루 하루가 견디기 힘든 고통이었을 것이다.

라면이 있었더라면 더 좋았을 것이라고? 그런 상상은 폐기처분하라. 라면은 내가 고등학교를 졸업하던 1963년 무렵에야 세상에 나온 것이다.

잘 사는 시대에 태어났다고 자신의 상상력을 멍청하게 만들지 말라. 육이오는 활 쏘고 칼 쓰던 백제와 신라의 전쟁이 아니었다.

전쟁은 반드시 식구 중의 목숨 하나를 지우고서야 막을 내린다.

다섯이 갔다가 넷만 살아 돌아왔다면 하나만 사라진 게 아니다. 마치 대문니 하나가 빠진 것처럼 하나의 죽음은 하나 이상의 공허를 몰고 온다.

전쟁은 가장 잔인한 프로젝트다.

전쟁을 명령할 권리는 그 누구에게도 없다.

그 누구도 전쟁을 기획해서는 안 된다.

그 누구도 전쟁의 감독이 되어 주연과 조연을 결정할 수 없다.

전쟁엔 대역으로 죽어줄 스턴트맨이 없다.

첨단무기의 살상력과 파괴력, 21세기의 전쟁은 공멸을 강요하는 범죄다.

승자와 패자도 없다. 죽음의 단말마만 있을 따름이다.

다시 돌아온 대전역에서 우리는 폐허로 변한 도심을 바라보았다.

서 있는 집은 하나 둘, 셀 정도였다. 한참을 보니 군데군데 어쩌다 집이 한 채씩 서 있었다. 네로가 불 지른 로마처럼 무너진 집에서는 아직도 꾸역꾸역 연기가 피어올랐다.

휴전이 될 때까지 아니 그 이후로도 오랜 동안, 우리는 우리 자신이 날마다 전쟁의 그림자였다.

원동과 인동 네거리의 부서진 탱크에서 놀다가 불발탄 포탄이 터져 죽은 거시기, 탄환을 가지고 놀다가 터져 손가락이 나간 거시기, 고아가 되어 구두닦이 노릇을 하던 거시기, 그런 거시기들은 모두 다 우리와 놀던, 전쟁의 그림자였다.

총알과 탄피는 우리들의 노리개였다.

그때는 미친년 전성시대였다.

미친년은 욕이 아니다. 미친년이라고 해야 깊이 그립다. 남편 잃고 새끼 죽이고 어쩔 수 없이 미친년이 된 미친년들.

미친년들은 우리에게 돌팔매질을 당하면서도 우리들의 심심풀이 동무였다. 미친년은 시장에 가도 있었고, 개울가에도 어슬렁거렸고 보문산엘 가도 있었다.

며칠 지나면 어디에선가 낯선 미친년들이 또 나타나곤 했다. 패션디자이너가 꿈이었을까? 검정헝겊, 노랑헝겊, 빨강헝겊, 색색가지 헝겊이 잔뜩 든 보따리를 끼고 누군가의 이름을 부르며 쏘다니던 미친년들.

그 전쟁의 그림자들. 살았으면 여든이 넘었을 텐데.

전쟁은 똘똘한 경남이를 죽인다. 덜 똘똘한 나는 살린다. 멍청한 게임이다

컴퓨터게임이라 할지라도 전쟁놀이 따위는 하지 마시라.

당신의 경남이가 죽을 것이다.

당신이 아무리 착한 사람이라 해도 의지와는 상관없이 당신은 하미마을의 135명 학살자가 될 것이다.

전쟁이란 검색어도 치지 마시라. 당신의 글자판이 피로 물들 것이다.

유년의 비자발적 기억

홍차에 적신 머들렌을 입에 넣는 순간 유년시절의 마을 풍경이 생생히 밀려들어왔다는 마르셀 프루스트의 비자발적기억은 누구에게나 의식의 몇 조각으로 남아 있을 것이다. 물론 나에게도 있다.

충청도에서는 어머니를 엄니라고 부른다.

엄니는 나에게 엄니라는 호칭으로만 존재한다. 나는 한 번도 어머니라고 불러본 기억이 없다. 스무 살쯤 되어서 '어머니'라고 의젓하게 불러보고 싶었다. 그러나 우리를 무정과 냉정으로 사랑한 엄니는 어머니라는 호칭을 사용할 기회조차 주질 않았다.

열두 살 때 사별했으나 다섯 살 이전의 일은 기억조차 없고, 내가 엄니와 공존한 의식의 시간은 고작 7년 세월에 지나지 않는다.

그러나 어쩌랴. 그 7년의 USB에 저장된 엄니의 파일은 삭제해도 지워지지 않는다. 엄니의 추억 바이러스는 제 스스로 새로운 이야기를 만들어 낸다.

엄니는 스킨십의 달인이었다.

스킨십은 요즘의 교육용어(?)로 체벌이다.
엄니는 내 엉덩짝을 스킨십의 목표로 삼았다.

밤이 없는 성, 불야성. 도지사 관사는 특선 전기였고 밤새도록 전깃불이 켜져 있었다. 계절에 따라서 한두 시간의 차이는 있었지만 일반선 전기는 초저녁에 들어왔다가 자정만 되면 말도 없이 나갔다.

시험 전날이면 등잔불을 켜놓고 공부를 했다. 석유가 떨어지면 촛불을 켰다.

우등생은 촛불에 그을려 눈썹을 태우지 않는다. 일찌감치 잠든 열등생의 눈썹도 깨끗하긴 마찬가지다.

눈썹을 태운 장본인은 십중팔구 학급에서 30등쯤 하는 사람이다. 그들은 벼락치기로 시험 공부하다가 눈썹을 태운다. 그들은 태운 눈썹을 훈장처럼 자랑스럽게 과시한다.

고등학교 3학년이던 1962년에도 세상은 어두웠다. 집집마다 벽을 뚫어 30촉짜리 전구 한 알로 안방과 건넌방을 밝혔으니 그때는 온통 희미한 시절이었다.

엄니와 살던 50년대에는 아예 전기가 없었다.

불을 밝게 하고 불이 꺼지지 않게 하기 위하여 남포등에 덧씌우는, 유리로 만든 것을 등피라 한다. 어렸을 때 나는 그걸 호야라고 불렀다. 그러나 호야가 등피의 일본말이란 걸 안 것은 대학에 들어와서였다.

호리병박처럼 생긴, 유리 등피는 그을음이 빠져나가는 목이 황새 목처럼 길고 조붓해서 닦기가 지랄이었다.

등피 속을 고루고루 잘 닦으려면, 그래서 그런지 어른의 큰 손보다는 애들의 작은 손이 더 알맞은 셈이었는데 그래서일까? 언제부터인지 나는 등피 닦는 당번이었다.

등피 속에 낀 그을음은 매일 닦아야 했다. 말갛게 닦아야 온 방안이 환하다. 석유를 채우고 등피를 잘 닦아서 심지에 불을 켜 덮어씌우면, 보름달 뜬 밤 같다.

저녁 무렵이면 석유등에서 등피를 벗겨내고 나는 날마다 그것을 조마조마하며 닦았다. 살얼음처럼 얇고 어설픈 유리등피, 그건 골치 덩어리다. 헝겊쪼가리나 막솜을 막대기 끝에 감고 닦아야 한다. 손을 넣을 수 있는 데까지 넣어서 닦아야만 등피를 속속들이 닦을 수 있다. 그러나 그게 쉽지가 않다. 조심성이 없으면 등피는 곧잘 금이 가기 일쑤다.

오므려서 작게 만든 손을 등피 속에 집어넣은 다음에 살금살금 숨 죽이고 조심조심 헝겊으로 등피 속살을 닦는다. 방귀 뀔 때처럼 힘을 조금만 세게 주어도, 넣은 손을 빼내다가 어설피 부딪치기라도 하면 등피는 어김없이 금이 갔다. 어떻게 하면 잘 깨질까, 하고 궁리궁리 끝에 만들어놓은 것 같다.

등피를 닦을 때마다 나는 늘상 간이 콩알만 해진다. 자꾸만 콩알만해지다가 아주 없어질지도 모른다.

'망할 놈의 유리등피.'

속으로는 그래도 행여 다칠세라 깨질세라, 조심스럽게 손을 놀렸는데도 등피는 깨지는 줄도 모르게 금이 가곤 했다.

그때마다 부지깽이 아니면 엄니의 손바닥이 내 엉덩짝에 불을 냈다.

없는 살림에 돈을 축낸 내가 뭐 할 말이 있으랴.

등피를 깬 날은 싫다. 엄니의 변종 스킨십, 그 접촉 시도가 싫었다.

방안을 환히 밝히기 위하여 내 유년시절은 어두웠다 .

등피 말고도 또 있다.

대전천 둑방 단칸방에서 나는 걸핏하면 일을 저질렀다. 일을 저지르면 나는 미운 오리새끼 신세로 전락했지만 엄니는 끈질기게 나에게 품삯도 없는 알바거리를 주곤 했다.

예컨대 이런 알바 말이다.

오줌내를 씻어내기 위해서 낮에는 사기요강에 물을 채워 밖에다 두었나. 사기요상을 쓰기 전에는 양철통 같은 걸 요강 대용으로 삼았는데 그건 한 달만 지나도 오줌백태가 낀다. 흑백 티브이 대신에 컬러 티브이 마련하듯 그래서 새로 등장한 실내용 오줌통이 사기요강이었다.

저녁이 되면 나는 바깥에 둔 요강을 방안에 들여왔다.

겨울 어느 날, 요강에 채워 놓은 물이 꽁꽁 얼어 있었다. 나는 얼음을 깬답시고 돌짝으로 냅다 내리쳤다. 요강은 보기 좋게 두 쪽이 났다. 스마트폰보다도 더 귀하게 여기던 요강 우대 시절에 가산을 탕진한 불효자의 죗값을 무엇으로 갚을 것이랴. 엄니는 또 나에게 변종 스킨십을 시도했다.

그런 중에 대박을 터뜨린 스토리가 또 있다.

그놈의 겨울밤은 길기도 길었다.

그 무렵 우리집에 요는 둘밖에 없었다. 하나는 엄니 아부지 요다. 우리 3남매는 요 하나로 버텨야 했다. 그때는 여동생이 태어나기 전이다. 우리는 8남매였으나 내 위로 위로 위로 죽고 죽고 죽고, 내 아래로 죽고, 절반만 살아남았다. 최종집계 생존자는 4남매였다.

3남매가 요 하나를 깔고 자야 했다. 그러자니 길이로 깔지 못하고 가로로 깔아야 했다. 엉덩짝 아래로 담요며 포대기를 있는 대로 다 끌어다 깔았지만 아래는 늘 허전하고 차가웠다.

요가 둘인데 이불이라고 넉넉할 까닭이 없었다.

재수 없게 밀리고 밀려서 요의 벼랑 끝 차지가 되는 밤에는 영락없이 한데서 오들오들 떠는 꿈을 꾼다.

모두들 달팽이처럼 웅크리고 오므리고 구부리고 꼭 붙어 잤다.

우우, 밖에서 찬바람이 불면 그때마다 똥개 강아지처럼 서로서로 파고드는 우리 남매. 에고 추워라. 더럽게 추워라.

한밤중에 나는 오줌이 마려워 일어나 요강 앞으로 다가갔다. 웬일인지 그날따라 요강은 절반도 넘게 잘랑거렸다. 나는 요강을 들고 오줌을 갈겼다. 요강을 들고 갈기는 데에는 다 그만한 이유가 있었다. 엄니한테 된통 혼이 난 적이 있었기 때문이다.

무릎을 꿇고 오줌을 누다 보면 요강과 거시기 사이는 상당한 거리가 있게 마련이다. 그럴 경우에 겨냥을 잘 못한다거나, 잠에 취해 몸이라도 건들건들하게 되면 방바닥에 갈겨대기 십상이다.

아침이면 엄니가 이맛살을 찡그리며 지린내를 꼭 잡아냈다.

"오늘 밤두 또 이 모양으로 갈기면 아예 고추를 잘라버릴 겨. 수

캐라고 다리 들고 오줌 누면서…… 방바닥에 오줌내가 찌들었단 말이여."

그런 판국이었으므로 겨냥을 잘못한 밤에는 기어이 엄니한테 스킨십을 당했다. 요강을 들고 누게 된 것은 바로 그런 까닭이었고 요강을 들고 누면 겨냥할 필요가 없었다.

나는 점점 요강이 무거워지는 것을 느꼈다. 초저녁에 오줌의 방울방울까지 다 쥐어짜 누었어야 했다.

엄니는, 초저녁에, 방 안에서 오줌 누는 것을 허락하지 않았다.

냄새 나. 여섯 식구가 한 방울씩만 눈다고 해도 여섯 방울이다. 말이 그렇지. 누가 한 방울씩만 눈단 말인가. 초저녁부터 누면 한밤중엔 오줌이 잘랑잘랑 넘실거릴 것이다.

그래서 엄니는, 반드시 초저녁에, 밖에 나가서 '쉬'를 하라고 명령했다.

그런데 그게 여간 귀찮은 일이 아니었다. 여름밤이라면 몰라도, 씽씽 살을 에는 한겨울 된바람에 덜덜 떨면서, 깁고 기웠지만 또 새로운 구멍으로 바람이 숭숭 들어오는 백결百結선생의 내복바람으로, 바깥 한데에 나가 오줌 누기란 죽기보다 싫었다.

형이나 나는 엄니가 뭐라고 한 마디 하기 전에는 대개의 경우 비비적거리고 뜸을 들이며 요 깔기만 기다렸다.

"어이 나가서 오줌들 누구 와. 밤새도록 오줌 누는 꿈 꾸지 말구."

엄니가 닦달하면 형과 나는 벌레 씹은 얼굴을 해가지고 삭풍을 맞으러 밖에 나가곤 했다.

나는 끄떡끄떡 졸면서 뭔가가 시원해지고 허전해져 간다고 느꼈다. 그런 차에 아차차 아뿔사, 그만 요강의 무게를 이기지 못하고 놓쳐 버렸다. 처음과는 달리 졸았던 데다가 요강이 점점 무거워진 탓에 힘이 부쳤던 것이다.

힘은 산을 뽑을 만하고 기운은 세상을 덮을 만하다는 '역발산기개세力拔山氣蓋世'의 항우만큼은 아니더라도 사내새끼가 요강 하나 감당할 손아귀 힘이 없다니.

'쩍' 소리와 함께 떨어뜨린 요강은 두 쪽이 났다.

담겨 있던 오줌이…… 날 좀 보소 날 좀 보소, 하듯이 온 방안을 흘러가고 요며 이불을 흥건히 적셨다. 방바닥에 오줌 홍수경보 발령.

후닥닥 제일 먼저 눈을 떠 사태를 알아차린 엄니가 걸레, 걸레 하면서 훔치고 닦고 한바탕 난리를 치렀다. 요도 젖고 이불도 젖고, 오, 흠뻑 젖은 밤.

내 악몽의 한 페이지는 지금도 흥건하다.

그날 밤, 내 엉덩짝에 가해진 엄니의 스킨십은 태형처럼 강렬했다.

장풍과 권법이 난무하는 좁은 단칸방. 엄니의 현란한 무공을 피하기에 방은 너무 좁았다.

어느 날, 엄니가 문고리에 내 젖니를 매달았다. 그러더니 갑자기 성냥을 그어 내 코앞에 들이댔다. 화들짝 놀라 나는 머리를 젖혔다. 실 끝에 내 젖니가 대롱거리고 있었다.

허전해 하는 내 표정을 보며 엄니가 깔깔깔 웃었다. 엄니가 요조숙녀의 품격을 팽개치고 그렇게 방정맞게 웃는 걸 본 건 그때가 처음이었다.

그런데 웬일일까, 엄니의 '깔깔깔'이 나는, 마냥 좋기만 했다.

속옷을 갈아입다가 보니 내 엉덩이는 이팔청춘 향기로운 방뎅이가 아니었다.

빨아먹은 홍시처럼, 늙어서 볼품없이 홀쭉했다.

'엄니가 스킨십 할 땐 그래도 통통했는데.'

젖니가 행복했을까, 엉덩이가 행복했을까?

엄니의 손이 닿으면, 지금 내 몸은 가야금 열두 줄처럼 울 것이다.

나도 당신도 역사의 한 그루다

경상도 영천에 살던 독립운동 지사의 딸이 충청도 신탄진에서 농사짓던 총각을 도대체 어떻게 만나서 혼인하게 되었을까?

대학생이 되면서부터 나는 어머니와 아버지의 만남을 궁금히 여겼다.

해답은 역사의 한 조각에 있었다.

고모들을 통해서 전해들은 집안 내력에 따르면 외할아버지는 삼일독립만세 운동을 주도하다가 사형선고를 받고 옥살이를 하던 중 8.15 해방을 맞아 극적으로 풀려났다고 한다.

독립운동을 하느라 여기저기 떠돌이 생활을 했다고 하는데 떠돌이의 공간 영역이 만주에까지 이르렀다는 이야기를 듣긴 했지만 확인할 길은 없다. 어렸기 때문에 나는 꼬치꼬치 물은 적도 없다. 어쩌다 외할아버지 이야기가 나오면 고모들은 한두 마디씩 거드는 정도였다.

고모들은 일제의 침략에 대한 자의식과 역사의식 따위엔 무관심했다. 요컨대 그런 화제를 즐기는 지적 능력이 없었다. 그저 너무

나 평범한 아낙들이었다.

일제의 염탐과 수색이 시작되면 밥을 먹다가도 먹뒤처럼 튀어서 도피하고 은신하던 외할아버지는 황해도 해주에서 머물다가 가솔을 거느리고 경상도 영천에 이르렀다. 그곳에서 한숨을 돌렸으나 언제 다시 일제의 관헌이 들이닥칠지 몰라 전전긍긍하는 차에 가장 큰 걱정거리는 과년한 딸이었다. 과년한 딸은 도피생활에 치명적인 애물단지였다. 언제 어디서 정신대라 불리던 성노예로 끌려갈지 알 수 없었기 때문이었다.

그래서 결론은 '빨리 처분하자(?)'였다. 여기저기 걸리는 사람에게 다리를 놓아 수소문 끝에 어찌어찌 아버지와 인연이 닿아 사진을 교환했다.

사진결혼도 일제치하가 낳은 슬픈 결혼 풍습(?)이었다. 사기성 광고에 속아 하와이 사탕수수 농장으로 노예처럼 팔려간 노동자들도 장가가기 위해서 고국의 치녀를 만날 수 있는 비상수단은 사진결혼이었다.

그 무렵 아버지는 일본에 있었다.

완고한 할아버지는 아버지가 농사나 지으면서 당신의 노후를 봉양하길 원했겠지만 한량 기질의 아버지가 농부로 썩을 리가 없었다. 아버지는 일본으로 튀었고 그곳에서 결국 장사에 투신했다.

그런 상황에서 그 당시 성행(?)하던 '사진결혼' 이야기가 나왔다. 처녀 총각의 사진이 오가고 양가의 합의도 속전속결, 번갯불에 콩 볶듯 끝났다.

가이드는 고모들이었다. 고모들은 어머니를 일본 땅에 안내했고 마침내 혼례식까지 치르고 부부가 되었다.

나는 1944년 12월에 시즈오카에서 태어났다. 8개월 뒤에 해방이 되자마자 한국 땅 대전으로 돌아왔다. 당연히 기억할 순 없지만 내가 일본 땅에 머문 것은 젖먹이 시절로서 열 달이 채 안 된다.

독립운동, 도피생활, 성노예 모면을 위한 사진결혼.

만날 수 없는 두 남녀의 만남 때문에 태어난 자식들.

나는 이와 같은 역사의 수레바퀴 속에서 태어났다. 그랬다가 해방이라는 역사적 사건으로 귀국했다.

어머니가 귀국해서 얼마 동안 일제의 생산시설이었던 제사공장에 다닌 것도 역사적 상황이었다. 저녁 무렵에 제사공장에서 돌아올 때마다 어머니는 도시락에 번데기를 가득히 담아가지고 왔다. 그러니까 내가 다섯 살 무렵에 번데기를 먹은 것도 역사성을 가진 사건이었다.

대전역에서 마지막 기차를 타고 남쪽으로 피란을 갔던 것도, 돌아와서 대전천의 판잣집에서 살았던 것도, 내가 미군들에게 '기브미 쪼꼬렛'을 외쳤던 것도, 내가 꿀꿀이죽을 먹었던 것도, 이 모두가 육이오라는 역사의 수렁에 빠진 탓이었다.

어머니가 서른아홉의 젊은 나이에 세상을 떠난 것도 전쟁과 무관한 것은 아니었다.

어머니를 일찍 잃은 탓에 내 생의 진로도 북북서로 바뀌었을 것이다.

외할아버지는 우리가 영천으로 피란 갔을 때 무슨 사고로 돌아가셨다.

외삼촌이 있었지만 아무래도 학교를 제대로 다니지 못한 것 같다. 밖으로 나돌던 독립지사가 언제 수신제가 했겠는가. 외할머니가 대전에 한 번 오신 일이 있었는데 그때 우리는 대전천 판잣집에서 살고 있었다. 전쟁 중이라곤 하지만 우리들의 가난한 삶이 독립운동가의 아내에게는 눈 감지 못할 한으로 남았을 것이다.

제 집안 하나도 변변히 건사할 줄 모르는 못난 독립운동.

외할머니는 그렇게 되뇌이다 저세상으로 가셨을 것이다.

어머니의 죽음으로 외가와 우리는 허무하게 소식이 두절되었다. 우리는 독립운동 따위는 어디에선가 일어난 교통사고쯤으로 여기며 살 수밖에 없었다.

어느 날, 호적에서 어머니의 이름을 보고 나는 깜짝 놀랐다. 외할아버지가 지은 어머니의 이름은 손요한나孫約漢羅였다. 約은 '요'로도 읽힌다. '요한나'라는 이름은 기독교식 이름이다.

요즘말로 말하면 신지식인이었던 외할버지의 편린을 엿볼 수 있는 작명이다.

요한나라는 어머니의 이름을 보고 비로소 나는 외할아버지가 목사였다는 사실을 기억해냈다. 생각난다. 육이오가 나서 영천에 피란 짐을 풀고 난 며칠 뒤, 마당 한가득히 수런거리던 사람들의 젖은 목소리. 스무 명(?) 아니 서른 명쯤(?)의 사람들이 마당에 모여 부르던 찬송가.

"며칠 후 며칠 후 요단강 건너가 만나리."

이제, 외가에도 우리에게도, 외할아버지의 고고한 정신적 유산은 그 형해形骸조차도 없다. 이것이 무명 독립지사의 서글픈 현실이다.

나는 역사다. 당신도 역사의 알갱이다.

장성한 이후, 내 생의 행로에 외할아버지의 정신적 유산이 몇% 작용했느냐는 별개로 치더라도 내 개인사는 시작 그 자체가 이미 역사였다. 시작이 역사라면 그 후반부는 어찌 인과 관계가 없겠는가?

나무 한 그루 풀 한 포기가 숲의 역사인 것처럼 나도, 당신도, 역사의 한 퍼즐 조각이다.

당신은 언제 똥을 밟아 봤습니까?

'알레고리'는 구체적인 대상을 이용하여 추상적인 내용을 표현하는 비유법이다. 도덕적, 교훈적, 풍자적 내용을 표현할 때 많이 쓴다. 은유가 하나의 단어, 하나의 문장과 같은 작은 단위에서 쓰이는 표현 기교라면, 알레고리는 이야기 전체가 하나의 총체적인 은유라는 점이 다르다. 카프카의 '변신'이나 이솝 우화 같은 작품이 알레고리의 대표적인 보기라 할 수 있다.

1974년 월간문학지 '한국문학'에 발표했던 내 단편소설 '어느 하루의 별곡'은 알레고리로 쓴 작품이었다,

줄거리를 간추리면 다음과 같다.

교사 방덕씨는 아침에 눈을 뜨자마자 배변하는 습관이 있었다.

어느 날도 배변을 하려고 마당에 내려선 순간 세 사람의 괴한이 그를 습격했다.

세 사람은 그에게 무자비한 폭력을 퍼붓고 유유히 사라진다.

출근 길 버스 안에서 소매치기 현장을 발견, 참지 못하고 모든 승객들에게 알린 것이 습격당한 까닭이었다.

문제는 그 다음이었다.

린치를 당하느라 출근 시간이 늦어지고 방덕씨는 아침의 규칙적인 배변을 못한 까닭으로 온종일 엄습하는 배변의 고통에 시달린다.

배변의 고통은 견딜 수 있을 만한 상황과 극한적인 상황으로, 간헐적인 겨끔내기로 찾아든다. 배변을 해소할 시간은 공교롭게도 상황마다 적당하지 않았다.

방덕씨는 크고 작은 일을 겪으면서 끝내 배변을 하지 못한다.

그 이튿날 아침이 되어서야 방덕씨는 마침내 배변할 수 있었다.

'어느 하루의 별곡'은 배변하지 못해 고통을 겪는 사람의 이야기다.

이것은 알레고리다.

입으로 언어를 배설한다면 항문으로는 똥을 배설한다.

입의 '표현'과 항문의 '배설'은 우리 몸의 대칭적 구조로 보나 그 기능으로 보나 본질적으로 같다.

한 마디로 말하면 언론의 자유가 없는 일상의 고통을 배설 못하는 고통으로 은유한 것이다. 흠이 많은 작품이지만 발상만큼은 탁월했다고 자위한다.

내가 어렸을 무렵, 그러니까 1950년대엔 여길 봐도 똥, 저길 봐도 똥, 하늘 아래 땅세상은 온통 똥투성이, 똥 천지였다.

6.25 뒤끝, 지지리도 못 먹던 그 시절에 먹은 게 시원찮았으면 똥도 덜 쌌어야 했고 덜 쌌으면 의당 귀했어야 마땅하련만 웬일인지 사방팔방에, 보이는 건 그저 똥이었다.

6.25 전쟁의 휴전 무렵을 전후로, 나는 대전천 둑방 판잣집에서 두어 해를 산 적이 있었다. 천변 둑방 사람들 모두가 손바닥만 한

판잣집을 짓고 단칸방에서 오글오글 살았는데 그렇게 살다보니 집집마다 변소가 있을 턱이 없었다.

한 평이나 될까 말까한 나무판자 변소를 공중변소랍시고 지어놓고는 아침마다 저녁마다 '오로지 싸기 위해서' 동네 사람 모두가 그곳을 뻔질나게 들락거렸다.

인간의 염치를 갖추어야 했으므로 우리는 적어도 은밀히 싸야만 했고 그래서 공중변소는 삼강오륜처럼 근엄한 곳이어야 했다. 그러나 그 당시의 공중변소는 개도 드나들기를 꺼리는, 우리들의 부끄러운 밀실이었다.

누구의 소유도 아닌, 다수의 공유라는 까닭 하나만으로도 우리들의 공중변소는 더러울 수밖에 없었던, 더러움의 비밀을 숨기고 있었다. 그 어떤 현자賢者나 헌신적인 봉사자가 있어서 변소를 관리했거나 변소 이용 잘하기 공중도덕강좌라도 열어 계몽했더라면 아마도 변소는 변소로서의 본래적 의미와 체통을 유지했겠지만 현실은 똥 같았다. 배고픈 가난에 이가 갈렸는지 사람들은 염치와 체면을 상실한 채 밥에만 눈을 팔았을 뿐 똥에는 그 누구도 외눈 한 번 팔지 않았다.

동네 아주머니 아저씨에다가 거기에 딸린 수많은 새끼들이며 지나던 사람들까지 드나들면서 저마다 한 바가지씩 누어대다 보니 변소의 똥통은 금세 차오르기 일쑤였다. 차올랐다 싶으면 빨리빨리 똥을 퍼냈어야 했지만 누가 제 집 변소처럼 때맞추어 척척 똥을 퍼낼까 보냐.

그러다보니 어느 누군가는 차오른 똥 무더기를 피해서 볼일을 보느라 똥통 아닌 한 켠에 실례를 저지르곤 했다.

아브라함이 이삭을 낳고 이삭이 야곱을 낳는 것처럼 실례는 실례를 낳고 더러움은 더러움을 낳는다.

변소가 더럽다 싶으면 누구든지 덜 더러운 곳에 싸야겠다는 생각을 남 몰래 품는 법이다. 남 몰래 품은 생각의 똥은 어느 새 발판을 차지한다. 발 디딜 발판에 똥이 있으니 다음 사람은 발판에 발을 올려놓지도 못하고 하는 수 없이 똥통 속이 아닌 변소의 적당한 곳곳에 또 무더기 무더기로 누고 만다. 이윽고 변소는 '변소의 투입 구멍'만 빼놓고는 온통 똥일 수밖에 없다. 그래서 변소는 똥의 아우성으로 그득했다.

똥의 아수라장. 형형색색의 똥 저장소.

앞에도 똥, 뒤에도 똥, 발판 위에도 똥, 발판 아래에도 똥, 볼일을 보려고 앉으면 내 똥구멍에 남의 똥이 닿을 것 같아서 조마조마하다.

똥 누다가 바짓가랑이 어디에다기 똥칠을 할 것 같은 위기의식이 절로 생긴다. 그래도 안 쌀 수는 없는 노릇이라 앉지도 서지도 못 하고 엉거주춤한 채로 볼일을 보려면 나오려던 똥도 도로 기어들어갈 판이었다.

먹는다는 것, 싼다는 것, 이것이야말로 즐겁고 찌릿찌릿한 원초적 본능이 아닌가.

그럼에도 불구하고 즐거워야 할 그 원초적 본능 때문에 나는, 우리는, 날마다 일그러진 나날을 보내야만 했다. 어쩌다가 퍼낸 지 얼마 안 된 뒤끝의, 조금은 정갈한(?) 변소에 들어가 제법 그럴 듯하게 볼일을 보는 경우도 있기야 있었다. 그때 그런 순간과 맞닥뜨린 날이면, 나는 뛸 듯이 아니 앉을 듯이 기뻤고, 행복했고 신이 났다. 모처럼만의 아늑한 시간, 나와 똥의 시간.

살다보면 이렇게 똥을 싸는 날도 있구나, Oh, happy day!

그러나 허구한 날 변소가 똥투성이다 보면 똥도 변소 탈출을 궁리한다.

어느 결에 동네에는 '변소 똥누기'를 배신하려는 음모가 싹 튼다.

그리하여 '변소 똥누기'를 거부하는 프리랜서 Free Lancer가 나타난다. 배신자와 프리랜서는 더러운 변소를 경멸하며 마침내 캄캄한 밤을 틈타 동네의 골목과 냇가의 이곳저곳으로 그들의 실락원을 찾아 헤맨다. 그리하여 배신자와 프리랜서의 이상理想 때문에 동네는 시나브로 똥 천지가 되고 만다.

역사는 밤에 이루어진다. 밤을 조심하라. 똥은 밤에 밟힌다.

어슬렁어슬렁 돌아다니는 밤의 나그네를 경계하라. 그는 밀실을 거부하는 이상주의자다.

우리는 나는, 어린 시절에 그렇게 똥과 살았다.

시골에 가면 거적대기를 친 똥숫간이라도 있어서 오붓한 밀실의 고독을 즐길 수 있었다. 그러나 50년대 60년대의 어정쩡한 도시에서 공중변소는 언제나 똥판이었다.

'핵교'에 들어가서야 나는 비로소 사색의 공간, 밀실의 의미를 맛볼 수 있었다.

공부가 끝나고 동네에 돌아와서도 똥이 마렵다 싶으면 나는 똥

마려운 그 걸음으로라도 걸어서 '핵교'로 가곤 했다. 그러나 하늘이 무너지는 듯한 배설의 위기일발 그 찰나는 어쩔 수 없이 동네의 공중변소로 가서 '생각하고 싶지 않으면서도 똥을 생각하며, 바라보고 싶지 않으면서도 똥을 바라보며, 누고 싶지 않으면서도 똥을 누는' 삼중고를 겪어야 했다.

베르너 홀츠바르트의 '누가 내 머리에 똥 쌌어?'에서 남의 똥은 자신을 더럽히는 더러운 존재이다. 그러나 동시에 자신의 똥은 자신의 자아를 상징한다. 자신의 자아를 아무데나 싸는 것은 자유 의지의 표상이 아니라 스스로 황야의 무법자로 타락하는 행위이다.

'똥을 누다'의 또 다른 표현은 '뒤를 보다'이다. 절대로 자신의 뒤를 볼 수 없는데도 뒤를 본다고 한다. 이거야말로 재기 넘치는 해학이다. 뒷간 대신에 나온 말이 변소다. 변소는 편리한 곳이란 뜻인데 50년대의 변소는 편리한 곳이 아니라 '더럽게 불편한 곳'이었다.

공중변소는 가뭄에 콩 나듯 귀했다. 어쩌다 급한 나머지 귀인을 만난 듯 공중변소를 만나 들어갔어도 문 앞에서 누군가가 기다리고 있으면 나올 것이 나오지 않아서 나는 그냥 나오곤 했다. 나에게 변소는 오랜 동안 편리한 곳이 아니었다.

가는 데마다 대한민국 화장실은 깨끗하다. 관리며 이용자의 의식이며 여러 면에서 칭송 받을 만하다.

2000년대의 대한민국 화장실들은 비범한 경지에 올랐다.

대한민국 화장실은 세계의 모범이다. 화장실이 가장 먼저 선진국에 진입한 문화영역이 되었다.

대한민국 사람들은 똥도 안 싸고 사는 사람들인 것처럼 똥을 구경하기가 쉽지 않다. 대로에도 없고 골목에도 없다. 치매 환자와 아기들의 기저귀나 들춰보아야 똥을 발견할 수 있을 것이다.

그러나 똥이 없다고 깨끗한 나라는 아니다.

알레고리의 똥은 겉으로 그 존재를 숨겼을 뿐 아직도 곳곳에서 건재하다.

변소를 문화의 척도로 삼는 의견도 있다.

2013년 현재의 대한민국 변소는 가는 데마다 경이롭다.

'남자가 흘릴 것은 눈물만이 아니다.'

'아름다운 사람은 머문 자리도 아름답습니다.'

깨끗이 쓰자는 공중도덕 의식을 그렇게 해학적으로 표현하더니 이제는 점점 더 다양한 글귀들이 등장했다.

'당신에게 오늘 기쁜 일이 일어날 것이다.'

'모욕은 잊어버리고 친절은 기억하라.'

고금동서 현자들의 말도 등장했고 철학적인 말도 있다.

윤리적인 말에 따스한 말도 있고 좋은 정보도 알려준다. 이것들을 집대성하면 성경 불경에 이어 '화장실경' 하나쯤 탄생할 것도 같다.

대한민국 화장실은 깨끗하다.

전국의 화장실을 순례하면 셱스피어와 톨스토이도 만나고 사서삼경에 노자의 도덕경도 마주칠지 모른다.

화장실은 어쩌면 카페로 변할지도 모른다. 똥 누기를 끝낸 선남선녀가 향기로운 커피향으로 화장의 여운을 즐기는 그런 곳.

아니다, 어쩌면 화장실에서 장관 후보자들의 청문회가 열릴지도 모른다.

아니다, 어쩌면 화장실에 대통령을 뽑는 대선 투표소가 설치될지도 모른다.

아니다, 아름다운 촛불 집회도 앞으로는 화장실에서 열릴 것 같다.

아니다, 대한민국의 화장실은 정치 경제 사회 문화 등 각종 분야의 이벤트 행사장으로 변신할 것이다.

청결에 편리에 그럴 듯한 미학까지 갖추고 있으니 화장실은 대한민국 사기史記의 한 페이지를 장식하게 될 것이다.

비로소 근심을 해소할 수 있는, 해우소의 경지에 들어선 대한민국의 변소, 한류의 화려한 개화와 결실이 변소에서 종결 될 것 같은 예감이 든다.

대한민국 똥은 숨기 바쁘다.

누기가 무섭게 좌변기의 단추를 누르면 하수구로 사라진다.

사라진 똥은 욕망과 권력이라는 얼굴로 나타난다.

사라진 똥은 무법 탈법과 몰상식으로 나타난다. 아무도 과거의 얼굴을 알아보지 못한다. 아니, 알아보면서도 모르는 척, 바뀐 얼굴에 다가간다.

사람들은 그것들을 똥이라고 부르지 않는다.

똥보다 더 더러운 욕망을 행복의 조건이라고 부른다.

똥보다 더 더러운 권력의 획득을 성공이라고 말한다.

똥보다 더 더러운 무법 탈법을 지혜라고 부른다.

똥보다 더 더러운 몰상식의 행위를 처세라고 부른다.

그런 것을 허용하는 사회적 관성은 바로 그런 인식 때문에 똥처럼 숨지도 않는다.

이제 똥은 알레고리의 대상도 아니다.

똥의 알레고리는 걸핏하면 총선에서 태어나 대선에서 만개할 것이다.

똥의 알레고리는 끼리끼리 포옹한 뒤 강을 따라 자전거 여행을 떠날 것이다.

똥의 알레고리는 '쌩얼'로 청문회에 출석하여 기억을 망각할 것이다.

똥의 알레고리는 정일품 종일품 …… 18품 관료의 충성으로 정착할 것이다.

50년대의 똥은 우리 안의 순수였다. 진짜 똥이었다.

그래서 나는, 진짜 똥이 더럽지 않다.

설령 똥냄새가 나더라도 그건 우리들의 착한 냄새였다.

지천으로 흔했던 그 '순수 똥'의 시대가 마냥 그립다.

대한민국의 똥은 국회에도 있고 정부 안에도 있고 곳곳에 있다.

그러면서도 똥을 마음대로 못 싸게 하는 알레고리도 여전히 존재한다.

대한민국의 똥은, 소문으로 돌아다니는 순례자다.

당신은 최근에, 언제 똥을 밟아 봤습니까?

'먹기놀이'는 소년들의 창조경제 아이디어

긴긴 겨울이 가고 봄이 오면 가난해도 뭔가 싱싱해지는 느낌이 가슴에 가득히 차오른다. 좋다. 괜히 좋다.

피를 다오, 피를. 뜨거운 피를 다오.

봄이 되면 내 작은 가슴속을 흐르는 피가 그렇게 말했다.

밍밍한 맹물로는 조팝나무 한 그루의 눈조차 트질 않는다.

물 오른 버들 호드기처럼 삘릴리 삘릴리, 가슴 속에서 노래가 들려온다. 아지랑이처럼 피어오르는 막연한 생명감 때문에 내 가슴은 울었다.

피를 다오, 피를. 펄펄 끓는 피를 다오.

사랑 같은 건 아직 모르지만 날마다 푸르러지는 목숨을 위해서라면 섣달 그믐달 중둥에 한평생 꼰 새끼줄 걸어 목을 매달아도 좋을 것 같다.

피를 다오, 피를.

어딘가에 있을, 나에게 다가올 세상을 위하여 마냥 달려가고 싶었다.

삼월이 가고 다시 사월이 왔다. 달라질 것 같았는데 달라진 것은 없었다. 삼월에도 배가 고팠고 사월에도 배가 고팠다.

진달래는 먹는 꽃
사월 꽃 붉은 꽃

지리산 가야산 묘향산
아무데나 올라가
꿈꾸듯이 불 지르는
미친 내 누이

즈려밟고 가는 꽃
바라보면 아린 꽃
죽고죽고 싶어도 죽을 수가 없는 꽃

진달래는 먹는 꽃이다.

4월 춘궁기. 해쓱한 아이들이 산에 오르면 연분홍으로 물든 진달래가 여기저기 가슴 아리게 피어 있었다. 배가 고픈 까닭에 그래서였는지 그 이쁜 연분홍이 자꾸만 슬퍼 보였다.

우리는 진달래꽃을 따먹었다. 뭐 달짝지근한 것도 아니고 고소한 것도 아니고 맛이라야 밋밋한 게 그저 그랬다. 돌멩이 삶은 물맛마냥 별맛이 없었다. 그러나 씹을 수 있는 것이기에 씹었고 먹을 수 있는 꽃이라기에 먹었다. 우리는 배가 고팠던 것이다. 먹을 수 있는 꽃이기에 하 고마워 참꽃이라고 불렀을까?

진달래는, 참꽃은, 4월에 핀다.

4월 봄 산은 연분홍 치마처럼 발그레하다. 4월은 붉다.

진달래 피는 달이라 붉고, 진달래 꽃잎처럼 누군가가 죽었을 것 같아서 더 붉은 것 같았다.

삼천리 어딜 가도 진달래는 지천이다.

전라도 지리산에도, 경상도 가야산에도, 북쪽 묘향산엘 가도 봄이면 어김없이, 산등성이 등성이 가는 곳 보는 곳마다가 한 잔 술에 취한 것처럼 벌겋다. 벌겋다 못해 미친 내 누이가 꿈꾸듯이 불질러 버린 몽환의 세계 같다. 그러기에 진달래는 이 땅 어디에나 피는, 한 맺힌 꽃 같다. 그래서 언제나 사무치게 그리운 꽃이다.

6·25 직후엔 미친년들이 많았다. 부모 잃고 헤매는 어린 미친년, 남편 잃고 자식 잃은 홀어미 미친년, 슬픈 미친년들은 4월 따뜻한 봄날이면 야트막한 산에 기어올라 곧잘 불을 놓곤 했다.

연분홍으로 물든 봄 산을 보면 아름답게 슬프다.

진달래를 바라보면 이런 저런 것들이 생각나 자꾸만 가슴이 아리다. 그러기에 진달래 핀 산에 오를 때는 행여 진달래 다칠까 발놀림을 조심조심, 사뿐히 즈려밟아야 마땅하다.

이런 저런 사연도 많고 한도 많기에 봄이 되면 진달래는 어김없이 피어난다. 죽으려 해도 죽을 수가 없어 저승엘 가지 못하고 이승의 봄산을 붉게 물들인다.

진달래는 우리들의 가슴살을 도려내듯 가슴 한 모퉁이에서, 슬픈 빛깔로, 해마다 피어나는 꽃이다.

봄을 이기고 여름도 이겨내면 나는 어느 새 다가온 가을에 가슴이 설렌다.

휘영청, 달이 배부른 한가위가 다가오면 나는 코를 벌룽거렸다.

어디에선가 참기름 냄새가 훅 달려든다.

이번엔 가만히 귀를 기울인다. 자글자글 무언가 끓는 소리. 찌글찌글 짜르르 지지고 볶는 소리, 탁탁 튀는 소리에 섞여 도란도란 까르르 아낙들의 기름진 목소리가 화사하게 들려온다.

나는 그제야 비로소 문짝을 밀치고 집안에 들어선다.

"더도 말고 덜도 말고 한가위만 같으면 좀 좋아유!"

이웃 아낙의 말소리가 부엌에서 흘러나오는데 글쎄 그 소리가 감미롭다. 누가 아니랴, 어쩌구 저쩌구 엄니의 대답도 여느 때와 다르다.

쪼르르 나는 방 안으로 뛰어든다.

있다. 새 옷, 추석빔이 윗목에 곱게 접혀 나를 기다리고 있다.

짜릿짜릿, 부르르 떨리다가 이윽고 뛰어오르면 날아갈 듯하다. 마음이 턱 놓여서 나는 이제 먹거리 사냥에 눈독을 들이기로 마음먹는다.

쌀이 담겨 있다. 얼마만이냐, 흰 쌀.

내일 아침이면 송편을 먹으리라. 나는 주먹을 불끈 쥔다. 우아, 떡이다 떡! 떡이다 떡, 하다 보니까 입안에서 떡 치는 소리가 난다.

무나물도 먹자. 도라지나물, 시래기나물도 먹자. 숙주나물도 듬뿍 집어먹자.

보나마나 누나는 김 한 조각부터 집을 게다. 참기름 발라서, 보송보송하게 볶은 소금을 뿌린 뒤에 구워서 가위로 잘게 잘라놓은 김, 누나는 아마 그거부터 날쌔게 집을 게다. 그걸 되게 좋아하니까.

그러나 나는 아니다. 쇠고기 업진 편육 한 점을, 눈총 맞더라도 먼저 집겠다. 나는 황홀하다.

도마 위에 물 적신 베보자기를 깔고 그 위에 삶은 양지머리 놓고 보자기 귀퉁이를 꼭꼭 여며서 다시 다른 도마를 얹고 또 맷돌을 얹어 묵직히 눌러댄 뒤 얼마쯤 지나면 엄니는 그걸 꺼내 썰었다. 썰 때마다 심줄무늬가 아롱진 쇠고기 업진 편육이 숭글숭글 잘려 나간다. 그건 쫄깃쫄깃하다. 세 개는 집어먹어야 할 텐데.

암탉 한 마리가 발목이 묶인 채로 쓰러져 있는 걸 보면 쫀득쫀득한 닭조림도 있을 것 같다. 짠 짠자안!

형이나 누나에게 엄니는 아마도 잡채를 골고루 나누어주리라. 그럼 그것도 마다하지 말아야겠고. 워매, 신나는 것!

엇비슷하게 굵게 썬 파를 넣은 쇠고깃국, 그 담백한 국물에 흰 쌀밥 한 사발을 푹 엎어 넣은 뒤에 숟갈질을 하리라. 그것 대신에 미끈덩 미끈덩한 토란국이 나오면 그 안에도 차돌박이 고기 몇 점은 들었을 터인즉 그것도 괜찮다. 먹을 만하다

그나저나 어서 부엌에 가서 생선전 애호박전 몇 개라도 미리 좀 당겨 먹자.

그러나 뭐니 뭐니 해도 한가윗날 아침 마지막 젓가락은 산적 한 점을 집어야 한다. 갖은 양념을 해서 대꼬챙이에 꿰어 구운 산적, 그 단맛을 씹어야만 한가위는 마침표로 내 몸 속에 자리 잡는다. 그러고 나서 나박김치로 입가심하면 마냥 행복한 한가위!

그러나 사흘만 지나면 언제 그랬더냐는 듯 다시 퀭한 눈으로 껄떡거리며 다가오는 날들. 그래도 어쩌다 한가위는 기름지고 푸짐한 단 하루의 수채화였다.

아, 그래. 그런 날이 있었지.

한가위가 지나면 나는 눈을 감고 다시 설날을 생각했다.

설날이 오기 전까지 나는 뭐든지 먹어야 했다.

'먹기'는 그래서 생겨난 놀이였다.

이름이 생각 안 나니 그냥 왕식이라고 하자.

왕식이는 꺼떡하면 개떡이나 깡개(누룽지)를 들고 나타났다.

뼈다귀 하나 물고 두엄더미 뒤로 내뺀 똥개마냥 즈네집 방 안에 들앉아서 뜯어먹든 깨물어먹든 남몰래 야금거리면 뭐랄 사람 아무도 없다.

그런데 왕식이는 안 그랬다. 먹을 것만 생기면 세 번이든 네 번이든 꼭꼭 밖으로 나와서 여기저기 휘휘 돌아다니며 먹는다. 누가 됐든 하여튼 저 먹는 걸 보라는 심보다. 얄밉다. 그래도 어쩔 수 없다. 얄미운 건 얄미워도 먹는 걸 보면 볼 때마다 침이 나온다. 왕식이가 뭘 먹을 때마다 나는 그 곁에서 얼찐얼찐거린다. 나 좀 주라, 그러면 왕식이는 큰 맘 먹은 듯이 더러 쬐끔, 침 묻은 걸 떼어주기도 한다.

나두 말여, 울 엄니가 깡개 긁으면 너 줄게. 나와 동무들은 간살스럽게 그런 말도 한다. 그런 말 한다고 왕식이가 더 줄 것도 아닌데 속도 없이 아부질을 떤다.

바람이 살살 불어서 살갗이 까칠하긴 해도 손바닥을 조금 오므리고 하늘에다 대고 있으면 햇살이 오롯이 고여 따스하다. 이런 날은 어디에선가 거지들이 손톱과 손톱으로 이 배때기를 눌러 터뜨리고 있을 게다.

그러잖아도 딱지만한 방구석에 있자니 좀이 쑤신다.

궁둥이가 근질근질하다. 뭐라도 푸짐히 먹었어야지 도대체 나올 것도 없는 엉덩짝은 무슨 심술로 근질근질한지 그 구린내 나는 속은 알 수가 없다.

쌀독을 들여다보아도 바닥만 훤할 뿐 씹어 먹을 생쌀이 반 줌도 없다. 혹시나 싶어 소쿠리를 보아도 삶아놓은 보리쌀 꽁댕이 한 톨도 없다. 이빨로 씹을 만한 것은 눈을 씻고 찾아도 없다. 만만한 물만 한 사발 들이키고 주둥이를 너댓 발은 내밀고 나온 참인데 글쎄 왕식이가 또 볼때기를 둥글게 볼록 내밀고 어정대고 있는 거다. 나하고 동무들은 속이 탄다.

뻔했다. 왕식이가 물고 있는 것은 왕사탕이다.

"왕사탕이니?"

왕식이는 고개만 끄덕였다. 옳다구나 했다. 그제야 생각난 듯이 우리들은 일제히 "먹기!" 하고 소리질렀다.

'먹기'?

그게 뭐라냐?

왕식이 너, 시치미 떼지 마. 우리끼리는 다 안다.

누군가가 뭘 먹는다. 그러면 맨 먼저 본 사람이 "먹기!" 하고 냅다 소리를 지르는 거다. 그리되면 먹던 사람은 뭐기 됐든 먹던 걸 나누어주어야 한다. 그건 우리들끼리 정한 약속이다.

떡을 먹다가 들켜서 '먹기' 소리를 들으면 떡을 떼어주어야 하고, 사과를 먹다가 들켜서 '먹기' 소리를 들으면 한 입이라도 베어 먹으라고 해야 한다.

만약에 왕식이가 모른 척하면 우리들은 협박을 한다.

"그끄저껜 나두 깡개 먹었다. 왕식이 너한테만 먹을 거 생기란 법 있니?"

그러면 십중팔구 왕식이도 기가 죽는다. 기어드는 목소리로 "알았어." 한다.

짠 짜자잔.

우리들의 먹기놀이는 마침내 시작된 거다.

"어금니루 깨물면 쪼개져."

왕식이는 더 이상 빼도 박도 못 한다.

우리들한테 줄 수밖에 없다. 퉁퉁 불어터진 얼굴로 힐끗힐끗 소녀들을 보며 어금니로 왕사탕을 깨물어 몇 쪽을 냈다. 쪼갠 몇 쪽을 손바닥에 올려놓고 눈길로 이리 재고 저리 재다가 하나씩 나누어준다.

골목 안 우리들은 마침내 왕사탕 쪼가리를 하나씩 입에 놓고 달콤한 국물을 빨아댄다.

'먹기'에 걸리면 고구마든 누룽지든 떡이든, 뭐든지 나누어야 한다.

배고픈 시절에, 배고픈 아이들이 만들어낸 생존의 게임, 이것이 '먹기 놀이'다. 그건 우리가 생각해낸, 창조경제 아이디어였다.

그렇게 우리는 생존을 나누며, 어른이 되는 미래를 기다렸다.

아날로그 생존 방법

21세기의 현재, 지구의 곳곳에는 비참하고도 불결한 가난이 널브러져 있다.

필리핀이나 캄보디아 같은 동남아시아 곳곳의 빈민가에선 먹을 수 없는 물을 먹으며 살고 있다고 티브이가 알려준다. 그곳엔 생명 유지에 필요한, 최소한의 맑은 물이 없다.

아프리카의 가난도 처참하다. 짐승처럼 살아가는, 눈물겨운 땅이 지구의 여기저기에 낡은 흑백 티브이의 뉴스처럼 누워 있다.

1951년 쯤의 대전엔 이북에서 피란 온 사람들이 넘쳐났다.

고향을 두고 온 그들은 살기 위해서, 억척스럽게, 궂은일을 마다하지 않았다.

물들인 군용점퍼며 바지를 파는 옷가게들이 생겨났고, 골목엔 밥집과 대폿집들이 들어섰다. 실향민들은 고향을 꿈꾸며 살았다. 그들에게 대전은 잠시 머무는 항구였다.

엄니 심부름으로 아버지를 찾으려고 대폿집 골목을 기웃거리면 젓가락을 두드리며 부르는 그들의 노래가 구성지게 흘러나왔다.

아버지는 종종 그곳에 있었다.

들어라 마지막 잔이다
날이 새면 이 항구도 이별이란다

아버지에겐 대전이 항구가 아니었으련만 아버지는 술에 젖은 목소리로, 친구로 삼았는지 실향민들과 함께 주거니 받거니 노래를 부르고 있었다.

그때 들었던 두 구절이 웬일인지 내 가슴을 찡하게 못질했다.

뒤에 나오는 나머지 구절은 기억나지 않는다. '하룻밤 풋사랑' 같은 한탄이 나오는 것 같았는데 그건 어쩐지 마음에 와 닿지 않았다. 내 감성은 '마지막 잔'과 '항구'와 '이별'이 주는 우수憂愁를 포착하고 있었다.

들어라 마지막 잔이다
날이 새면 이 항구도 이별이란다

아, 슬프다.

아버지의 노래를 바라보며 여덟 살 먹은 소년이 어른처럼 비감에 잠겨 있다.

실향민들에겐 항구였겠지만 육이오 후의 대전천과 중앙시장은 유년시절의 내 생존구역이었다.

인류 문명의 발상지는 강가였다.

문명까지 들먹이지 않더라도 사람은 물이 있어야 산다.

가난한 사람들은 으레 물가를 삶의 터전으로 삼는다. 대전천에 판잣집이 일렬횡대로 들어선 것은 물 때문이다. 작은 샛강이 있었던 성남동이나 대동에 판잣집들이 모여든 것도 물 때문이었다.

대전천은 봄 여름 가을 내내 우리들의 생존구역이자 공중목욕탕이었다.

그러나 선들선들한 추석이 오면 돈 내는 목욕탕엘 가야했다. 몸이 오그라드는 설날 전날에는 말할 것도 없이 목욕탕에 가서 때를 닦았다.

"낼이 설인데, 이것아 빨리 목욕을 갔다 와야지. 니 성이랑 다 갔다 왔는데, 너는 코끝도 안 뵈고 어딜 갔다 오는 겨!"

나 혼자만 목욕탕에 가지 않았다고 지청구를 먹으면 나는 얼른 누런 빨래비누 조각을 수건에 싸서 들고 나와야 했다. 쌀겨를 반죽해서 만든 빨래비누는 비누 자체가 영락없는 똥 색깔의 똥덩어리였다.

아버지랑 같이 가는 건 왠지 어색하고 싫었다.

인민군들의 방망이 수류탄처럼 축 늘어져 털레거리는 아버지의 사타구니 근처를 보기도 싫었고 뜨거운 탕물에 들어가라고 채근하는 것도 싫었다.

아버지가 등을 밀면 살가죽이 벗겨지는 것처럼 아팠다. 아픈 것도 싫고, 마음대로 할 수 없어서 싫었다.

"아무나 보고 등 좀 밀어달라구 해야 돼. 때만 불리고 그냥 오면 안 돼. 탕 안에 들어가서 때를 푹 불궈가지고 오금쟁이랑 사타구니랑 샅샅이 씻어야 되는 거여. 가만 있자, 빨래거리가 있을 건데……."

엄니는 나에게도 빨랫감을 앵기곤 했다.

추석 때 양말이며 바지며를 한 보따리 빨아오라 한 일도 있었다.

사나이 대장부가 어찌 목욕탕에 가서 빨래를 한단 말이냐. 그래도 하수상한 시절에 엄니는 막무가내였다. 사람들은 욕을 먹어가며 한겨울 빨래를 목욕탕에서 했다.

목욕탕 주인은 빨랫감을 들고 오기만 하면 역정을 냈다.

"여기가 무슨 빨래턴 줄 알어. 때만 닦구 가란 말여."

여자들은 대개 대야에다 빨랫거리를 잔뜩 담아가지고 갔다. 목욕탕 주인 앞에서 여자들은 살살 웃었다.

"양말 두어 개 뿐이어유. 이건 헹구기만 하면 돼유."

어떤 여자는 숫제 빨랫감을 두둑하게 입고 들어가기도 했다.

여름에는 계집애나 머슴애나 아래에 걸친 것은 사루마다(일본말) 빤쓰 하나뿐이었다. 검정 고무줄이 들어 있는 검정 사루마다 하나뿐이었다.

섣달그믐의 목욕. 일 년의 때를 몽땅 벗기는 섣달그믐의 목욕.

나는 일 년에 두 번 목욕탕엘 갔다. 추석 전날이나 전전날 아니면 설날 전날이나 전전날이었다. 더도 덜도 아니고 딱 두 번이었다.

내 진짜 단골 목욕탕은 대전천이었다. 봄이 되어 아지랑이가 가물거리면 그때부터는 네 목욕탕 내 목욕탕 할 것 없이 대전천은 우리 목욕탕이었다. 돈 한 푼 없이 언제나 갈 수 있는 목욕탕이었다. 여름이 가고 가을이 와도, 소름이 끼치는 그 어느 날까지, 대전천은 우리집 목욕탕이었고 동네 아이들의 목욕탕이었다. 그러나 추워져도 뜨거운 물은 넣어주지 않는 목욕탕이었다.

물김에 눈이 익을 때까지 한동안 서 있으면 탕 속에서 수많은 머리들이 콩나물 대가리처럼 삐죽삐죽 솟아올랐다. 때를 불어터지게 하려는 머리통들. 머리만 남기고 나머진 푹 삶는 모양이었다. 뜨거워서 그런지, 뜨겁지 않으려고 그러는지 모두들 눈을 감고 무언가를 생각하고 있었다. 전쟁의 아픔을 참는 것일까?

늦게 온 사람들은 탕 바닥에 쪼그리고 앉아 탕 안에 자리가 나기를 기다렸다.

물은 엄청 뜨거웠다. 탕 바가지에 떠서 조금 끼얹었는데도 김 안 나는 고깃국물만큼이나 뜨거웠다.

"어이, 시원하다!"

탕 속에서 어떤 어른 하나가 고함을 질렀다. 그건 거짓말이었다.

'누가 속을 줄 알구!'

애들은 투덜거렸다.

어른 하나가 탕 속에서 벌떡 일어났다. 일어나는 물살의 물방울에 탕 속의 사람들이 머리를 흔들었다. 나는 재빨리 그 사람이 일어나 생긴 빈자리로 갔다. 왼쪽 발을 슬쩍 들이밀었다. 오른쪽 발…… 종아리…… 무르팍…… 허벅지…… 배꼽…… 가슴패기…… 죽을 똥을 싸며 나는 겨우 목까지 담갔다. 이제부터는 얼마나 참느냐이다.

하나부터 백까지 셀까도 해봤으나 전에도 해본 거였다. 나는 죽은 경남이 생각을 하면서 오래오래 참았다.

둥둥둥 둥둥둥, 탕 안에는 때가 떼거리로 떠다녔다. 잔 때도 아니고 왕때였다. 그것도 켜켜로 쌓여 떠다녔다. 때들이 밀려와서 목에 척척 감겨 들러붙었다.

"때 좀 한번 건지시우!"

어떤 아저씨가 소리를 질렀다. 그 소리에 목욕탕 아저씨가 들어왔다. 아저씨는 잠자리채로 때를 건져내서는 물 빠지는 구멍에다 탁탁 털었다. 그렇게 열 번쯤 하니까 비로소 물 위에 떠돌던 왕때가 조금 없어졌다. 그래도 잔 때는 여전했다.

"더운 물 좀 더 넣어줘유!"

여탕에서 소리가 날아왔다. 애 우는 소리도 섞여왔다.

"이것아, 탕속에 들어가야 때가 불을 거 아녀!"

이 목욕탕은 길죽한 네모꼴의 탕이 원래 하나였다. 남탕 여탕이 따로따로 있는 게 아니었다. 하나의 탕 가운데에 판자로 칸막이를 세워서 여탕 남탕으로 가른 것이었다. 그러니 여탕 물은 남탕 물이었고 남탕 물은 여탕으로도 갔다.

좍좍 물 끼얹는 소리, 간간이 섞여 들리는 키드득키드득 웃음소리, 얄따란 판자 칸막이를 사이에 두고 남자 여자들이 옷을 홀딱 벗고 있다는 것이 우스웠고 망측했다.

여자들이 닦던 물로 남자들이 닦고, 남자들이 담그고 있는 물에 여자들도 담그고 있었다. 칸막이가 삼팔선 같았고 장지문 같았다.

칸막이가 갑자기 넘어지기라도 하면 큰일일 거여. 퍼뜩 그런 생각도 들었다. 물은 남탕 여탕 아무 데나 넘나들었다.

어떤 때는 남탕과 여탕이 싸우기도 했다.

남탕에서 뜨거운 물을 더 넣으라고 하면 여탕에선 그만두라고 했다. 여탕에서 애를 울리면 남탕에선 애 좀 달래라고 호통을 치기도 했다.

겨울이 오기 전까지는 대전천이 공중목욕탕이었다.

우물을 파면 어디서나 마실 수 있는 물이 솟았다. 그것만으로도 우리는 깨끗한 가난을 누릴 수 있었다. 조금만 뻔뻔해지기로 마음먹으면 거렁뱅이 노릇을 해서라도 굶어죽지 않을 수 있었다.

그렇다. 모든 것은 상대적인 것이다. 지금 와서 생각해보니 우리들의 가난은 금수강산의 가난이었다. 주린 배는 물로 달랠 수도 있었고, 떨어진 옷은 깨끗이 빨아 기워 입을 수 있는 가난이었다.

밀가루는 바람에 날아가지 않는다. 밀가루는 언제나 우리들의 허기를 품고 반죽이 되었다. 엄니는 우리들의 가슴에 물을 붓는다. 간장을 넣고 물을 끓였다. 반죽을 뚝뚝 떼어 넣는 옆에서 우리는 밥이 없는 저녁을 기다렸다.

때로는 이른 저녁, 때로는 늦은 저녁이 두루두루 생각난다. 그것은 우리들이 살아온 날들의 반죽이었다. 이윽고 우리가 다가앉은 두레상의 둘레엔 여름날 어머니의 노을이 타기 시작한다.

대접 바닥이 훤히 드러날 때까지 후르륵 들이키던 수제비 국물.

왜, 이제사 그것이 그립단 말인가. 왜, 이제사 그것이 잊지 못할 그림으로 떠오른단 말인가.

1950년 가을, 피란에서 돌아왔을 때 대전의 도심 곳곳은 철저한 폐허였다. 집과 집, 쓰러진 건물들의 잔해는 아직도 포격의 후유증으로 연기가 피어오르고 있었다.

아무 것도 없이 공간으로만 존재하던 중앙시장이 다시 형성되는 과정이 아직도 생생하다.

시작은 물물교환의 원시적 경제 형태였다.

옷가지를 들고 나와 흥정하는 사람도 있었고 가마니때기에 됫박 쌀이나 보리를 쌓아놓고 파는 사람도 있었다. 때 이른 가을 과일도 보였다. 누가 시킨 것도 아니련만 길이 생겼고 모두들 한 자리씩 차지하고 앉아서 가지고 나온 것들을 팔았다. 몇 달이 지나자 그곳은 시장의 꼴을 갖추었고 사람들은 중앙시장이라고 불렀다.

대전천 못지않게 중앙시장 역시 중요한 생존구역이었다.

나는 걸핏하면 집 나온 개처럼 중앙시장을 쏘다녔다.

내 생존의 방법은 다양했다.

대전천변의 하꼬방(판잣집의 일본말) 단칸방에서 살던 시절, 누나와 형이 곤히 잠에 곯아 떨어져도 나는 결단코 잠을 자지 않았다. 술 한 잔 거나하게 들고 오신 날이면 아버지는 저녁밥을 남기곤 했다. 바로 그 상황을 노린 것이었다.

잠 들은 척 눈을 감고 있었지만 나는 아버지의 숟갈질 소리에 귀를 쫑긋 세우고 끈질기게 기다렸다. 기다린 자에게 밥이 있나니. 아버지가 밥을 남기고 상을 물리는 기척이 나면 나는 잠을 털고 눈을 부비며 천연덕스레 밥상에 시선을 꽂았다.

한두 번 있었던 일이 아니었기 때문에 엄니는 내가 잠을 안 자고 기다린 것을 알았을 것이다. 엄니의 눈치를 보다가 허락이 떨어지면 나는 아버지가 남긴 밥을 마파람에 게 눈 감추듯 해치웠다. 극성스런 새끼는 어미새가 물어온 먹이를 한 번이라도 더 받아먹는 법이다. 나는 생존본능이 뜨거운 새끼새였다. 늦은 밤에 아버지가 남긴 밥은 언제나 내 차지였다. 누나와 형은 흥건한 잠을 선택했고 나는 언제나 위대한 밥을 선택했다.

낮술에 취하고 낮잠에 취했던 아버지의 옷에서 돈을 훔쳤던 것도 다양한 생존 방법 중의 하나였다.

중앙시장 한 켠에는 미군부대에서 흘러나온 미제 물건을 파는 양키시장이 있었다. 훔친 돈으로 나는 미군들의 전투식량 C레이션을 사먹었다.

비스킷과 초콜릿, 캐러멜과 잼, 1회용 커피와 캔 통조림 등등, 기기묘묘한 서양식 먹이가 들어있는 C레이션 상자. 그것은 이상한 나라의 수수께끼였다. 이상하지만 황홀한 먹이들이 가득히 들어있는 '박스'였다.

박스로도 팔았지만 상인들은 한 푼이라도 더 남기려고 박스를 해체하여 낱개로 팔기도 했다. 쓴 커피는 싫다, 빼!

육이오 직후 그 시절, 내 또래들의 혀가 만난 C레이션 박스는 까닭을 알 수 없는 슬픔이자 맛있는 분노였다.

술 취한 아버지의 주머니에서 슬쩍 빼낸 지폐 한 장은 며칠 동안 나를 괴롭혔다. 백 환이었던가 천 환이었던가, 기억이 가물가물하다. 아무튼 고액권이었다. 그러나 엎지른 물을 어찌 주워 담으랴.

맨 먼저 나는 왕빵을 사먹기로 작정했다.

그것은 하도 커서 훗날 내가 왕빵이라 명명한 밀가루빵이었다. 그 왕빵에는 앙꼬(팥소의 일본말)도 없었다. 어릴 때 다니던 초등학교 운동장이 월드컵 경기장만큼이나 어마어마하게 느껴졌던 것처럼 왕빵은 어린애 대갈통만 했다. 질보다도 양을 먼저 따지던 시절이었으므로 왕빵의 엄청난 그 크기는 언제나 나를 설레게 했다.

중앙시장엔 사과궤짝 위에 신문지를 펴놓고 왕빵을 파는 아주머니들이 있었다.

'언젠가는 기필코 저놈을 사먹으리라.'

나는 왕빵 앞을 오갈 때마다 원한에 맺혀 혓바닥에 다짐하곤 했다. 그런데 드디어 배고픈 소년영웅에게 때가 온 것이다.

훔친 돈으로 왕빵을 두 개나 사서 중앙시장을 벗어나 인동의 골목 골목을 다니며 나는 먹고 또 먹었다. 비로소 배부른 행복이 밀물처럼 다가와 뱃전에 닿았다.

나는 완전범죄를 꿈꾸는 소년이었다. 왕빵을 먹고 배가 불렀지만 그날 저녁 나는 먹기 싫은 보리밥 한 그릇을 꾸역꾸역 다 먹었다. 이 사려 깊은 행동을 의심하는 식구는 아무도 없었다.

아버지의 주머니만 눈여겨 볼 일은 아니다.

소금도 팔고 건어물도 팔기 시작한 엄니의 가게에 들르면 손님들이 북적댄다. 그때 나는 돈을 넣어두는 탄통을 겨냥한다. 작은 손을 탄통 속에 넣어 나는 마술처럼 지폐 두어 장을 빼낸다. 그런 뒤 한참 동안 가게에 머물면서 오징어의 붕알을 떼어내는 척한다. 사실은 붕알이 아니라 먹물주머니가 말라붙은 것이지만. 그러니까 그것은 일종의 위장술이다.

일부러 엄니에게 지청구도 먹는다.

"오징어 다리가 모자라면 손님들이 안 산단 말여."

"엄니, 다리는 안 떼고 붕알만 몇 개 뗐단 말여."

내 목표는 돈이었지만 마치 오징어 붕알 몇 개 떼러 온 것처럼 가장한, 그런 날도 있었다.

그러나 어찌 돼지처럼 배불리 먹는 것에만 탐닉하랴. 나는 책을 좋아하고 영화감상도 즐기는 문화소년이었다.

나는 임춘앵 김진진의 창극도 좋아했다. 낯선 아저씨의 뒤에 바짝 붙어 극장 출입구에서 표를 받는 기도의 눈을 피하면 빅타 마추어가 나오는 '삼손과 델리라'를 볼 수도 있었다. 내 또래들보다 우월한 교양을 갖추기 위해서 돈이 없다고 영화감상을 포기할 수는 없었다.

왕빵을 먹고 남은 돈으로 나는 강소천의 '꽃신'과 안데르센의 '눈의 여왕'을 샀다. 완전범죄의 종결자가 되기 위해서, '꽃신'과 '눈의 여왕'을 보전하기 위해서 나는 '가공의 진실'을 지어내야 했다.

"숙제를 대신 해주기로 하고 겨우 얻어온 거야."

다양한 생존 방법 중에는 휴머니즘을 발동케 하는 표정연기도 있다.

중앙시장 들어가는 중교다리 끝에서는 꿀꿀이죽을 팔았다.

꿀꿀이죽은 미군들이 먹고 버린 온갖 음식 쓰레기를 모아 끓인

잡탕죽 같은 것이다. 꿀꿀이죽 속에는 화장지 같은 것도 들어있고 통조림 따개며 걸레쪼가리 같은 것도 들어있다. 그러나 괜찮다. 팔팔 끓였기 때문에 죽을 일은 없다. 전쟁을 하는 나라 아이들의 밥통은 비위생을 극복하는 특별한 소화기관이다.

중교다리 꿀꿀이죽 가마솥 앞에서 슬픈 표정을 짓고 한 시간만 기다리면 아주머니는 더 이상 버티지 못하고 착한 눈빛으로 한 그릇을 퍼준다.

아줌마가 말했다. "여기 자꾸 오면 안 돼."

오매불망하던 꿀꿀이죽, 그 오묘한 실체를 나는 마침내 맛볼 수 있었다. 그 뒤, 잊을 수가 없어 내 돈 주고 한 번 더 사먹은 적이 있었다. 그런데 처음처럼 맛있지는 않았다.

기회의 땅, 중앙시장은 내 허기를 채울 수 있는 사냥터나 마찬가지였다.

나는 날마다 시장 안 여기저기를 쉬지 않고 순례자처럼 돌았다. 거지가 된 왕자처럼, 품위를 갖추려고 하면서.

여름날의 중앙시장엘 가면 멍석 위에 참외를 쌓아놓고 팔았다.

참외가 그득하다 보면 그중에는 반드시 탈출을 엿보는, 자유의 영혼을 가진 참외가 있게 마련이다. 동무들과 떨어져 멍석 끄트머리에 외따로 굴러와 있는 왕따 참외 하나를 목표로 삼는다. 참외장수의 시선을 피해 그놈을 발로 차면 데구르르 굴러간다. 나는 그걸 공처럼 몰고 가다가 재빨리 허리를 굽혀 줍는다. 들키지 않고 참외 사냥에 성공했다고 생각했지만 사실 그 아저씨는 알면서도 눈감아 주었을 것이다.

속아준 어른은 있지만 어른을 속인 아이는 없다.

어른이 속아주었다는 사실은 언제나 어른이 되어서야 아는 게 인생사다.

갓 나온 사과는 새콤하고 달콤하다. 여름철이 되어 맨 먼저 시장에 나오는 사과는 이와이다. 이와이는 익어도 초록빛이다. 홍옥은 추석 언저리에나 나오고 국광은 가을이 깊어져야 나온다.

사과껍질도 좋은 먹잇감이었다.

지게꾼 아저씨들은 지게를 뉘어놓고 앉아 사과를 사서 깎아 먹는다. 아저씨들이 버린 껍질 중엔 제법 살이 많이 붙은 것들이 있었다.

난 거지가 아니었다. 엄니에게서 자존심도 배운 소년이었다. 아저씨가 깎아 버린 긴 사과껍질, 그걸 몰래 주워들면 재빨리 은밀한 골목으로 숨어들었다. 사과 껍질의 흙을 조심스럽게 닦아내고 씹는다. 이와이 사과향이 입안에 초록빛으로 배어든다.

누나나 형에게 들키면 안 된다. 주워 먹은 것을 엄니에게 고자질이라도 하는 날이면 내 엉덩이는 무사하지 못할 것이다.

엄니는 우리가 거지로 전락하는 것을 결코 용납하지 않았다.

용납하지 않았지만 비타민을 섭취하려면 나도 어쩔 수 없었다.

이번 주말에는 백화점 말고 중앙시장으로 가시라.

중앙시장의 현장에는 아이들을 위한 아날로그 생존방법 이벤트가 있습니다.

밥만 먹고 살 수 없어 지은 죄

나보다 두 살쯤 더 많았던, 그 이름을 나는 기억할 수가 없다.

얼굴 생김새도 가물가물하다. 걔는 다만 풀잎 뒤에 숨어서 남에게 들킬세라 여치처럼 우는 듯하던, 그 나이쯤에 유난히 말이 없던 아이였다. 그래, 좋다. 나는 걔의 영혼을 경식이라고 부르겠다.

육이오의 비명과 통곡이 곳곳에 남아있던 시절, 해쓱한 낮빛으로 시장바닥을 굶주린 개처럼 헤매던 시절, 1950년대의 대전, 중앙시장에서 우리는 친구였다 .

경식이는 내가 살던 중교 둑방 판잣집 옆, 옆, 옆, 판잣집에서 외팔이 아버지와 둘이 살았다. 폭격에 엄니 죽고, 형 죽고, 아버지 팔 하나 잃고, 그런 소문이 있었다.

나와 내 동무들과 함께 있다가도 휭하니 구두닦이 통을 메고 시장 통으로 가던 경식이, 저녁노을이 사과처럼 물들 무렵이면 갑자기 게딱지처럼 굳어져 더 말이 없던 경식이, 산비둘기의 애잔한 눈빛으로 때때로 산그늘만 쏘아보던 경식이, 구두닦이에 껌팔이에 신문팔이었던 경식이, 학교에서 돌아오는 나와 내 동무들을 먼빛으로만 보고 슬그머니 발길을 딴 데로 돌리던 경식이. 경식이는 학교엘 다니지 않았고 그래서 만화책을 못 읽었다.

경식이와 내가 가까워진 것은 만화방에서였다. 어쩌다 10환이 생기면 나는 쪼르르 만화방엘 가곤 했다.

학교에서 돌아와 코를 들이마시며 만화를 읽는데 지나가던 경식이가 나를 보고 말을 걸었다. 나는 마침 10환어치를 다 보았기 때문에 일어나려던 참이었다.

내가 돈 낼게. 그 대신 좀 읽어줘. 나는 경식이가 낸 돈만큼 다시 만화를 소리 내어 읽었다. 그렇게 해서 경식이와 나는 만화동무가 되었다.

"나, 돈 있어."

경식이가 나에게 다가와 그렇게 한마디만 던지면 나는 찍소리 하지 않고 함께 만화방엘 갔다. 나는 경식이를 위해서 큰소리로 또박또박 구연동화처럼 읽었고 경식이는 그때마다 꿈꾸는 아이처럼 말없이 듣기만 했다.

여러 명의 또래가 있었지만 경식이는 다른 애들은 거들떠보지도 않았다.

그러던 어느 여름날 밤 목척교에서, 나는 경식이를 만났다. 밤에 만난 적은 없었기 때문에 나는 신나게 반가웠다.

여름밤이면 목척교 중교 근방의 둑방에는 남포등이 휘황히 켜진다.

남포등 밑엔 방아깨비처럼 푸른 수박과 아이들처럼 노오란 참외와 얄밉게 빼알간 옹아(자두) 같은 게 수북이 쌓여 있었다.

약장수는 뱀을 칭칭 몸에 두르고 깽깽이를 켜댔고, 맞은 편 골목에선 젓가락 장단과 술에 젖은 노랫소리가 구슬피 흘러나왔다. 지게를 엎어놓고 걸터앉아 참외를 깨물어먹는 지게꾼에 홀려 물끄러미 바라보고 있노라면 어느새 밤은 훌쩍 깊어가고 …… 그런 여름밤의 목척교에서 나는 경식이를 만났던 것이다.

난간에 기대어, 구두닦이 통을 맨 채, 경식이는 흘러가는 밤의 대전천을 굽어보며 휘파람을 불고 있었다.

설핏 경식아, 하고 부르려다가 나는 경식이의 휘파람 소리가 달빛처럼 푸르고 슬프고 아름다웠으므로 아니, 휘파람을 마치 어디론가 띄워 보내는 듯, 했기 때문에 차마 어쩌질 못하고 말았다.

별은 빛나고 남포등은 휘황하고 대전천은 옹알이처럼 흐르고, 경식이는 휘파람만 불어대고, 듣고 있자니 왠지 귀가 서럽던 여름밤, 그 밤의 대전천 목척교 …….

경식아, 밤에 휘파람 불면 뱀이 스르르 기어 온대.

밤에 휘파람 불면 엄니가 죽는대. 그러려다가 나는 입 밖에도 내지 못하고 꿀꺽, 침을 삼켰다. 그 순간 휘파람 소리가 멎었던 탓이기도 했지만 남포등 불빛에 들썩이는 어깨, 경식이가 울고 있다는 것을 알았기 때문이었다.

경식이는 어른처럼 무거웠다. 나는 말을 건넬 엄두도 못 내고 땅만 쳐다보면서 판잣집으로 돌아왔다.

경식이는 나보다 뭔가를 훨씬 많이 알고 있었다. 그게 무엇일까? 만약에 그 무엇이 슬픔이라면 경식이는 그 슬픔을 어떻게 감당하고 있을까?

겨우 두 살쯤 더 먹은 경식이, 그런데도 경식이는 깊은 우물 같았다. 그래서 마침내 나는 경식이보다 한없이 어린 것 같은 나 자신을 가엾이 여기며 페르시아 시장처럼 법석거리는 밤의 목척교를 미련 없이 버리고 말았다.

슬픈 영혼은 아름답다. 슬픈 사람의 휘파람은 더 아름답다.

경식이는 언제부터 휘파람을 불었던 것일까?

나물 먹고 물마시고 …… 골목 술집에서 흘러나오던 노랫소리에 맞춰 오리 똥구멍처럼 오므린 입술로 교묘히 휘파람을 불던 경식이. 그러나 나는 휘파람을 불지 못했다. 닭 똥구멍처럼 입술을 오므릴 순 있었으나 나뭇잎을 흔드는 바람소리만 휘휘 새어나올 뿐 경식이의 휘파람은 나오질 않았다. 배가 고파서, 무엇 좀 먹을 게 없나, 하며 걸터듬기만 했던 내 입술은 휘파람 소리를 내기에는 너무 천박한 것 같았다.

내 입술은 오랜 동안 휘파람을 부는 악기가 될 수 없었다.

내가 휘파람을 불게 된 것은 고등학교 1학년이 끝나가던 그 무렵 언저리였을 것이다.

우연히, 아주 우연히, 공부를 끝내고, 터벅터벅 집으로 돌아가는 길에서, 문득 죽은 엄니를 생각하다가, 왈칵 그리움에 젖어, 우연히 아주 우연히 입술을 오므리고 바람을 실어 내보냈을 때, 뜻밖에도, 가늘었지만 투명한 휘파람이 내 입에서 흘러나왔다. 경식이의 휘파람이 부러워서, 생각날 때마다 흉내를 내도 모래 들어간 입속마냥 답답하기만 했던 내 입술. 오오, 이것이더냐, 나는 푸른 하늘을 한 번 바라보았다.

그럼, 그 무렵 나는 슬펐던 것일까?

휘파람은 슬픔을 아는 사람이 내는 소리다.

경식이는 슬픔을 빨리 알았는가 보다. 경식이의 여름은 슬펐는가 보다.

중앙시장의 은밀한 귀퉁이엔 미군부대 물건을 파는 양키시장이 있었다.

구두닦이 하던 경식이가 가르쳐주었다.

6·25전쟁 직후 미군이 있는 곳에는 C레이션이 있었다. 그건 미군이 개발한 전투식량이었다.

어느 날 경식이가 가이드처럼 나를 양키시장으로 끌고 가더니 C레이션을 소개시켜 주었다.

"수남아, 인사해. 이게 미군들이 먹는 C레이션이라는 거야. 이건 통째로 파는 거지만 상자를 뜯어서 낱개로도 팔아."

나는 C레이션을 바라보면서 수줍게 눈인사를 했다.

미군만 보면 우리는 '기브 미 쪼꼬렛'을 합창하듯 질러대곤 했는데. 그런데 C레이션 안에 그 초콜릿이 있었다. 초콜릿 말고도 C레이션 상자 안엔 별 게 다 들어있었다. 절인 쇠고기 캔도 있었고 비스킷과 캔디, 초콜릿과 1회용 커피, 설탕이 들어 있었다.

경식이는 초콜릿과 비스킷을 샀고 우리는 두 가지를 다 나누어 먹었다.

이렇게 신비스러운 맛도 있구나. 그건 잊을 수 없는 경이였다.

경식이는 '아이스께끼'도 사주었고, 참외도 사주었고, 만날 때마다 다른 애들 모르게 뭔가를 사주곤 했다.

아아, 그런데 어느 날, 갑자기, 이별이 왔다.

경식이가 보이지 않았다. 경식이네 판잣집은 텅텅 비어 있었다.

땅으로 숨었는지 하늘로 올랐는지, 경식이는 영영 나타나지 않았다.

안녕이란 말도 없이 떠나간, 허무였다.

그 해 내내 나는 허전하고 그리웠지만 차츰차츰 경식이를 지워 갔다.

나는 경식이의 슬픔을 알기 위해 다가가야 했다. 경식이가 사주는 비스킷에만 빠져든 것은 우정의 배신이었다. 그건 죄를 짓는 일이나 마찬가지였다.

그래도 이따끔씩 경식이가 사준 C레이션은 꿈속에서 나타났다.

배고플 때 누군가가 그립다는 것은 아직도 덜 배고프다는 증거다.

두어 끼니씩 굶을 때는 밥 생각밖에 없었다. 밥이 없으면 수제비든 국수든 밥통을 채울 수 있는 것만 있으면 했다. 그러다가 보리밥이라도 한 그릇 탱탱하게 먹고 나면 생각이 달라졌다.

밥 말고도 먹고 싶은 것은 얼마든지 있었다. 그것들이 자꾸만 아른거렸다.

왕빵도 먹고 싶고, 밀크캐러멜의 원조 격인 비과나 유과도 씹고 싶었다. 경식이가 사주던 C레이션 하나만 사먹을 수 있다면 영혼이라도 팔 수 있을 것 같았다.

경식이가 떠난 뒤, 신비로운 것, 경이로운 것, 맛있는 세상을 스스로 탐구하기 위하여, 나는 돈을 모으기로 작정했다. 그런데 모을 수가 없었다. 경식이처럼 구두닦이를 할 수도 없었다. 그랬다간 엄니한테 맞아 죽을 것이다.

하지만 방법이 있었다.

엄니는 나에게 쌀이나 보리를 사오라고 하는 적이 가끔 있었다.

대체로 쌀 두 되에 보리쌀 한 되였다. 쌀을 한 말씩 사는 일은 명절 때나 있는 일이었고 웬만하면 됫박쌀을 사다 먹었다.

쌀가게 아저씨는 됫박쌀을 후하게 담아주었다.

됫박에 언제나 쌀을 고봉으로 올려 주었다. 나는 거기에 착안했다.

"아저씨 쌀 한 되 반만 주세요."

배고픈 사람이 '쪼르륵사정'을 안다. 두 되도 아니고 한 되 반이라니까 쌀가게 아저씨는 딱한 눈으로 쳐다본다.

됫박에 쌀을 담는데 아저씨는 쌀을 산처럼 퍼 올려 담아 준다. 그게 고봉 쌀이다. 반 되는 고봉을 깎았지만 됫박에는 쌀이 다 찼다. 야박한 아저씨의 됫박질로는 두 되 꼴이다. 여러 번 와봤기에 나는 비단결 같이 고운 아저씨의 심성을 간파한 바 있다. 엄니는 내가 두 되를 사왔다고 믿는다.

엄니의 신뢰 프로세스를 이용하여 막내아들이 군것질 비자금을 조성할 줄 어찌 알았으랴.

쌀 한 되에 얼마였더라? 300환쯤 했던가? 하여간 쌀 반 되 값이 남았다.

중앙시장 끄트머리 원동국민학교쪽에 풍미당이란 빵집이 하나 있었다.

풍미당은 찹쌀떡과 도넛으로 대박이 난 곳이었다. 이 풍미당의 창업과 멸망(?)은 기억이 희미하지만 내가 고등학교 다닐 때까지도 번창일로였던 것은 분명하다.

배가 고파도 밥만 먹고 살 수는 없다.

됫박쌀에서 남긴 비자금으로 나는 미루꾸도 사먹고 싶었지만 싸구려 비과를 사먹었다.

미루꾸는 밀크의 일본식 발음이다. 우리는 밀크 캐러멜을 미루꾸라고 불렀다.

비과는 가난한 한국의 원시적 밀크 캐러멜이라 할 수 있다. 관사에 사는 종이품 집 외아들이나 사먹는 게 미루꾸였다.

10환을 주면 비과 10개를 주었다. 5환이면 여섯 개를 주었다. 나는 5환어치 사고 다시 5환어치 샀다. 그러면 언제나 10환에 열두 개를 먹을 수 있었다.

유과도 먹어야 했고 온갖 제철 과일도 먹어야 했다.

여름철 삼복더위의 비과는 말랑거리다가 녹아서 찐덕찐덕 기름종이에 달라붙는다. 종이딱지를 벗겨내고 먹긴 먹어야겠는데 비과는 종이에 반이나 달라붙었다. 나는 종이째 질근질근 씹어 단물을 넘긴다.

비자금이 동이 나서 나는 쌀 심부름이 있기만 기다렸다. 그런데 엄니가 말했다.

"쌀 두 되가 어째 시원찮지. 오늘일랑 다른 가게에 가서 사와."

가슴이 덜컥 내려앉았다. 그 방법은 그걸로 끝이었다. 조마조마해서 더 이상 할 수가 없었다.

다시는 안할 게유.

나는 다른 방법을 열심히 찾았지만 만만치가 않았다.

술 취한 아버지의 주머니를 습격하기도 했고, 엄니 가게에서 탄통 금고의 지폐 두어 장을 슬쩍하기도 했지만, 그것들은 모두가 담대한 소년영웅들이나 할 거사였다.

두세 번을 성공한 것은 내 능력을 검증한 셈이다. 나는 그것으로 만족했다.

꼬리가 길면 밟힌다. 나는 집안 도적질에서 손을 씻고 친환경 먹을 거리 쪽으로 마음을 바꿨다.

개구리 뒷다리 구워먹고, 칡뿌리도 캐먹고, 메뚜기 구워먹고, 버찌도 따먹고, 오디도 따먹고, 하다하다 궁하면 시금새콤한 시엉도 한 줌씩 뜯어먹고, 진달래꽃도 따먹고, 맹감도 씹다가는 뱉었다.

설날이 오면 작은집이며 고모네며를 순례하며 세배 발품을 죽어라 팔았지만 고만고만한 형편으로 사는 일가친척 집에서는 비자금을 긁어모을 수가 없었다. 못사는 친척보다는 경식이 하나가 더 든든한 스폰서였는데, 세뱃돈은 비과 몇 번 사먹으면 끝이었다.

꿈에 그리던 풍미당 도넛과 찹살떡을 사먹은 건 몇 해 뒤 고등학교에 들어가서였다.

새 교과서 값을 타서 헌 책으로 몇 권 대체하면 차액이 생긴다. 그 돈이 생긴 날, 나는 저녁을 먹자마자 풍미당엘 갔다. 빈속으로 가면 도넛이든 찹쌀떡이든 무슨 수로 당한단 말이냐. 저녁을 먹고 간 덕택에 나는 도넛 몇 개를 품위 있게 먹을 수 있었다.

내 소년시절은 먹기 위해서 용맹정진한 시기였다.

3분도 안 되어 밥 한 그릇 뚝딱 해치우는 속도도 가난이 선물한 해학적 습관이다.

그러나 식욕만으로 성장하는 것은 아니다. 작은 키로 몇 년을 버티던 내 성장판은 고등학교 3학년 때에야 별안간 생각난 듯 열려서는 그 당시 평균키를 웃돌고서야 의무를 다한 것처럼 닫혀버렸다.

비과와 유과 앞에서 얼굴이 달아오른다.

왕빵과 C레이션 앞에서 부끄럽다.

아버지의 주머니를 보기가 멋쩍다.

됫박쌀 보면 내 사기행각이 생각나서 염치가 없다.

2013년의 목척교엔 경식이가 없다. 그 여름밤도 없다.

구두닦이 통을 멘 경식이의 어깨도 없다.

슬픈 어깨와 휘파람은 무언가를 따라 어디론가 흘러갔다.

여든을 넘길 수 있다면, 나는 어느 날 하루쯤은 목척교에 기대어 대전천을 바라볼 것이다.

목척교는 내 유년의 다리다. 스물 두어 살 무렵엔 30분만 서 있어도 아는 얼굴을 만나던 다리다.

그러나 기다려도 기다려도 이제는 낯선 얼굴만 지나갈 것이다.

경식이가 살아서 지나가도 알아볼 리가 없을 것이다.
문득 혼자 독작獨酌이라도 할까, 나는 그런 궁상을 떨지도 모른다.

목척교 아래 대전천은 쓸쓸할 것이다.
생태하천으로 다시 꾸미긴 했지만 번화한 도심으로 변한 대전천은 옛날 그 냇물이 아니다. 아이들이 보이긴 하지만 그들 역시 멱을 감지는 않을 것이다.

그날 나는 밤새 뒤척일지도 모른다.
사흘쯤 뒤에 어쩌면 이승을 하직할지도 모른다.
그러나 그리 슬프지는 않을 것이다.
대전천 물은 내 뒤를 따라 저승까지 흘러올 것이다.

목척교의 휘파람을 듣고 싶다.
밥만 먹고 살 수 없어 지은 죄를 휘파람으로 고백하고 싶다.

황천으로 보내는 이메일

나는 엄니를 '엄니'라고 불렀다.

"수냄아."

엄니는 나를 '수내미'라고 불렀다.

엄니와 나는 그렇게 사랑을 나누었다.

밥, 하면 맨 먼저 엄니가 떠오른다.

밥은 내 몸이나 마찬가지다. 달랑 간장 하나 놓고 먹는 밥, 간장 하나 끼얹어 비벼 먹는 밥이라 할지라도 밥은 내 영혼이었다.

내 앞에 옛날의 그 절대가난은 다시는 나타나지 않을 것이다. 고추장 한 가지만 있어도 썩썩 비벼서 꿀맛처럼 헐떡거리며 먹던 지난날의 그 밥상이 어찌 내 앞에 다시 차려지랴.

밥상 앞에서 나는 버릇처럼 속삭인다.

고맙다, 밥아.

절 받아라, 밥아.

열 살 무렵의 여름, 어느 날이었을 것이다. 그날도 어김없이 배가 고픈 날이었다.

보리밥을 먹었다. 이것저것 넣을 게 별로 없어서 빠알간 고추장에 썩썩 비볐다.

무어든 먹기만 하면 나는 씹지도 않고 삼켰다. 삼키면 밥통 속 이빨이 알아서 씹었다. 나는 언제나 씹지도 않고 먹었다.

비빈 보리밥 푹푹 떠서 먹는 나를 보고 엄니가 부러운 듯, 그윽한 눈빛으로 나지막이 말했다. 엄니는 어디가 아팠는지 혓바닥이 쩍쩍 갈라져 있었고 매운 것은 통 드시질 못했다.

"우리 수내미는, 국수두 잘 먹구……. 고추장에 보리밥두 잘 비벼 먹구…….

조금 있다가 또 한 마디 했다.

"우리 수내미는 참 맛있게도 먹는다. 그려, 아무 거나 잘, 먹어야 돼."

"엄니, 수제비두 맛있구 국수두 좋은디 먹구 나면 금방 꺼져."

엄니와 나는 그렇게 사랑을 나누었다.

열두 살 적, 동짓날 그날, 내 친구 영창이가 제 집에 가자고 했다. 제 엄니가 팥죽을 끓였다고 날 꼭 데려오라고 했다는 것이다.

엄니가 일 년 가까이 몸져 누워있는 걸 영창이 엄니는 알고 있었다. 엄니의 병세가 위중하다는 것도 알았을 것이다. 영창이 엄니는 날 유난히 가엾어 했다.

"엄니, 나 영창이네 집에 갔다 올 텨. 와서 팥죽 먹구 시험공부 같이 하재."

어두컴컴한 방안 한 켠에 누워 있던 엄니가 말했다.
"영창이 엄니가 동지 팥죽 쑤었나 보네."

영창이 엄니가 내 팥죽에 새알심이를 유난히 많이 넣은 것 같았다. 쫀득쫀득, 쫄깃쫄깃한 것을 일곱 개, 여덟 개는 먹었을 것이다.

"옷 좀 벗어!"

다 먹고 상을 물리자 느닷없이 영창이 엄니가 그랬다. 나는 눈을 상평통보처럼 커다랗게 떴다.

"아무래도 너, 이가 있나 보다. 잡아줄 테니까 어이 벗어."

나는 창피한 생각에 죽고 싶었다. '이새끼' 하고 함께 죽고 싶었다.

"저, 이 없어유."

"영창이하구 이따 같이 잘라믄 이를 잡아야 돼. 이는 새 옷하구 새 사람 살내를 좋아한단 말여."

영창이와 공부하다가 하룻밤 자기로 약속한 것인데 그예 내 옷을 벗겨 들고 영창이 엄니는 이를 잡았다.

이는 가난의 전령사다.

가난한 사람의 집에는 언제나 이가 있었고 가난한 사람의 몸에는 언제나 이가 있었다. 가난을 검색어로 올려놓고 클릭해보라. 컴퓨터 모니터에 슬슬 기어다니는 이가 등장할 것이다.

50년대의 이는 생각만 해도 지긋지긋하다.

온몸을 스멀스멀 기어다니며 괴롭히던 이. 크고 굵고 살진 수퉁니. 그 새끼들은 서캐다. 서캐는 옷의 솔기마다 터를 잡고 살았다.

내가 굼실거리기라도 하면 엄니는 어김없이 속옷을 벗겨 이를 잡았다. 엄니는 왼손 엄지손톱 위에 잡은 이를 올려놓고 손톱으로 눌러 죽였다. 이가 터지는 음향과 함께 피가 튀면 손톱은 벌겋게 핏물이 들었다. 잡고 잡고 잡다가 지친 엄니는 옷을 화롯불에 쬔다. 불기운에 못 이긴 이는 화롯불 위로 투신한다. 탁, 탁. 그건 불에 떨어져 튀는 이들의 자폭 단말마다.

나에게 이는 김삿갓의 시처럼 익살의 대상이 아니다.

형수이맥난위곡形雖以麥難爲麯	꼴은 비록 보리알 같지만 누룩은 되지 못하고
자불성풍미락매字不成風未落梅	바람 풍자가 되다 말아서 매화도 못 떨군다.

크고 살진 수퉁니는 영락없는 보리알이다. 바람 풍 '風'에서 획을 하나 빼면 이 슬 '虱'이다. 바람 풍風은 매화꽃을 떨어뜨리지만 이 슬虱은 바람이 아니라 매화꽃도 떨어뜨릴 수가 없다는 것이다.

살생처럼 재미있는 놀이가 있을까. 이를 잡아 손톱으로 눌러 죽일 때 나는 음향은 엽기적이다. 참나무가 탈 때 튀는 불꽃 소리도 그보다는 상쾌하지 못하다. 나에게 무한한 괴로움을 주었던 기생충의 온몸이 화산 터지듯 피터지게 내는 소리는 귀를 황홀케 한다.

50년대를 지나 60년대에 들어서도 이는 여전했다.

60년대의 고등학교 시절, 삼일절 행사를 위하여 동원된 남녀 학생들이 집합해 있으면 짓궂은 녀석은 장난을 쳤다. 여학생의 교복 등어리에서 이를 잡아내는 시늉을 하며 '이 봐라!' 하면서 소리치는 것이다. 여학생의 얼굴은 복사꽃처럼 붉어진다. 그럴 경우 자기 몸에 이가 없다고 항변할 사람은 아무도 없다. 누구에게나 이가 있던 시절이었기 때문이다.

사열 중에 목이 긴 군화 속에서 이가 굼실거리면 참을 수 없어 미치고 싶었다. 군화를 벗어 당장 잡을 수도 없고 이는 복사뼈 위 10센티쯤 어디에서 기어다닌다. 아아, 그 가려움, 나는 그때 자살하고 싶었다.

나와 이의 기나긴 동침의 악몽은 1971년, 제대 후에야 끝난 것 같다.

제대 석 달 뒤부터 월급쟁이 노릇을 하고 밥술이나 뜨게 되니까 우리집 이는 더 더럽고 더 가난한 곳으로 이사를 갔던 것이다.

없긴 뭐가 없어.

보리알만큼씩한 수퉁니를 영창이 엄니는 잡고 잡고 또 잡았다. 손톱이 벌겋도록 눌러 잡았다. 영창이 엄니 두 손의 두 엄지손톱은 느닷없이 봉숭아물이 들었다. 그건 영락없는 손톱꽃이었다.

잡다 잡다 지쳐서 영창이 엄닌 숫제 화롯불에 속옷을 대고 쪼였다. 견디다 못한 이들이 화롯불에 떨어져서 탁 타악! 배 터지며 튀었다. 튈 때마다 나는 창피하고 막막했다. 타악, 타악 튈 때마다 '이것들아, 제발 그만 튀어' 하고 나는 속으로 비명을 질렀다.

쥐구멍에 쏘옥 들어가고 싶었다. 숨으란 말여 이것들아. '이새끼'들에게 말없이 그렇게 응원했지만 병신 같은 이새끼들은 불기운에

쐬어 떼거리로 죽어갔다.

"느이 엄니가 아퍼 눕지만 않았어두 니 몸에 이 끓게 두지는 않았을 터인디, 느이 엄니는 이층집 세운다구 배 곯구, 니 동생 죽어서 속 끓이구, 느이들 키우느라구 고생고생 하다가 병든 겨, 에그……."

우리집 사정을 훤히 아는 영창이 엄니는 혀를 끌끌 찼다.

겨울이면 우리를 발가벗기구 엄니는 걸핏하면 이 잡았어유. 엄니는 이 잡는 게 재밌는가 봐유.

좋긴 좋았다. 영창이 엄니 이 사냥 덕분에 나는 모처럼만에 군시럽지 않고 개운한 잠을 잤다. 이 잡는 꿈도 꾸지 않고 잠을 잤다. 긴긴 겨울밤이면 이 잡는 꿈을 언제나 꾸곤 했는데, 정말 오랜만에 사타구니며 등허리며 발목이 허전할 정도로 평화로운 잠을 잤다.

아침밥 먹구 가. 영창이 엄니가 두 번 세 번 거푸 말했다.

그냥 훌쩍 가면 나, 욕 먹이는 겨. 빈말이 아니었다. 건성으로 뱉는 말이 아니었다.

그러나 아침밥까지 먹으면 어쩐지 거지 신세처럼 처량할 것 같아서, 나는 한사코 마다하고 쪼르르 복슬강아지처럼 집으로 달려왔다.

그런데 이상했다. 저게 뭣이랴?

대문 앞에 밥상 하나를 덩그러니 차려 놓았는데 느닷없이 허연 쌀밥 한 그릇에 젓가락, 숟가락, 간장종지, 김치보시기가 찬바람 쐬며 오들오들 떨고 있었다.

밥상 앞엔 또 흰 고무신 한 켤레가 놓였다. 가만히 보니, 엄니가 어쩌다 큰맘 먹고 나설 때 신던 고무신이었다.

멈칫, 그 앞에서 나는 굳고 말았다. 한기는 아니었다. 뭔가 알 수는 없었지만 서늘한 한 줄기 바람이 가슴속을 휘젓고 지나갔다. 철렁했다.

뭘까?

저건, 무슨 뜻일까?

아버지가 늦는 겨울밤이면 엄니는 밥상을 아랫목에 차려놓곤 했다. 하나밖에 없는 밥주발을 담요에 꽁꽁 싸서 아랫목에 묻어놓고 상은 아랫목 한켠에 상보로 덮어놓고…….

먹을 사람을 기다리느라 상보로 덮어놓은 상은 보았어도, 저렇게 쌀밥이며 김치를 허허롭게 내놓은 채, 찬바람 쐬는 밥상은 봐도 처음이었다. 차려놓은 밥상 앞에는 사람이 있어야 하는데…….

오싹, 소름이 끼쳤다.

까마귀 소리 까욱, 들려오더니 다음엔 서늘한 바람이 다시 등줄기를 훑고 지나갔다.

"어디 갔다 오느라구 불효를 하는 겨. 니 엄니한테 어이 가봐!"

고모들이며 일가붙이들의 얼굴이 여기저기에서 툭툭 튀어나왔다. 얼떨떨해서 나는 시키는 대로 엄니가 누운 방으로 들어갔다.

허연 이불 호청을 뒤집어쓴 엄니, 이상하다 싶어 그걸 살짝 쳐들어보는 순간 온몸에 섬뜩 찌르르, 소름이 찾아들었다.

어저께의 엄니가 아니었다.

"니 엄니 죽었다. 더 못 볼 테니께 시방 실컷 봐둬!"

그렇게 엄니는 갔다.

별리의 눈빛도 없이 떠났다.

팥죽 한 그릇 때문에 나는, 엄니와 나의 마지막 찰나도 공유하지 못했다.

다시는 팥죽을 먹고 싶지 않다.

밥, 하면 엄니가 생각난다.

이, 하면 엄니가 생각난다.

수제비, 하면 엄니가 생각난다.

"우리 수내미는 참 맛있게도 먹는다. 그려, 아무 거나 잘, 먹어야지."

어제런가 그제런가, 엄니의 목소리가 쟁쟁하다.

분하다. 엄니는 내가 명문중학교에 합격한 것도 모른다.

엄니가 죽고 나서 두어 달 뒤에 합격자 발표를 했으니 알 리가 없다.

간밤에 눈이 내려 백설이 만건곤했던 그날 아침, 나는 혼자 합격자 발표를 보러 갔다. 군데군데 식구들이 떼거리로 몰려와 합격자를 둘러싸고 덩실덩실 춤을 추었다.

나는 혼자 터벅터벅 집으로 왔다.

오는 길에 찌그러진 깡통을 만났다. 나는 깡통을 차며 차며 집까지 몰고 왔다.

집 앞에 이르자 은행에 다니는 옆집 누나가 "참, 오늘 발표날이지, 어떻게 됐니?" 하고 물었다.

"됐나 봐요."

나는 심드렁하게 대답했다.

분하다. 맨 먼저 엄니한테 말했어야 하는 건데.

죽기 전에 저승에 편지부터 한 장 부쳐야겠다.

엄니, 그곳 황천은 어떠신지요. 그동안 평안하셨는지요?

이곳 이승은 여전히 먹고 살기 힘들답니다. 우리는 분명히 기와집도 있었는데 어찌 된 영문인지 하우스푸어로 전락했습니다. 전세 살다가 요즘엔 사글세에서 사글세로 전전하고 있습니다. 아버지는, 아무래도 있는 돈 곶감 빼먹듯 하는 듯합니다.

엄니는 제가 꽤 괜찮은 중학교에 합격한 것도 모르시겠지요? 3년 뒤에 꽤 괜찮은 고등학교에 간 것도 모르시겠지요? 남들은 명문중, 멍문고라고 하지만 제 보기엔 교문도 뭐 그렇고 그렇던데 왜 명문이라는지 그 까닭을 모르겠습니다. 하여간 드나들기 편한 문이기는 했습니다.

엄니, 가난뱅이가 다닐 만한 대학 어디 없나 찾다가 그럭저럭 운이 닿아서 공짜로 다녔답니다,

엄니가 황천으로 가신 뒤로도 아버진 여전히 여자들한테 인기 짱이었습니다.

일고여덟 손가락쯤의 여자들이 새어머니 하겠다고 줄기차게 우리집엘 왔지만, 엄니, 맹세코 저는 누구한테도 어머니란 소리 안했습니다.

중학교 1학년 봄부터 시작한 '4남매 조연 새어머니 드라마'는 고

3때 막을 내렸습니다. 그 뒤로 아버진 줄곧 솔로랍니다.

엄니는 저에게 판검사 되라고 했지만, 대학교 2학년 때 어쩌다 소설에 빠져서 덜컥 어느 신문의 신춘문예에 당선됐지 뭡니까. 명색이 글쟁이가 되긴 했는데 밤하늘 먼 곳에 희미하게 뜬 작은 별처럼 재주는 없고 게을러서 도통 신통치가 않습니다. 육법전서 달달 외워 엄니 말처럼 판검사나 될 것을, 생각도 해봤지만 아무래도 검정 옷은 식성에 맞지 않을 것 같습니다.

나머진 직접 황천에서 뵙고 엄니 가신 뒤, 살아온 온갖 사연 말하겠습니다.

황천훤당금안부黃泉萱堂今安否(황천의 어머니 지금 평안하시겠지요?)

부기附記: 참, 그러니까 전, 이제껏 '어머니'를 '어머니'라 부른 일이 한 번도 없었습니다. 부끄럽습니다. '엄니'는 '맘마'나 '응가' 같은 유아어는 아닙니다. 굳이 말한다면 '어머니'를 가리키는 충청도식 사투리 '소년어少年語'입니다. 엄니는 제가 소년어를 버리고 의젓하게 '어머니'라는 표준 성인어成人語를 쓸 때까지 어머니가 지켜야 할 최소한의 수명壽命 의무를 다했어야 했습니다. 그러니 어머니를 부르는 제 호칭이 소년어로 끝난 것은 결코 제 탓이 아닙니다. 이제 머지 않아 황천에서 뵙게 되면 생애 처음으로, 저도 정중하게 예를 갖춰 부를 것입니다.

"어머니!"

일곱 어머니와 합숙훈련을 하다

마당에 애기부채붓꽃과 원추리꽃을 나란히 심었다.

4월 들어서니 이것들은 날마다 키 재기라도 하듯 자란다.

그러나 애기부채붓꽃은 작아도 키 욕심을 내지 않는다

사월이 다 갈 무렵에 애기부채붓꽃은 원추리꽃 허리께에서 마침내 키를 멈춘다.

오월에 접어들면 애기부채붓꽃은 청보라빛 고개를 내민다. 그러고는 동자승처럼 그저 하늘만 올려다본다. 더 이상 키 크려는 욕망을 드러내지 않는다.

오월이 가면 애기부채붓꽃은 진다. 원추리는 그제서야 키를 훌쩍 키워 느긋이 장대 같은 꽃대를 내민다. 유월 늦게나 칠월 어느 날 원추리는 꽃을 피울 것이다.

남자를 꽃에 비유하는 금기를 깨비리자.

아버지는 마치 애기부채붓꽃 같다. 키가 170센티에 가까우면 그 당시 아버지 나이의 평균을 넘는, 보기 좋은 키다. 애기부채붓꽃에 비유하는 것은 키가 아니라 아버지의 품성과 그 밖의 것들을 말하려는 종합평가 같은 것이다.

아버지는 억척스럽지 못하다. 바보 같은 무욕에 가깝다.

모질지가 못하다. 착하기까지 해서 걸핏하면 돈 빌려주고 떼이기 일쑤였다.

흘러가는 대로 그냥 흘러가며 사신 분이다. 산중 도인처럼 달관도 못했으면서 그저 좋은 게 좋다고 사신 분이다. 술 한 잔에 소리꾼처럼 소리하면서 세월을 보냈다. 자식들이 원망을 품을 수도 있다는 사실조차 모를 만큼 무개념이었다고 할 수 있다.

조선조 사회를 이어받은 한국사회의 관성, 그 유교적 타성은 시대흐름을 외면하는 불통 같은 것이 있었다. 아버지는 부정적 의미의 유교적 인습을 별생각 없이 체화體化하여 지아비의 자리를 지켰던 분이다.

아랫목 이불 속에서 따스한 온기로 아버지를 기다리던 밥. 화롯불 위를 오르내리며 끓었다 식었다를 반복하던 된장찌개. 정갈하게 다림질한 아버지의 옷가지들.

아버지는 권위를 앞세우지는 않았지만 엄니의 당신 존중을 마다하진 않았다.

미화하고 싶지는 않다. 아버지는 시대를 고뇌하는 지식인도 아니었고 지성인도 아니었다. 김구선생이 어떻고 여운형 선생이 어떻고 하면서 정치적 식견을 토로하는 경우도 더러 있기는 했지만 항간에서 떠도는 의견을 되풀이하는 정도였다.

애주가, 착한 갑남을녀의 갑남, 그것이 아버지가 스스로 그린 자화상이었다.

국어사전은 돈 잘 쓰고 잘 노는 사람을 '한량'이라고 정의한다.

그렇다, 아버지는 술 잘 먹고 놀기 좋아하고 소리 잘하는, 전형적인 한량이었다.

무골호인이었던 아버지는 돈 관리가 야무지지 못해서 번 돈을 허술하게 없앴다. 엄니가 돌아가신 뒤부터 아버지의 하루하루는 벌어놓은 돈을 야금야금 까먹는 세월의 연속이었고 모든 게 주먹구구였다. 집이 있었으면서도 하우스 푸어로 전전하며 셋방살이를 한 것도 계획경제 부재가 낳은 관성 때문이었다.

농사짓기 싫어서 아버지는 일찍이 가출해 일본으로 건너갔다. 장사를 배워서 돈을 꽤 짭짤하게 벌었다고 한다. 해방이 되어서 고국으로 돌아올 땐 이불 속에다 돈을 넣고 누벼서 가져왔다고 무용담처럼 자랑하곤 했다.

엄니는 열한 살 연상의 아버지와 사진결혼을 했고 8남매를 두었지만 4남매만 살아남았다.

영특한 엄니를 외조부는 무척 아꼈다고 한다. 한학도 많이 시켰고.

외조부는 독립운동을 하느라 늘 쫓겨 다니셨단다.

일제 말기에 잠시 황해도에 거주한 일도 있었는데 영천 쪽으로 내려와 외조부는 엄니를 출가시키려고 노심초사했다. 첫째, 당신이 피신하는 데 과년한 딸은 짐이었고, 둘째, 바로 정신대라고 불리는 성노예 고것 때문이었다. 마땅한 사위를 고를 여유가 없었던 외조부는 어찌어찌 연줄이 닿아 별반 배운 것도 없이 일본에 건너가 장사하던 아버지를 사위로 맞이했다. 성노예보다는 차라리, 외조부는 그렇게 생각했다는 것이다.

영천 외가에 갔을 때 외조부의 죽음을 만났던 기억이 난다.

요단강 건너가 만나리. 마당에 가득했던 찬송가 소리가 지금도 들려온다.

내가 열한 살 때 친할아버지가 돌아가셨다. 열두 살 되던 초겨울엔 어머니가 돌아가셨다. 어머니는 일 년 남짓 병치레를 하셨다. 그때 어머니의 나이 서른아홉, 짧디 짧은 이승살이를 서둘러 마치고 타계했으니 이승에 더 머물러 이루고 싶은 계획도 많았으리라.

추사 김정희가 제주도 유배지에 있을 때 아내가 죽었다. 아내가 아플 때 약 한 사발 건네지도 못했으니 추사는 자못 가슴이 미어졌을 것이다. 추사는 짧은 글 한 편을 지어 고향집으로 보냈다.

료장월로소명부聊將月老訴冥府
월하노인을 통해 명부에 호소해서
래세부처역지위來世夫妻易地爲
내세에는 부부의 처지를 바꿔 달라 하리다
아사군생천리외我死君生千里外
나는 죽고 당신은 천 리 밖에 살아남아
수군지유차심비使君知有此心悲
당신도 이 슬픔 알게 하리다

박명한 아내, 아버지의 슬픔은 얼마쯤 깊었을까? 추사의 슬픔이 천 길이라면 아버지의 슬픔은 백 길이었을까, 만 길이었을까?

환갑이 넘은 어느 날, 무슨 생각이 들었는지 아버지가 어머니의 초상화를 그려 왔다. 아버지는 왜 사진 대신에 엄니의 초상화를 마련했을까. 우리는 가르마 탄 엄니의 초상화를 놓고 제사를 지냈다. 제사 때마다 초상화의 엄니가 그윽이 나를 바라본다.

아버지의 슬픔을 내가 어찌 가늠하랴.

초상화에 고인 슬픔의 깊이는 해마다 다른 것을.

어머니가 돌아가시고 다섯 달쯤 지났을 것이다. 그때부터 새어머니라는 이름으로 각양각색의 여자들이 우리집을 찾아와 머물다 갔다.

1957년, 늦봄 무렵이었을 것이다.

중학교 1학년 내 사춘기의 시작을 축하하려는 것이었는지 웬 시골 아낙 하나가 마늘 한 접에, 늙은 호박 하나에, 암탉 한 마리를 들고 왔다. 충북 영동 어디쯤에 산다는 그 아낙은 행색부터가 한눈에 시골댁이었다. 암탉은 왜 들고 왔지. '새'어머니라는 표시인가? 하긴 닭도 새다.

영동녀, 그녀가 새어머니 1번이었다. 한 달쯤 있었던가?

영동녀가 닭 줘유, 닭 줘유, 하길래 왜 그러나 했더니 가져왔던 닭 챙겨서 도로 귀향한다는 것이었다. 그녀가 가져온 암탉이 온전히 살아있을 리 없었다.

아버지는 시장에서 암탉 한 마리를 사왔다. 뒤꼍 벽에 매달아 놓았던 마늘 한 접은 그대로 있었다. 마늘 한 접에 암탉 한 마리 들고 영동녀는 안녕히 계세유, 한 마디와 함께 오던 때의 차림새 그대로 참 쉽게도 떠나갔다.

촌에서 살다왔으니 촌스러웠지만 어머니로 자리 잡아 끝까지 살았다면 모든 것을 운명으로 여기고 현모양처 흉내 내며 에미 몫은 충실히 했을 터였다.

뒷날 생각해보니 참 가엾은 팔자의 결말이었다.

마늘과 호박과 암탉의 조합은 잭팟이 아니다. 수박 세 덩이를 가지고 왔더라면 한 1년쯤 살다 갔을지도 모른다, 그건 잭팟이니까.

새어머니 2번은 밉상은 아니었는데 사내 느낌이 물씬 풍기는 남상男相이었다,

내가 명명한 2번의 별칭은 무려 네 가지다. 대구녀이자 남상녀이자 육백녀에 사슴녀였다.

내가 아는 화투놀이는 민화투에 육백에 고스톱, 세 가지다.

초약, 비약, 풍약 따위가 등장하는 민화투보다 진일보한 게 육백이다.

육백은 화투패의 여러 조합 점수를 따져서 600점 먼저 나는 사람이 승자가 되는 놀이다. 화투 패는 오로지 마흔여덟 장이다.

육백에는 고스톱의 '뻑'이 없다. '따닥'도 없다. '쪽'도 있지만 아무런 이득도 볼 수 없다. '쓸'도 없다. '흔들기'도 없다.

화투가 일본에서 건너온 것이라서 그런지 육백의 화투 패 조합 이름은 거의가 일본어다.

욘코, 칠띠, 이노시카, 대포, 빠이, 비조리 등등 여러 가지 조합이

있고 이것들은 조합에 따라 100점, 200점, 300점, 400점이 부여된다. 어렸을 때는 어깨너머로 하도 많이 본 탓인지 환히 알았는데 지금은 가물가물 거의 잊었다.

아버지는 노름은 안했고 술내기 화투를 즐겼는데 주 종목이 바로 육백이었다.

2번 육백녀는 그 당시 최고급에 해당했던 사슴 담배를 피웠다. 그래서 2번은 사슴녀이기도 하다. 사슴 심부름을 여러 번 했던 생각이 난다. 사슴, 하면 루돌프의 귀여운 사슴은 생각나지 않고 사슴녀가 먼저 떠오른다. 아무래도 남상의 아낙과 사슴은 기묘한 부조화다.

대구녀, 남상녀, 사슴녀와 아버지는 틈만 나면 육백을 쳤다.

육백을 치다 말고 아버지에게 돈을 달라더니 사슴녀가 말한다.

"수냄아, 사슴 한 갑 사와. 거스름돈은 너 가져."

아버지 돈을 제 돈 쓰듯이 인심 쓰는 게 싫어서 나는 시큰둥하다. 담배를 사고 남은 돈을 나는 슬그머니 아버지 앞에 디밀었다.

육백을 끝낸 사슴녀가 아버지와 술판을 벌였는데 자화자찬에 신명이 났다.

글쎄, 뒷간에서 춘향전 쪼가리를 보다가 한글을 익혔다는 것이다.

거짓말이야. 나는 코웃음을 쳤다.

글선생을 옆에 세워놓고 똥 누는 것도 아닐 텐데 무슨 놈의 똥숫간에서 춘향전 쪼가리로 한글을 떼느냐 말이다. 나 같은 똘똘이도 한 달 넘어서 뗐는데.

하여간 저녁때가 되어도 부엌엘 들어가지 않는 걸로 보아 어머니 노릇 하려고 온 사람은 아니었다. 사슴녀는 원 없이 육백을 치려고 온 여자였다.

대구녀, 육백녀, 사슴녀에 남상녀의 우리집 체류 기간은 아마 1년 정도였을 것이다. 아마도 육백녀는 빈 손으로 떠나진 않았으리라.

3번은 형과 나의 빤쓰를 만들어 준다고 하루 종일 재봉틀을 밟았다.

내 마음속 별칭은 미싱녀이다.

어머니 들들은 나에게서 아무도 어머니라는 호칭을 듣지 못했다. 그러나 미싱녀에게만은 어머니라는 호칭을 드릴까 말까, 남 몰래 고민했던 적이 있다.

그 무렵 나는 한창 빤쓰가 많이 필요한 시기의 초입에 접어들고 있었다. 내 빤쓰 수요를 의식한 미싱녀의 공급 생산성을 나는 어머니다운 성실성의 판단 근거로 삼았던 것 같다.

달달달 달달달, 우리집 안방에선 날마다 미싱 소리가 쉬지 않았다.

어머니 생각 많이 나지? 미싱녀는 가끔 그렇게 자애로운 말을 건넸다.

오만 원 권의 사임당 신씨처럼 숙덕淑德이 느껴지는 분이었다. 그러나 어쩌랴. 아버지가 구하는 대상은 우리에게 조신한 어머니가 아니었다. 아마도 아버지는 섹시한 아내감을 찾았을지도 모른다.

그러다가 서너 달이 지났을까? 학교에서 돌아와 보니 미싱도, 미싱녀도, 달달달 소리도 사라지고 집안은 다시 적막강산으로 변해 있었다.

4번은 부산녀였다. 가장 반반하고 젊고 화장이 짙었던 여자였다.

부산녀는 아침마다 화장을 공들여 했다. 화장의 종결은 매니큐어였다. 화장의 마지막 단계가 매니큐어라는 것을 나는 이미 그 시절에 알았다. 매니큐어 칠한 여자가 설거지를 하기 위하여 허드렛물을 다룰 리가 없다. 새어머니라는 여자가 왔어도 밥 짓고 빨래하는 기본은 언제나 누나의 몫이었다.

부엌일 대신에 매니큐어를 칠하는 아녀자. 부산녀는 기생처럼 제 몸 가꾸는 일에 온 정성을 기울인 여자였다. 부산녀는 제법 오랜 동안 아버지 앞에 꽃처럼 피어 있었다.

5번 6번은 생각나지 않는다. 하나가 나가면 우리끼리만 살았고 그러다가 누군가가 들어왔고 그러다 또 나갔고 한 일 년 가까이는 우리끼리만 산 적도 있었다.

며칠 머무르나 떠난 이도 있고 한 달 있다 떠난 사람도 있다. 초가을 바람처럼 왔다가 초겨울 서리처럼 스러지기도 했고 봄날의 햇살처럼 마당에 머물다가 늦봄의 신록처럼 사라지기도 했다.

기억이 나지 않는 것은 비범한 개성색의 소유자가 아니었거나 머문 기간이 지극히 짧았던 탓이다. 우리집 마당에 있던 능소화 한 그루도 어렴풋이 떠오르는데 5번 6번은 마치 희미한 달그림자 같다. 스쳐 지나갔다는 사실 만으로 존재할 뿐 얼굴도 말투도 옷차림도 그 어떤 것도 생각나지 않는다.

내 기억에 없는 사람은 존재하지 않았던 사람이나 마찬가지다. 미안하고 허망하다. 만약에 나에게 무언가를 복수하고 싶은 사람이 있다면 나를 기억하지 마십시오. 당신이 기억하지 않는 나는 이 세상에 존재하지 않았던 사람입니다. 그것은 지독한 복수입니다.

형과 누나에게서 기억을 도움 받으면 재생할 수도 있으리라. 그러나 연분홍 치마 날리는 봄날의 추억도 아니고 보니 굳이 재생의 의욕을 느끼진 않는다.

명백한 사실은 중학교 1학년 때 새어머니라는 이름으로 최초의 아낙이 왔던 이래로 7번이 마지막 새어머니라는 사실이다. 모두 다 열거하면 8번의 번호를 부여할 대상도 있었던 듯하나 그 역시 아리송하다.

나는 7번을 마지막 존재의 번호로 매긴 다음 기억의 마침표를 찍고 싶다.

그래서, 7번을 선택했다. 7번은 술녀였다. 7번은 한 2년 안팎 머물렀던 같다.

충북 음성이 고향이라던 음성녀. 음성녀가 좋아하는 것은 술이었다. 그러니까 음성녀는 술녀다. 술녀는 1962년, 고등학교를 졸업하던 해, 내 청년기를 기념하려는 것이었는지 아버지와 의기투합하여 막걸리집을 차렸다.

나는 작고 허름한 선술집 영업이 창피해서 견딜 수가 없었다.

하교 길 방향이 같은 친구 두 명이 있었는데 선술집이 가까워지면 나는 그들과 부러 헤어져 반대 방향으로 걸음을 옮겼다. 그들이 멀리 사라진 뒤에야 나는 후다닥 선술집으로 뛰어 들어가곤 했다.

중학교 1학년에서부터 시작한 새어머니 탐구생활은 고등학교 3학년이 되어서야 막을 내렸다. 기나긴 6년의 세월도 그것으로 끝이었다.

사춘기도 지나갔고 나는 어느 새 청년기의 초입에 서있었다.

술녀가 떠난 뒤로 새어머니의 계보는 끊어지고 말았다. 내 앞에는 더 이상 낯선 여자들이 나타나지 않았다.

내 고등학교 3학년이 끝나던 무렵, 그해를 끝으로 쉰여섯이던 아버지의 새어머니 간택(?) 이벤트는 막을 내렸다.

여든 일곱에 돌아가실 때까지 아버지는 30년을 홀로 사셨다. 탐색 의욕이 사그러든 것일까? 아버지의 경제적 궁핍도 큰 이유였겠지만 우리들은 물어본 일이 없다.

1번 2번 3번 4번…… 7번. 그들은 또 어디에 가서 어머니의 존재로 살았을까? 문득 궁금해진다.

그런데 이상하다.

우리들 남매는 모이면 어쩌다 아버지의 여자들을 화제에 올리며 꿍시렁거리기노 했지만 격렬한 분노 따위는 아무도 나타내지 않았다. 엄니 얼굴도 기억하지 못하는 막내여동생은 그렇다 치더라도 조금은 기이하다. 운명이고 팔자라며 체념하고 살았단 말인가. 모두들 자학자습으로 달관과 긍정을 체득하기라도 했다는 것일까, 아버지 성토보다는 애틋한 생모의 이야기를 조금이라도 더 나누고 싶었는지도 모른다.

아버지 함량 미달, 남편 자격 미달, 가장家長 부적격자.

아버지는 착한 분이었지만 생활인으로서 부족한 미달 항목이 많다. 미달 항목이 많다 보면 윤리적으로 부적격 항목도 생겨난다. 나이가 들면서 자연스레 터득한 이치다.

그런데도 엄니가 아버지를 끔찍이 섬긴 것을 보면 남녀 정분의 신비가 얄궂은 것인지, 시대의 도덕윤리가 고리타분한 것인지, 그도 아니면 엄니에게 열녀불경이부의 춘향이 절개가 있었던지, 셋 중의 하나일 것 같다.

아버지의 아버지 무자격 몇 가지만 들어보자.

아버지는 오로지 엄니 혼자서 우리 남매를 거느리고 외로운 피란의 고행을 겪도록 했다. 피란의 시작에서부터 끝날 때까지 아버지는 어디서 무엇을 했는지 모습을 드러내지 않았다. 피란이 끝나고 대전으로 돌아와 다시 자리를 잡은 어느 날에야 비로소 아버지는 홀연히 우리 앞에 나타났다.

돌아가시기 전까지 가게를 꾸려나가고 장사를 하며 생업을 전담한 주체는 엄니였다. 아버지는 밖으로만 나돌았다. 저 포항의 남도 어디로 가서 오징어나 멸치 같은 건어물을 떼어오는 것 같기는 했다.

우리들 남매의 성장과 교육에는 철저한 무관심으로 일관했다.

아버지는 날이면 날마다 술 마시고 노래하는 풍류객으로 업을 삼았다.

아버지의 둘레에는 과부 아낙들이 들들 끓었다.

피란 이후 가게에 전념한 엄니의 헌신으로 이층집까지 짓고 꽤나 돈을 모은 것 같았는데도 우리를 하우스푸어의 가난뱅이로 만들었다.

아버지는 엄니의 병구완에 무심했고 엄니는 끝내 서른아홉 젊은 나이에 입원 치료 한 번 변변히 받아보지 못한 채 불귀의 객이 되고 말았다.

아버지는 나의 반면교사다.

아버지는 자유분방한 한량의 캐릭터로 당신의 일생을 지극히 당신답게 사셨다. 그 결과 가장 당신다운 당신의 실천궁행으로 나에게 반어적 가르침을 주었다고 할 수 있다.

지아비는 지아비의 본분을 지켜라.

가장은 가장의 책임감을 가져라.

검은 머리 파뿌리 될 때까지 조강지처를 섬겨라.

미스코리아는 아닐지언정 우리들 남매는 합숙훈련을 통해 어머니 후보의 진선미를 정하고자 오랜 세월 눈을 단련했다. 결과는 실패.

어찌 된 일인지 아버지도 선택을 포기했다. 아버지도 나중엔 우리들 남매의 중론을 의식했던 것 같다. 어머니감, 아내감, 두 조건을 만족시키는 여사가 어디 그리 쉬우랴. 허무한 피로를 느꼈던 것일까? 6년의 여정 끝에 아버지는 돌아가실 때까지 홀아비솔로의 길을 꿋꿋이 지키셨다.

중학교 1학년 봄에 시작해서 고등학교 졸업을 두어 달 앞두고, 나 역시 기나긴 새어머니들과 함께 한 합숙생활에 손수건을 흔들었다.

대흥동에 우체국 지국이 있었다.

대학교 2학년이던 1965년 11월 어느 날, 나는 커다란 사각봉투에 조선일보 신춘문예응모작 원고를 넣어 아버지에게 부쳐달라고 청했다.

우체국의 예쁜 여직원이 '신춘문예 응모작'이라고 쓴 붉은 글씨를 보리라 생각하니 원고를 부칠 용기가 나지 않았다.

"아부지, 오늘, 다른 데 다니시기 전에 잊지 말구, 이걸, 꼭, 부쳐 줘유."

아버지가 내 부탁을 소홀히 했다면 나는 문학의 길로 들어서지 못했을 것이다.

아버지가 술이라도 한 잔 드시고 내 원고를 잃어버렸더라면, 내가 어찌 평생을 소설과 함께 걸었으랴. 그런 상상을 할 때마다 아버지가 나에게 주신 은혜의 무게는 역발산기개세力拔山氣蓋世의 항우도 감당할 수 없을 것이다.

무심한 듯, 막내아들에게 베푼 은혜는 헤집어보니 줄줄이 많았다.

어느 날, 근무 시간 중에 아버지가 교문 앞에서 날 찾았다. 임기응변 순발력으로 학교 근방에서 개고기에 소주를 사드린 일이 있다. 아버지는 겨우 그만한 에피소드도 효행인 양 자랑한다. 내가 이런 것을 부모 공양 치적으로 삼는다면 동네에서 멍석말이를 당해도 싸다.

아내가 담근 버찌술에 앵두주며 인삼주에 매실주며, 대여섯 가지의 과일술은 아버지의 잦은 습격(?)으로 한 2년만에 기어이 동났다. 자식은 고작 이런 것도 효행이라 치부한다.

모자지간의 인연으로, 부자지간의 인연으로, 숱한 애증의 터널을 지나왔지만 나는 알고 있다.

엄니가 나를 사랑했던 것은 분명하다.

아버지가 나를 사랑했던 것도 분명하다.

고독도 보리이삭처럼 고독하게 팬다

중학교 셋방살이 시절 때 새어머니 공백기가 있었다.

한겨울 같으면야 그렇다. 울안 사람들 마주칠 일이 그다지 없다. 참숯불 이글이글 벌겋게 피운 화로 하나만 있으면 그놈을 끌안다시피 바투 끼고 고구마, 밤톨 굽는 생각이나 하는 게 고작이다. 그게 부질없다 싶으면 참숯 불기운에 얼굴이 달아올라 성냥팔이 소녀라도 떠올릴 수밖에.

어쩌다 오줌 눌 일 생기면 '이 추운 날씨에 오줌은 왜 대구 마려워.' 어쩌구 투덜거리며 쪼르르 부리나케 뒷간엘 가는 듯 마는 듯 다녀오는 거고. 그러니 괜스레 우물가를 서성일 까닭이 없었다.

나랑 동갑내기 계집애도 아침나절 삐끗 얼굴 한 번 우물가에 비칠까, 그러고선 온종일 치마꼬리조차 보이질 않는다. 처녀꼴이 다 잡힌 계집애가 세수를 어느 결에 해치우는가 싶으리만큼 대충대충 후다닥이었다. 세숫대야에 비누쪼가리 하나 달랑 들고 우물가에 나왔는가 해서 쟤 세수 끝나면 나가야지, 하고 차례를 기다릴 참이면 어느 틈에 마쳤는지 바람처럼 사라지고 없었다. 아무리 겨울 세수라지만 애기처녀란 게 어째 그리 괭이새끼 침 발라 닦듯 하는지.

처녀라면 허벅지에 사타구니에 가슴팍은 부윽북 못 밀망정 손목이라도 뿌드득뿌드득 아금탕스럽게 문질러야 하는 게 아닌가.

주인집까지 다 합쳐 다섯 집이 한 울안에서 살다보니 겨울철엔 우물가에서 세수 차례 기다리기도 만만치가 않다. 그래도 모두들 건성건성 쓱싹이라 그럭저럭 동지섣달은 두루뭉수리 때웠는데 오뉴월 삼복더위가 오니까 이건 숫제 우물가 차지가 나랏님 보기보다도 힘들었다. 고추잠지 달았을 적 같으면야 대전천에 나가 멱이라도 감고 오련만 고추도 어째 보리이삭 패는 것 같고 보니 그도 쉽지가 않다.

치자꽃 지고 능소화 필 무렵만 해도 어둑어둑 초저녁엔 남정네들이 우물가를 차지하고는 등목도 곧잘 했다.

낫새나 먹은 사내꼭지들이 등목하는 눈치가 보이면 아낙들은 아예 우물가에 얼씬도 않았고 오디빛처럼 깊은 자정 무렵이 되면 그제야 슬그머니 아낙들이 차지하곤 했다. 물론 이번엔 남정네들이 우물가에 얼씬도 하지 말아야 했고.

그랬는데 삼복 무렵부턴 안 그랬다.

초저녁이고 자정 밤이고를 가릴 것 없이 아낙들이 걸핏하면 떠억 우물가를 차지했다. 날씨가 찌더니 체면까지 시어터졌는지 아낙들 '뻰뻰'이 드세다. 남자들한테 좀체 차례를 주지 않았다.

메리야스를 훌러덩 벗어던지고 여름 풋살 맨살 등판대기를 비닐장판에 대고 누웠다가 일어나려면 늘어붙었다 떨어지는 소리가 '쩌어억'이다. 잠이 올 리 만무다. 등목이라도 하고 잠을 청해야겠는데 아까부터 우물가에선 좍좍 물 끼얹는 소리가 멈추질 않는다.

우물가 빨랫줄에 치마를 너댓 개 둘러 쳐놓고는 제법 그럴 듯하게 눈길을 막았다. 그랬으면 등짝에 바가지물이나 몇 번 끼얹고 나올 일이지 들어간 사람마다 시간을 물 쓰듯 한다. 계집애도 이젠 어지간히 낯가죽이 두꺼워졌다. 처음 며칠은 쭈밋쭈밋하더니만 이젠 물 끼얹는 재미에 여름 가는 줄도 모른다. 날이면 날마다, 밤이면 밤마다다.

"에구, 뽀얗기두 해라. 한창 필 때라 통통두 하네."

어떤 땐 도란도란이 아니라서 내 귀에 그런 말도 들려온다. 지난 겨울에 검정개 멱 감듯 세수냐고 덤벙덤벙 해치우던 계집애가 오뉴월이 되니까 목욕질에 이골이 났다.

오늘밤은 아무래도 싹수가 노랗다. 이러다간 애꿎은 잠만 밑질 듯싶어 등목 생각을 버리고 잠을 청할 수밖에.

몇 시나 되었을까. 밤이 깊었나 보다.

좌–익. 물 끼얹는 소리가 들려왔나. 아버지 손목을 늘여다보니 어렴풋이 보이는 시침이 밤 두 시였다. 누굴까, 이 호젓한 밤에.

치마만 둘러치면 단가.

가슴 속에서 무언가가 방망이질을 쳤지만 등목 못하고 잠든 화풀이로 나는 치마를 들추기로 마음먹었다.

바르르, 나도 모르게 침을 꼴깍 삼키며 치맛귀를 들추려는데 귀에 익은 목소리가 내 귀를 나꿔챘다.

"누구여, 에미여?"

그건 할머니의 목소리였다. 나는 방으로 허둥지둥 도망쳐왔다.

그해 여름 내내, 나는 치마만 보면 얼굴을 못들었다.

그 무렵 나는, 키는 작았지만 부쩍 크고 있었나 보다.

엄니가 없어도, 사춘기의 정점을 향하여, 내 고독은, 보리이삭처럼 패고 있었다.

책은 6년의 강을 건넌 조각배였다

새어머니라는 아낙들이 들락거렸어도 그들은 '돈 많은(?) 중년남자'라는 과장광고에 현혹되어 아버지에게 날아든 부나비에 지나지 않았다. 김치 담그고, 보글보글 된장찌개 끓인 밥상 앞에서, 함께 식구가 되려고 응모한 '어머니 후보자'들이 아니었다.

중학교 1학년부터 대학졸업 때까지, 10녀 이상의 세월을 밥 해주고 빨래해준 사람은 결국 여섯 살 연상의 누나였다.

엄니가 없는 집은 폐가나 마찬가지였다. 어찌어찌 밥 한 술 먹고 그날그날 생존하는 고독과 번뇌의 연속성은 내 가슴에 언제나 구멍 하나를 뚫어놓았다.

열세 살부터 마지막 아낙이 떠나던 열여덟 살 때까지, 6년은, 늪에 빠져 허우적거리던, 내 인생의 암흑기였다. 썰렁한 집엔 들어가기도 싫었지만, 갈 데가 없기 때문에, 기출할 용기도 없기 때문에, 으슥한 세계의 똘마니가 될 용기도 없기 때문에, 나는 꼬박꼬박 귀가했다.

6년의 늪에서 나를 구원한 것은, 오오, 책이었다.

육이오 전쟁이 아직도 한창이던 1951년부터 책은 재미있고 착한 내 동무였다.

'바둑아 바둑아, 이리 오너라. 오빠는 학교에 갔다, 나하고 놀자.'

초등학교 1학년 국어책에 실린 이런 글로 한글을 깨치자마자 나는 만화의 세계에 빠져버렸다. 1학년과 2학년은 내 독서의 만화기였다. 그 당시의 만화는 30쪽이나 되었을까, 아주 얄팍한 단행본이었다. 돈만 생기면 나는 만화방의 구석에 정물화처럼 처박혀 다 읽을 때까지 시간을 죽였다.

내 독서의 첫사랑은 무엇이었을까.

퍼뜩 '밀림의 왕자'가 떠오른다. 코끼리, 코뿔소, 철민이가 타고 다니던 '다나', 그 거대한 뱀이 나오던 만화.

1학년 2학년 때가 내 독서의 만화기였다면 3학년은 소공자 소공녀 읽던 동화기였고, 4학년부터는 동화든 성인연애소설이든 뭐든지, 닥치는 대로 보이는 대로, 눈으로 먹어 치우는, 독서의 깡패 같은 남독기였다.

남독의 이유는 오로지 하나였다. 걸핏하면 배가 고팠지만 한글을 익힌 뒤부터는 눈도 고팠다. 그러니 그때 그 무렵, 쌀밥처럼 책이 귀했던 그 시절에, 나는 어쩔 수 없이 날이면 날마다 읽을거리를 찾아 걸터듬어야 했다.

강소천의 동화 '꽃신'이며 '진달래와 철쭉'도 허겁지겁 읽어 삼켰다. 안데르센의 '눈의 여왕'은 신기했다. 김래성의 동화 '쌍무지개 뜨는 언덕'도 웬 무지개냐 싶어서 눈알이 무르도록 황홀경에 빠져

읽었다.

셋이 읽다가 둘이 잠들어도 모를 만큼 '똘똘이의 모험'은 재미가 깨소금이었다. 윤석중의 동시집 '굴렁쇠'는 여자 담임선생님이 빌려가서 다시는 나에게 굴러오지 않았다. 몇 번인가 '굴렁쇠'를 달라 했더니 잃어버렸다는 게 아닌가. 며칠 뒤에 '굴렁쇠' 대신 선생님은 연필 한 다스를 사주었다. 결국 바꾼 것이나 마찬가지다. 그렇지만 연필 한 다스 있어 봤자 내가 그걸로 '굴렁쇠'를 쓸 수는 없는 일.

두고 두고 읽었으면 똘똘이였던 내가 동시 몇 개는 외었을 텐데.

훗날 대학 신문사 기자 노릇을 할 때였다. 어느 교수 인터뷰 기사를 썼는데 나는 '꿈을 찍는 사진사'라고 제목을 달았다. 내가 붙인 제목이 꽤 그럴 듯하여 내심 우쭐거리고 있었다. 그러다 우연히 알고 보니 그건 강소천 선생님의 동화 제목이었다. 그제야 알았다. 어렸을 적에 읽은 강소천 선생님의 '꿈을 찍는 사진관'이 기억의 어딘가로 숨어들었다가 내 생각인 양 천연덕스럽게 나왔다는 사실을.

누나가 빌려온 이광수의 '사랑'과 '마의태자'를 훔쳐보는 재미도 그만이었다. 여섯 살 더 먹은 누나가 책을 빌려온 날이면 나는 언제나 누나가 잠들기를 기다렸다. 그 시절엔 야설이나 19금 같은 금서도 없었지만 있은들 무슨 대수였으랴, 눈이 고파 죽겠는데.

그러다가 중학교 그러다가 고등학교, 그렇게 몇 년 동안, 나는 대본집(책 빌려주는 가게)을 전전하며 독서의 나그네 시절을 보냈다.

대본집에 처음 가면 책값을 다 내야 빌려주었다. 그러다가 단골이 되고 신뢰가 생기면 그제야 대본료만 받고 빌려준다.

이때가 대본집 전전의 독서기였다. 작은 대본집에 꽂혀 있는 책이라야 이삼백 권 안팎이 고작이다. 그중에서 읽고 싶은 것은 아마 50권 안팎이었을 것이다. 작은 대본집은 새 책 수혈이 시원찮았다. 웬만큼 읽었다 싶으면 나는 다음 대본집을 찾아 책 사냥길을 떠났다.

딱딱한 것이든 말랑말랑한 것이든, 걸리기만 해봐라. 뭐든지 읽어줄 테다. 나는 독서욕에 활활 타올라 악이 치받쳐 지냈다. 삼국지도 수호지도 스땅달의 연애론도, 책은 짭짜름했다.

러시아 작가 고골리의 '외투'를 보면서 나는 그 치열한 사실성에 부르르 떨었고 '이반데니소비치의 하루'는 내 생각을 다시 깊게 다독였고, 프랑스 작가 르 끌레지오의 '열병'은 세상의 구조와 권태를 돌아보게 했다.

대흥동에 있는 대본집에서부터 시작해서 원동 대본집, 선화동 대본집으로, 책의 실크로드를 따라 찾아가는 반경 4km의 순례는 고등학교 3학년 때에야 끝났다.

1962년, 고등학교 3학년 1학기 중간시험(?)을 이틀쯤 앞둔 때였다.

공부깨나 한다는 명문이었으니 오죽했으랴. 친구들은 시험 준비에 여념이 없었다.

나는 쉬는 시간에 일본 작가 고미카와준페이(오미천순평)의 '자유와의 계약'을 읽고 있었다. '인간의 조건'을 읽고 고미카와준페이에 홈빡 빠져있던 차였다.

그런데 우연히 누나의 남친이었던 공군 장교가 여섯 권짜리 그의 신작 '자유와의 계약'을 가지고 있다는 것이 아닌가. 나는 '인간의 조건'에 나오는 주인공 '카지'처럼 결연히 요청했다.

20리 길을 걸어서, 유성까지 가서 나는 기어이 책을 빌렸다.

그는 당연히 한 권씩 가져가서 보라고 했다. 그러나 나는 막무가내로, '누나의 남친'을 구실로 삼아 한꺼번에 빌려 왔다. 빨리 읽고 싶다는 욕망이 활화산처럼 타올라 낱권은 견딜 수가 없었던 것이다.

옆자리에 앉았던 유아무개란 녀석이 갑자기 손을 뻗더니 내가 읽는 소설의 제목을 살펴본다. 내가 신기해보였던 모양이다.

20년쯤 지나 동창회에서 유아무개를 만났다. 그가 나에게 말했다.

"너, 그때 작가가 되려고 그랬구나!"

나는 말없이 웃기만 했다.

그러나, 나는 속으로 그에게 말했다.

'난 그때 세월의 강을 건너고 있었던 거야. 책은 나의 조각배였지.'

조각배로 6년의 강을 건넌 뒤, 대학에 들어가서야 나는 비로소 원동의 헌책방 하나를 단골로 삼아 헌 책을 사보기 시작했다. 그러고 보니 프랑스 작가 르 끌레지오의 '열병'은 이때 읽은 것이다. 죽을 때가 되다 보니 기억이 왔다 갔다 하는가 보다.

대학을 졸업하고 군에 갔다가 제대하고 교편을 잡으면서부터 나는 비로소 새 책을 사볼 수 있었다. 김수남의 '새 책 시대'가 열린 것이다. 30대 40대가 지나고 50대의 어느 날까지 내 작은 집 이곳 저곳에는 책들이 들어찼다. 서재라고 부를 만한 나만의 공간도 없었다. 그러면 어떠랴. 거실에다가도, 아이들의 방에다가도, 공간이 있다 싶으면 맞춤으로 몇 개의 책장도 마련해서 책을 꽂았다.

환갑 무렵의 봄날, 나는 책을 물끄러미 바라보았다.

읽으려고 산 책들인데 읽지도 않은 책들과, 읽다가 만 책들과, 읽은 책들을 바라보았다.

대학교수가 되려고 모았던 국문학 분야의 책들, 소설 쓰려면 다방면의 축적이 필요해, 그러면서 모은 책들, 이런 책들. 저런 책들.

한참 바라보고 난 뒤, 그날부터 나는 책을 버리기 시작했다.

내 책에 눈독 들였던 사람에게 서가 장식용으로 주기도 하고, 문학박물관을 꾸민다는 사람에게 스무 권도 넘는 백과사전도 주었다. 일 년에 두어 번씩 나는 책을 버렸다.

나는 버리고, 버리고, 버린다.

그래도 남은 책은 아직도 몇 백 권, 그래도 때때로 새 책을 사서 본다.

저걸 마저 다 버릴 때는 언제쯤일까, 하염없이 바라본다.

책은, 내 청소년기의 강을 건너온 조각배였다,
그러고서도 오랜 동안 조각배를 더 저어 왔다.
이제는 조각배를 놓아주어야 할 때가 된 것 같다.
고맙다, 책이여. 그대를 잊지는 않으리다.
그러나 이제는 나도 자유, 그대도 자유, 부디 잘 가시게.

나는 가끔 책을 버린다.

대한민국 남자의 안줏감

나라마다 모병제 아니면 징병제를 택한다. 우리나라는 징병제고 미국은 모병제다.

슬로건은 어떤 집합체의 주의, 주장을 나타내는 하나의 표어다. 모병제를 택하는 나라는 젊은이들을 끌어들이기 위해 슬로건을 만들어 많은 홍보를 한다.

모병제 국가 미국 군대의 슬로건을 보자.

미 육군의 슬로건은 'Be All You Can Be'이다. '될 수 있는 모든 게 되어라' 우리말 맛에는 이상하지만 읽는 분이 근사하게 번역하시라.

미 해군의 슬로건은 'Let the Journey begin'이다.

항해를 시작하라. 해군이니까 항해라는 낱말을 썼을 것이다.

미 공군의 슬로건은 'Aim High'이다.

'높은 곳을 겨냥하라.' 그렇게 직역할 수도 있겠지만 '대망을 품어라.' 정도일 것이다.

미 해병대의 슬로건은 'A Few Good Men'이다.

'소수정예'로 번역한다.

미 해군의 슬로건 'Let the Journey begin'은 Journey와 해군의 배 이미지 결합이 자연스럽다.

공군의 슬로건 'Aim High'는 재치가 있다.

High는 하늘을 암시하면서도 '대망'과 같은 추상성을 은유적으로 내포하고 있다. 만약에 'Aim Sky'라고 했다면 Sky가 나타내는 구상성 때문에 평범한 슬로건이 되었을 것이다.

해병대의 슬로건 'A Few Good Men'은 중의적 표현이라고 볼 수 있다.

'소수정예'의 '자랑스런' 남자들. 그 속에는 '당신은 선택된 남자'라는 수컷의 명예의식이 배어 있다. 젊은이들의 귀가 솔깃해질 것이다. 그러나 주의해야 한다. 이상한 '명예의식'은 독이 되기도 한다.

징병제를 실시하는 우리나라는 홍보의 필요성이 없어서인지 꼭 집어 슬로건이라 할 만한 것이 없다. '충성', '이기자.' '멸공' 같은 구호도 있고, 백마부대, 청룡부대, 맹호부대 같은 부대이름도 있지만 미국 군대의 슬로건과는 성격이 다르다.

슬로건이 없기 때문에 나는 나만의 한국육군 슬로건을 부여했다.

"뭐든지 경험해 주겠다."

나 자신에게 제시한 이 슬로건으로 나는 3년을 버텼다. 문단에 마악 등단한 병아리 작가의식에다가 섬약한 자의식을 스스로 채찍질하려는 의도도 있었을 것이다. 어쨓든 이 슬로건을 때때로 의식 속에서 끄집어내어 나는 나에게 용기를 북돋우곤 했다.

가장 가난한 안줏감, 군대 이야기는 아직도 유효한가?

훈련소에서부터 시작하여 비무장지대 지오피를 거쳐 강원도 곳곳을 전전하던 35개월 군대시절을 더듬으면 나도 남들처럼 안줏감이 많다.

한 번은 직속상관 대위의 라면을 페치카 속에 넣어 끓이다가 엎어버렸다. 일등병 초짜 시절이라 난감했다. 뒤처리에 전전긍긍했던 일등병의 한나절이 생각난다.

의자에 걸터앉은 그의 군화를 닦기도 했다.

그는 대위의 계급으로 일등병을 내려다보았다.

나는 육이오 직후의 구두닦이 내 친구처럼 침을 퉤퉤 뱉어가며 군화에 광을 냈다. 나는 그가 눈치 못 채게끔 모멸감을 감추었다, 침을 퉤퉤 뱉은 것은 그에 대한 내 경멸의 표현이었지만 그는 예민한 감성의 소유자가 아닌 것 같았다.

강원도 원통에 파견 나간 첫날이었다. 소대장 운전병으로 있는 고참 상병이 필터담배 파고다를 한 개비 권했다. 오랜만에 보는 필터 담배가 내 판단을 무디게 한 것 같다. 입에 물고 움직이지 마. 고참 상병은 얄궂은 지시를 내렸다. 나는 그제야 그의 친절이 수상하다고 생각했다. 순간 내 왼쪽 오른쪽 턱에 그의 주먹이 날아들었다. 나는 무방비로 난타 당했다. 그것은 신고식이었다.

몇 달 뒤, 12월 어느 눈 덮인 연병장에서 나는 그 고참에게 결투를 신청하여 드잡이를 했다. 그 복수혈전의 대가는 다른 직속 고참이 내려치는 야전 곡괭이 세례로 되돌아왔다.

한 번은 또 파견 중대장이 명령했다. 이 더블 백에 반만 채워 와.

아마도 누군가에게 상납하려나 보다. 우리들 사병 셋은 그렇게 추정하면서 더 이상의 의문을 포기한 채 향로봉을 뒤지며 잣을 채취했다. 더블 백 반 가까이를 잣으로 채웠을 때, 중대장의 잣을 죽어라 까먹은 우리중의 누군가가 좍좍 설사를 했다.

재대 말년에는 요상한 정훈장교를 직속상관으로 만났다. 누구나 한 번쯤, 사병들은 운명적으로 엽기적인 상관을 만난다.

알오티시 정훈장교 중위는 유일한 정훈병이었던 나에게 빤쓰에다 동내의까지 빨아오라고 했다;. 이것저것 엮어보니 그와 나는 세속적인 관계망의 범주 안에 있었다. 그런 사실은 면회 온 내 후배의 소개 때문에 확인까지 한 바 있었다. 그러나 그건 그거고 군대는 계급사회였다.

나는 부대 뒤 계곡에서 그의 동내의와 빤쓰를 빨았다. 강원도의 엄동설한은 치욕적인 인내가 필요했다. 그 당시의 군대 동내의는 시베리아 벌판의 강시처럼 뻣뻣했다.

나는 그에게서 기합도 받았다. 빤쓰 바람 알몸으로, 판쵸 우의에다 맨 철모를 쓰고 한밤중에 연병장을 돌았다. 알몸에 달라붙는 영하 15도의 판쵸 우의.

엎드려뻗쳐. 연하의 정훈중위는 영하 15도의 정훈병 엉덩이에

야전곡괭이 찜질을 했다.

강원도의 혹한에 노출시킨 내 알몸 엉덩이, 그가 무자비하게 내려친 폭력의 10대, 그 이유는 오직 하나였다. "여기는 군대다."

'여기는 군대다?'. 제대하고 나서도 오랫동안 뱅뱅 도는 말은 그 말 하나였다.

맞아야 할 이유가 뭡니까? 그렇게 항의한 군인이 있었다면 그 사람은 자살을 꿈꾸는 영혼이었으리라.

여기는 군대다. 엿 먹어라.

제대 특명을 받았다. 내 복수는 단 한 가지였다.

나는 나이 어린 그 정훈 중위를 일주일 동안 만나지 않았다. 그는 며칠 뒤면 제대를 할 나에게 후환을 근심하는 영특한 머리로 화해를 하려고 쫓아다녔지만 나는, 끝내 그에게 그런 기회를 주지 않았다.

부대 내에서 전역신고를 마치고, 그가 출근하기 전에 나는 바람처럼 귀향길에 올랐다.

내 독기는 그것이 전부였다.

제대 후에 그가 근무하는 은행으로 찾아갈까 마음먹은 적도 있었으나 군대에서 있었던 인생사는 말짱 도루묵에다 한밤의 악몽, 아니면 바람에 날려버린 방귀인 셈 치고 말았다.

머릿속을 헤집으면 이야깃거리가 아직도 꾸러미로 나올 만큼, 군대에선 이런 일들이 다반사로 일어난다.

다른 사람도 마찬가지다. 막걸리 한 잔에 제대병들은 숨 쉴 겨를도 없이 무용담과 엽기적 행각을 안줏감으로 씹는다.

제대한 지 몇 십 년이 지났다. 젊은이들의 기이한 고백록으로 점철된 안줏감은 아직도 유효한가?

그러나 지금은 어떨까, 나는, 궁금하지 않다.

대한민국 남자들의 가장 가난한 안줏감은 군대 이야기다.

셋이서 막걸리 세 주전자를 먹어도, 군대 이야기 하나면 안주로 족하다. 두 시간도 좋고 세 시간도 좋다.

대통령과 장관을 비롯한 고위 공직자며 권력자들 중에서 병역을 면제 받은 사람들이 어찌나 많은지 종로 바닥에 일렬종대로 세워놓고 싶다. 그들은 가난한 안줏감을 알지 못한다. 아니 가난한 안줏감을 회피한 사람들이다. 나는 그들을 용서하고 싶지 않다. 그들을 용서하는 것은 무책임한 용서다.

미리 열을 가하여 덥히는 일을 예열이라 한다.

군대는 전쟁 수행을 위한 일종의 예열豫熱 조직이다. 그러기 때문에 육체적으로나 심리적으로나, 계획적으로 극한상황을 연출하여 훈련한다. 사격훈련의 군기가 유독 엄중한 것도 그런 연출과 맥이 닿아 있다.

인간은 극한상황에서 자신의 내면을 드러낸다.

비열함, 이중성, 배신, 나약, 원초적 본능, 동물성, 부조리, 회피, 자기보호 등등. 평상시에는 드러내지 않을 이런 종류의 성향이 극한 상황에선 심심찮게 나타난다.

고미카와 준페이의 일본소설 '인간의 조건'을 보시라.

전시戰時라는 극한상황에서, 인간의 자존감을 지키려다 주인공 카지가 맞이하는 비극적 최후를.

생명을 담보로 치르는 전쟁 연습이기 때문에 훈련은 극한상황의 속성을 내포한다.

자존감은 그것을 지키려는 카지 같은 사람의 가치다.

지키려는 사람의 가치지만 버리려고 마음먹으면 무가치한 무용지물이다.

이 자존감이 군대에선 싸구려처럼 버려진다. 그래서 씁쓸할 때가 많다. 그래서 군대라는 조직의 일원이 되어 하라는 대로 하다 보면 마치 덕장에 걸어놓은 황태처럼 여겨질 때가 다반사다.

그래서 나는 3년 동안 외쳤다.

너희는 내 온몸을 포로 뜨고 대가리는 무치고 장을 치고 파 썰어 넣고 후춧가루 뿌려대고 부글부글 속 끓이고 조리고 구워 찜이다 구이다 탕이다 하여 쩝쩝 입맛들을 잘도 다시고 있지만 너희가 너희인 것처럼 내 영혼은 자유의 재즈, 명태다.

그런 자존감으로 나는 일구월심 3년 동안 나 자신을 무언수행으로 지탱했다.

훈련소에서 불침번을 서던 어느 날이었다.

고된 훈련에 흐물흐물 지쳐빠진 삭신이라, 그냥 푹 고꾸라진 채

내쳐 새벽까지 코 갈고 이 골며 잤으면 환장하게 좋으련만, 잠자지 않고 번을 서라니 그야말로 죽을 노릇이었다.

인정머리라곤 눈꼽만치도 없는 놈들. 훈련병이 탈영할까 봐 걱정이 되면 기간병들이 불침번을 서야 이치가 맞지. 그래, 어째서 훈련병이 훈련병을 감시하라는 것이냐.

불침번 끝나고 새로 자려면 여섯 시간도 못 자게 생겼다…… 워매 내 팔자, 세상만사 다 때려치우고 잠이나 실컷 자구 싶다.

쏟아지는 잠을 쫓기 위해 야전곡괭이 자루 하나를 들고 나는 내무반 통로를 시계불알처럼 오가고 있었다.

잠자는 훈련병들의 모습은 가관이었다. 가관이 아니라 '개판 오 분 전'이었다.

쩝쩝쩝 입맛을 다시는 놈, 남의 사타구니에 고개를 처박은 놈, 물에 빠진 녀석처럼 푸푸거리다가는 입속말을 중얼거리는 놈, 느닷없이 군가를 부르는 놈, 히죽히죽 소처럼 웃는 놈, 오만상을 찡그린 놈, 침상에서 통로바닥으로 쿵, 떨어졌다가 다시 기어 올라가 자는 놈, 고려시대 잠꼬댄지 조선시대 잠꼬댄지 뭐라고 연신 꿍얼거리는 놈…… 하여간 푼수들 잠자기 대회 같아서 차마 눈 뜨고 못 볼 지경인데, 한 가지 분명한 사실은 모두들 짐승처럼 꾸밈없이, 제멋대로 달게 잔다는 것이었다.

침구를 깔고 누울 때만 해도 두부모처럼 가지런했던 훈련병들은, 곤하고 지쳐 문드러진 나머지 모양은 흉해도 평화로운 잠의 나라를 헤매고 있었다.

희미한 불빛 아래에서 깜빡 달라붙은 잠귀신에 놀란 찰나, 나는 어디에선가 들려오는 딱! 소리에 소스라쳐 놀랐다.

누가 호두라도 하나 깨문 듯한 소리였다.

잘 못 들었겠지.

누군가가 어금니를 갈았겠지.

나는 잠기운을 털어내며 다시 통로를 오가기 시작했다. 그러나 그게 아니었다.

통로의 끝에 이르렀을 때, '딱' 하는 소리가 이번엔 반대편 통로의 끝, 침상께에서 들려왔다. 비록 잠꼬대를 하고 코를 고는 훈병들이 있긴 했어도, 그 소리들 때문에 오히려 적막한 한밤중을 증거하기도 했으므로 잘 못 들은 소리가 아니었다.

도깨비소굴에 어느 나무꾼이 숨어 들어와 깨금알을 깨무는 바도 아니겠고 …….

그럭저럭 불침번 시간이 끝나가고 있었다. 나는 입안에 고인 하품을 한바탕 뱉어냈다. 찌꺼기처럼 남은 불침번 시간 이십분, 안간힘을 쓰며 다시 발걸음을 옮기는 그 순간 다시 딱!: 하는 소리가 들려왔다. 아까와 마찬가지였다.

내가 통로의 끝에 올 때쯤 맞은 바래기 통로의 끝에서 다시 그 소리가 들려온 것이었다. 귀를 쫑긋 세우고, 발걸음 소리를 통일화(군인들이 신는 훈련화)속에 감추고 맞은 바래기 통로의 끝을 향하여 나는 숨을 죽이며 다가갔다.

아드득바드득

무언가를 조심스럽게 깨무는 어금닛소리였다.

잇소리, 혓소리, 입술소리가 어우러진 듯한 소리였는데 그러나 분명하지 않은 가운데 어금닛 소리만이 선명했다.

통로의 끝, 침상의 세 번째 자리에 누운 훈련병 하나가 담요를 머리꼭대기까지 뒤집어쓰고는 모로 누워 있었다. 그곳이 소리의 진원지였다.

가만히 지켜보고 있자니까 뒤집어쓴 담요가 때때로 들썩거렸다. 담요의 주인공은 자지 않고 있는 게 분명했다.

내가 다가온 것을 눈치 못 챈 담요 속에서 아니나 다를까, 딱! 하는 소리와 더불어 곧이어 와작와작 우적우적 깨물어 바숴대는 소리가 났다.

그제야 나는 사정을 알아차렸다.

임자 없는 동네 개가 쇠뼈다귀 하나 주워 물고 두엄더미 뒤에서 은밀히 깨물며 다루듯, 누군가가 딱딱한 막과자를 먹고 있는 중이었다.

온종일 훈련으로 고단할 텐데 자정이 넘어 남 몰래 그윽하게, 잠도 자지 않고 막과자를 씹고 있는 그대는 위대한 식욕의 전사戰士다.

그렇게도 참을 수 없었단 말인가.

자존심은 그것을 지키려고 하는 사람의 가치다.

저녁을 먹고 나면 총기를 닦는 게 일과 중의 하나다.

병력 이동은 절대 엄금.

그날 저녁엔 그런 명령이 하달되어 3소대 훈련병들은 엠원소총의 녹과 흙먼지를 닦아내기에 여념이 없었다. 훈련병들은 내무반장의 닦달에 못 이겨 엠원소총을 완전 분해했다.

소총의 녹과 흙먼지를 제대로 닦아내려면 완전 분해가 제대로의 방식이었지만 그건 결합에 시간이 걸리고 성가신 일이었다.

방아쇠나 노리쇠 어느 곳에서든 녹내가 나는 날엔 전 소대원에게 비상을 걸 것이다. 엠원소총의 구석구석을 애인의 사타구니라 생각하고 철저히 닦아라, 총을 완전 분해해서 수입할(닦을) 것.

총구 속에서 번쩍번쩍 빛이 나지 않으면 네놈들 눈동자에서 대신 빛이 나게 해 줄 것이다.

개머리판에 흙먼지 하나라도 끼어 있으면 총신을 입에 물게 한 채 낮은 포복을 실시할 것이다.

내무반장은 눈을 새초롬하게 찢어뜨리고는 암팡지게 엄포를 놓았다. 그의 협박 공갈은 표독스럽고도 서릿발 같았다. 훈련소 내무반장쯤 되려면 그러지 않을 수 없을 것이다.

그러나 나는 마음을 오지게 먹고 완전 분해를 하지 않았다.

나는 총신을 삼등분해서 총구라든가 개머리판이라든가 노리쇠의 겉면 따위, 드러난 부분만을 닦고 닦았다.

문득 아늑한 배변의 시간을 갖고 싶다는 생각이 들어서였다. 벌써 일주일째, 나는 배변을 못했던 것이다.

훈련소의 변소는 반 개방식이었다.

사방이 밀폐된 그윽한 공간이 아니라 앉으면 가슴패기와 머리통이 칸막이 위로 쑥 올라왔다.

따라서 아무도 없는 때라면 몰라도 칸마다 배변의 용사들이 들어차게 되면 별 수 없이, 마주 보면서, 아니면 앞 칸 사람의 뒤통수를 보면서 볼일을 보아야 했다. 그러나 훈련소의 짜여진 일정 속에서 이 공동변소의 적막강산 시간을 포착한다는 것은 쉽지가 않았다.

서로가 피우는 구린내를 맡으면서, 서로가 쪼그리고 앉아서, 서로가 힘주어 빨개진 얼굴을 마주하면서, 너나 나나 냄새 하나는 지독하구나, 라고 인식하는 공통의 배변 장소, 너와 나의 나눔. 나는 그런 나눔의 시간이 고통스러웠다.

왜 칸막이를 높이 세우지 않았을까? 이건 가장 원시적인 감시 수단이다.

그런데 지금이야말로 혼자만의 배변을 위한 절호의 기회다.

나는 서둘러 삼등분한 총신의 결합을 끝내고 살그머니 내무반을 빠져나왔다. 내무반장은 마침 없었다. 병력 이동은 절대 엄금이란 지시가 하달된 시간이었으므로 변소는 그 어느 때보다 한적할 것이겠지만 그런 만큼 들키는 날엔 '죽었다' 복창을 할 판이었다.

나는 잔뜩 긴장한 채 어스름이 깔리기 시작하는 막사의 주변을 훑어보았다 아무도 보이지 않았다. 뛰어라! 나는 뛰어서 변소에 이르렀다.

예상한 대로, 변소는 쓸쓸했다. 허리춤까지밖에 오지 않는 문을 밀치고 들어서자 칸 칸마다 텅텅 비어 있었다.

그러나 따악 하나, 불쑥 솟아오른 머리통 하나가 있었다. 나도 놀라고 머리통도 놀랬다.

머리통의 임자는 마악 빵을 한 입 베어 물고 나를 바라보았다.

변소 안에서 식욕을 배설한다? 그것도 배설은 배설이겠군.

인간과 짐승의 차이는 무엇일까?

나는 '인간의 조건'에 나오는 '카지'를 택한다.

나는, 푸세식 변소 안에서 빵을 베어 먹진 않을 것이다.

21세기의 대한민국 병영엔 푸세식 변소가 거의 사라졌을 것이다.

화장실에서 빵을 먹는 사병들도 없을 것이다.

의자에 앉아서 일등병에게 군화를 닦게 하는 대위, 소령도 없을 것이다.

상납용 잣을 따러 향로봉을 헤매는 졸병도 당연히 없을 것이다.

장군의 바둑판을 위하여 피나무 자르러 다니는 사병私兵들 이야기도 어언 전설이 되고 말았을 것이다.

겨울 내의와 빤쓰를 빨아오라는 엽기적인 장교도 없을 것이다.

야전곡괭이는 있겠지만 엉덩이 타격용이 아니라 오직 참호를 파는 데에만 쓰일 것이다.

그러나 한 가지는 있다. 병역을 면제 받으려는 정치인, 고위공직자는 사라지지 않을 것이다. 목적이 있는 곳에 어찌 수단이 없겠는가.

돈 있고 '끗발' 있는 자들의 아들들이 병역 면제를 받는 나라. 국방부 행정이 투명하지 않으면 '조국애'는 '코 고는 소리'다. 강군強軍은 여드레 삶은 호박에 이빨도 들어가지 않을 소리다.

본래적 자아로 돌아오기 위하여

헌법10조.

모든 국민은 인간으로서의 존엄과 가치를 가지며, 행복을 추구할 권리를 가진다. 국가는 개인이 가지는 불가침의 기본적 인권을 확인하고 이를 보장할 의무를 진다.

그는 40년 피던 담배를 끊었다.

술 한 잔 마시던 중에 그가 말했다.

"담배 끊은 지 4년이 넘었는데 아직도 담배 먹는 꿈을 꿔."

얼마 전 티브이에서 군대 다녀온 아이돌 스타 하나가 말했다.

"지금도, 영장 나와서, 군대 가는 꿈을 꿔요."

나도 모르게 그만 쓴웃음을 물고 말았다.

늙은이 하나는 끊은 담배를 피우는 꿈을 꾸고, 젊은이 하나는 갔다 온 군대를 다시 가는 꿈을 꾼다.

담배의 중독성이 무섭긴 무섭다.

다시 피우고 싶어 꾸는 담배 꿈은 중독성의 여파라 치자. 그럼 가기 싫어서 꾸는 군대 꿈의 의미는 대체 무엇이란 말인가.

대학을 졸업하고 1968년 4월에 나는 육군 사병으로 입대했다.

그 무렵 복무 기간은 조금씩 줄어들고 있었다. 34개월 보름쯤이었다가 잘하면 33개월 20일쯤으로 줄어들 수 있겠다 싶어 말년 병장들은 한껏 들떠 있었다. 그러나 그들의 꿈을 무참히 물거품으로 만든 1.21사건이 일어났다.

1968년 1월 21일, 북한 124군 부대의 31명 무장공비가 청와대 습격을 목적으로 침투한 사건이 일어난 것이다.

그들은 결국 29명이 죽고 한 명만 겨우 탈출했다. 유일하게 생포된 자가 바로 김신조였기 때문에 김신조 사건이라고도 한다.

김신소 사건의 여파로 복무기간은 더 늘어났다.

나는 꼬박 35개월을 복무하고 전역했다. 그러니까 대략 45년 전의 일이다.

2000년대에 복무한 아이돌이나 60년대에 복무했던 할아버지나 모두가 다시 군대 가는 꿈을 꾼다. 가고 싶어서 가는 꿈이 아니라 가기 싫어서 가는 꿈을 꾸며 가위눌린다.

제대한 지 40년이 넘었는데도 영장이 다시 나와 이리 뛰고 저리 뛰며 미치는 꿈.

대한민국의 할아버지들에게는 아직도 그런 망령이 따라다닌다.

오너라, 뭐든지 경험해 주겠다.

대학 2학년이 끝나가던 1965년 가을 무렵에 나는 하나의 갈림길에 서있었다.

사병으로 가느냐, ROTC 장교로 가느냐, 그것이 문제였다. ROTC는 2학년 때 신체검사를 받고 합격하면 3·4학년 2년 동안에 소정의 군사교육 학점을 이수하고 방학 때도 군사훈련을 받아 소위로 임관되는 제도였다.

패거리 친구 세 명과 막걸리를 마신 뒤 마침내 우리는 의기투합했다. 대학을 만끽하자. 우리 모두 졸병으로 가자. 유비 관우 장비처럼 우리는 도원결의를 했다.

그 뒤부터, 강의가 끝나면 우리는 플라타너스 아래 벤치에 앉아 운동장에서 군사교육 받는 ROTC생들을 바라보면서 낄낄거리며 청춘의 열락과 평화를 즐겼다.

하늘은 날마다 높고 푸르고 나뭇잎은 언제나 싱싱했다. 우리는 고무공처럼 튀는 스무 살의 탄력에 열광했다. 우리는 몰려다녔고 사흘이 멀다 하고 다른 과 녀석들과 날달걀 내기 농구 시합을 했다. 진 쪽이 날달걀 열 개를 사면 모두가 하나씩 깨뜨려 마시는 내기였다. 진 쪽이 이긴 쪽에게 금 한 냥씩을 주는 내기도 있을 수 있겠지만 아무래도 그건 다음 세상에 태어나서 생각해볼 문제였다. 우리는 가난한 시절의 가난한 대학생들이었다.

누군가의 주머니에 100원(1962년에 화폐개혁이 있었다. 화폐단위는 환에서 원으로 바뀌었고 그 때 그 돈이 지금까지 유통되고 있다)이 있는 날이면 강의가 끝나기 무섭게 우리 네 명은 복사꽃 두어 그루 핀 단골 막걸리 집으로 우르르 몰려갔다.

막걸리 한 됫박에 15원, 오징어 두루치기 한 접시에 20원.

우리는 오징어 두루치기 두 접시에 한 되씩을 마셨다. 그러면 얼근했고 그러면 100원이었다.

1964년 학번이었으므로 우리는 자칭 '육사주당'이라 이름 짓고는 주거니 받거니 마시고 먹고 기울였다.

모여라, 육사 주당이여, 모여라, 주막으로.

청춘은 흐르네, 강물과 같이.

모여라 육사 주당이여.

복사꽃은 연분홍치마처럼 날리고 우리들의 3·4학년 시절은 취한 뺨처럼 타올라 도도히 흘러갔다.

1966년 1월 1일. 조선일보 신춘문예에 소설 '조부사망급래' 당선.

하루아침에 약관의 작가로 등장한 나는 그야말로 기고만장했다.

청춘은 아름다워라, 그렇게 대학시절은 끝났고 졸업한 그해, 1968년 4월, 나는 친구와 함께 논산의 연무대를 향해 떠났다.

꽃 피고 새 우는 봄. 그러나 황토바람이 풀풀 날리는 논산의 벌판은 황량한 느낌을 주었다.

나는 나 자신에게 하나의 캐치프레이즈로 최면을 걸었다.

'뭐든지 경험해 주겠다'.

뭐든지 겪어보리라. 뭐든지 느끼리라.

작가적 체험욕으로 나는 투지를 불태웠다.

그것은 장교의 길을 마다하고 졸병의 길을 선택한 합리화이기도 했다.

이제 와서 뭐 어쩌란 말인가, 나는 내 청춘의 한 페이지를 사랑하기로 굳게 다짐했다.

그러나 연무중학교 앞, 계백장군의 황토벌 무대는 을씨년스럽기만 했다.

어쩌구저쩌구 호들갑을 떨며 위로하던 친구 녀석들의 환송연도, 육사 주당들의 100원짜리 막걸리 파티도, 학창의 온갖 이벤트들도 어느새 오래된 농담처럼 까마득히 멀어져 갔다. 내 앞에는 '비린 도루묵국'을 먹어야 하는 1968년의 훈련소가 놓여있었다.

신병 훈련을 마치고 나는 대적선전대라는 특수부대로 배치되었다. 부대 이름 그대로 비무장지대 지피에 파견되어 대북방송을 하는 부대였다. 모든 부대원은 2급 비밀 취급인가자였다.

동부전선 GP에서 대북방송 하던 일이 생생하다.

"인민군 군관과 하사 전사 그리고 집단 농장원 여러분, 여기는 대한민국 자유의 소리, 국군의 방송입니다. 지금부터……"

파견근무 명령을 받고 비무장지대 그 드넓은 억새밭을 혼자 걸어가던 때의 기이한 공포와 고독이 생생하다.

대적선전대 3중대 소속으로 동부전선에 파견되어 대북방송을 하다가 나는 다시 중대본부 행정요원으로 명을 받았다. 그곳에서 나는 하나의 사건과 만났다.

국방일보의 전신인 전우신문에서 반공문예소설 공모가 있었다.

그런데 어쩌다가 내가 입대 이전에 이미 신춘문예 당선 작가라는 사실을 중대장이 알게 되었다. 중대장은 포상휴가를 조건으로 응모를 명령(?)했다. 이미 등단한 기성작가가 반공문예에 응모한다는 것이 꺼림칙했지만 나는 어쩔 수 없이 그 제의를 받아들였다. 휴가의 유혹도 유혹이었지만 나는 갑을의 을이었다.

한 사나흘 죽어라 써서 원고지 70장 분량으로 응모했는데 당선작은 없었고 내 작품이 가작으로 당선되었다. 제목은 '카키색'. 김동리 선생이 심사했는데 상금이 15000원이었다. 주간지였던 전우신문에 '카키색'은 두 달(?) 남짓 연재되었다.

문제는 그 다음이었다.

연재가 끝났는데도 시상식이 없었고 상금도 상장도 오지 않았다.

국방부 정훈국에 나는 서너 번에 걸쳐 엽서와 편지로 상금을 촉구했다. 그러나 끝내 소식은 오지 않았다.

내 계급은 일등병, 나는 더 이상 저항할(?) 수단을 찾지 못했다.

1969년의 15000원은 거금이었다. 건장한 청년 넷이서 오징어 두루치기 두 접시에 막걸리 한 되씩을 얼근하게 먹을 수 있는 돈이 100원이었다.

가만 있자, 그러니까 넷이서 150번은 취할 수 있는 돈이었다. 지금의 화폐가치로 따지면 족히 몇 백만 원은 될 것이다.

150번이라면 한 달에 네 번만 취한다고 치자. 그러면 한 3년은 얼근하게 취할 수 있을 것이다.

아깝다, '얼근했을 내 3년!' '얼근했을' 내 행복을 돌려다오.

지금이라도 청구하면 못 받은 상금을 수령할 수 있을까?

당선 사실은 묵은 전우신문을 증거물로 삼을 수 있겠지만 상금 수령 여부는 아마도 내가 입증해야 할 것이다. 그보다는 차라리 일제가 도둑질해 간 문화재의 수량을 파악하고 목록을 작성한 다음 도둑질의 과정과 증인을 추적하여 증거를 제시하고 연구하여 박사 학위를 받는 편이 더 쉬울 것이다.

액수가 짭짤했기에 아직도 속인의 욕심이 꿈틀거린다.

시상식과 상장은 왜 없었을까. 누가 중간에서 착복이라도 했을까?

35개월을 건너는 법은 오로지 묵언수행.

마지막 1년을 남기고 나는 대적선전대에서 포병대대 정훈병으로 전출되었다.

운명의 여신이 심술이라도 부렸단 말인가.

알고 보니 운명의 여신 같은 건 없었다. 엉터리 행정이 있었을 따름이었다.

군대의 전출은 시집을 다시 가는 것에 비유할 수 있다. 내가 2급 비밀 취급 부적격자라는 것이 전출 당한 이유였다. 왜 내가 갑자기 2급비밀 취급 부적격자가 되었을까?

이등병 시절에 부대에서 보낸 신원확인 조회가 주소 불명으로 되돌아왔다. 여전히 가난했던 우리집은 사글세집에서 살다가 내가 입대하자마자 가까운 곳의 사글세집으로 이사를 했고 우체부는 찾지 못했던 것이다.

부대는 내가 병장 진급을 코앞에 둘 때까지 두 번 다시 신원조회 따위는 하지도 않았다. 행정실은 '주소불명'을 '부적격'으로 처리했다.

사회에서부터 내 신원확인은 언제나 이상 없었다.

다시 한 번 확인해 달라. 그렇게 소청할 수도 없었다. 군대는 어차피 논리의 세계가 아니었다. 나는 갑을의 을이었다.

내 앞에는 낯설고 물 설은 포병부대로 가는 일만 기다리고 있었다.

낯선 부대로 시집 간 나는 낯선 부대에서 고참이면서도 일등병 같은 시집살이를 해야만 했다. 텃세에 시달린 세월, 왕따의 설움을 곱씹던 시간이 얼마였더라?

전출 간 포병대대에서 겪은 겨울훈련 일화 하나는 생각만 해도 어처구니가 없다.

겨울 종합훈련에서 나는 지뢰탐지병 임무를 받았다.

그런데 지뢰탐지기 같은 건 없었다.

긴 막대기 끝에다 사각형 나무판자를 매달고 그걸로 땅을 훑으며 지뢰탐지 시늉을 하라는 것이었다. 나는 지뢰탐지기를 본 일도 없었다.

병정놀이 같은 모의 지뢰탐지기에 작동법 따위가 있을 리 없었다.

내가 등장할 차례가 되었다.

나는 지뢰탐지기로 땅을 훑는 시늉을 했다. 그러자 중대장이 부리나케 달려오더니 냅다 내 따귀를 갈겼다. 탐지 속도가 빠르다는 것이다.

훈련 이틀째 날에 나는 따귀를 안 맞으려고 이번에는 탐지 속도를 늦추어 천천히 땅을 훑었다. 중대장이 또 부리나케 달려왔다.

이번엔 내 정강이를 사정없이 군홧발로 걷어찼다. 탐지 속도가 느려터지다는 것이다.

조인트를 아시나요? 그건 정강이를 군홧발로 까는 겁니다. 얼마나 아픈지 맞는 순간에 눈물이 자동으로 주르륵 흘러내립니다. 조인트는 더러운 아픔입니다.

제대한 지 사십 몇 년이 넘었는데 지금도 정강이가 아픈 것 같다.

'빠르면 빠르다고 따귀, 느리면 느리다고 조인트!'

내 눈물이 혼자 중얼거렸다.

어이, 중대장, 지뢰탐지 속도는 도대체 시속 몇 킬로야?

이런 국방의무의 일상사는 1969년쯤엔 비일비재했던 일기장 거리다.

2013년 3월, 국방장관 후보자가 말했다.

"군인의 자살은 다 개인적인 것이다."

아직도 이런 국방장관이 있다니. 오, 마이 갓!

전출의 탓은 모두 내 가난 탓이다. 사글세에서 사글세로 전전한 내 가난이 주소 불명이라는 원인을 제공했으니 그저 '내 탓이오'다.

그러나 나는 나에게 명령한 캐치프레이즈를 남몰래 가슴에 품고 지냈다.

오너라, 뭐든지 경험해 주겠다. 그건 내가 나에게 던진 젊음의 도전장이었다. 그러나 때로는 찢어내고 싶은 청춘의 페이지이기도 했다.

내 침묵은 날마다 깊어졌고 35개월 뒤에 나는 마침내 전역했다.

갑을의 을에서 나는 비로소 갑도 을도 아닌 '본래적 자아'로 돌아온 것이다.

청춘의 오줌은 삭제되지 않는다

말이 있지 아니한가. 천지지간 만물지중 유인최귀天地之間 萬物之中 唯人最貴라고.

빨간 상놈 푸른 양반, 하면서 등급 매기는 사회지만, 그래도 천지 만물 중에 오로지 사람이 가장 귀하다고.

그러나 군대에 오니 그게 아니었다. 사람이 귀하다는 건 비오는 날 맑다고 하는 기상오보였다.

팔도 사나이들이 모여들어서인지 온갖 군상群像들은 희한하고 발칙했다.

걸핏하면 흰소리, 검정소리, 연분홍 빤쓰소리 내지르는 수다꾼이 있는가 하면, 칼 차고 죽으나 주걱 차고 죽으나 죽기는 매일반이라며 큰 소리 치는 허풍쟁이도 있었다. 쇠똥에 미끄러져 개똥에 코 박는다더니 재수 없이 안 올 군대 오게 됐다고 한탄하는 녀석도 있었다. 눈썹만 뽑아도 똥 나올 놈 같은 겁쟁이도 있었고 미꾸라지국 먹고 용트림하는 사기꾼 같은 녀석도 있었다.

하여간 각양각색,

각양각색은 모여서 비정상적인 집단의식을 형성한다. 때로는 무모한 갈짓자 용기와 행동을 만들어내면서 히히덕거린다. 집단 히스테리를 보일 수도 있었고 집단 분노가 폭발할 수도 있었다. 전시라면 어떨까, 그런 생각에 섬뜩해질 때도 있었다.

여러 군데의 야외교장이 있었지만 B교장을 좋아하는 훈련병들의 애착은 이만저만이 아니었다. B교장으로 가기 위해서는 훈련소를 빠져나와 반드시 논산 읍내를 통과해야만 했다.

읍내.

듣기만 하여도 가슴이 울렁거리는 곳.

민간인들이 살고 있는 땅,

치마들이 걸어다니는 땅.

젖가슴들이 보조개 진 얼굴로 웃으며 다니는 땅.

뽀오얀 상아빛 종아리를 볼 수 있는 곳.

재수 좋으면 언뜻언뜻 비치는 짧은 치마의 허벅지를 보게 될지도 모르는 읍내.

그래서 읍내를 통과해야만 가게 되는 B교장은 훈련병들의 핑크빛 노정이었다.

제발 천천히 행군해서 읍내를 통과했으면.

조교가 악다구니를 쓰지 않아도 읍내를 통과할 때, 군가 제창소리는 하늘을 찔렀다. 그 쩌렁쩌렁한 군가 속에는 스무 살을 갓 넘은 사내들의 욕정이 배어 있었다. 듣기만 해도 군가는 언제나 끈적끈적했다.

승리의 깃발로 뒤덮인-아침
조국의 하늘은 맑게 피-었네
불-러라 강산을 진동할 노래
죽-음을 이기고 돌아온 용사

승리도 패배도 없는 '개선행진곡'이었다. 그런들 어떠랴. 개선행진곡 군가를 부르는 훈련병들의 눈동자는 눈사냥의 먹잇감을 찾아 쉴 새 없이 달그락거렸다.

어쩌다 조교가 선심을 써서 군가제창도 없이 행군을 시키면, 그때부터는 고삐 풀린 망아지처럼, 터진 봇물처럼, 훈병들은 기회를 놓칠세라 꽥꽥거렸다.

영자야, 삼년만 기다려!
영자야, 문 꼭꼭 걸어잠그고 자야 돼!

영자야, 오빠 여기있다!
영자야, 빤쓰라두 좀 부쳐줘!

대개의 여자들은 제주도 하루방처럼 들은 척도 하지 않았지만 그러나 이것은 훈련병들의 별미였다.

그러나 조교들은 더 이상 외설스런 짓거리를 허락하지 않았다.

"소대-앞엣 총! 뛰어 갓!"

행복은 찰나요 순간이요, 밤하늘의 말곳말곳한 별빛인 것. 훈병들은 야외교장을 향해 똥 나오게 뛰어야 했다.

멀리 북동쪽으로는 신라 오악五岳 중의 하나였다는 계룡산이 차령산맥의 정기를 타고 내려와 닭볏을 쓴 용의 형상으로 우뚝 솟았고, 가까이 남동쪽으로는 노령산맥의 기력을 받아 일어난 대둔산이 기암괴석의 병풍으로 솟았는데, 서쪽으로는 백제 부여의 눈물로 푸르러진 금강의 물자락이 휘돌아 황해로 치닫는다.

예가 바로 논산 벌판. 이 논산의 남쪽 한 귀퉁이에 자리잡은 연무대는 익산 완주를 훔쳐보며 앙증맞게도 신병 제조 공장인 논산대학(훈련소를 가리키는 은어)을 품에 안고 날마다 호령한다.

저승나라 명토의 흙빛인가, 황천 지하 축생도畜生道의 흙빛인가. 누렁이 개털 빛에 황토색을 머금다 못해 팥죽색까지 배어든 연무대 논산대학의 B야외교장.

유월을 앞둔 햇살은 결코 따스하다고 할 수 없다. 햇빛은 쉴 새 없이 눈을 찌르고, 염제의 성화를 받은 더위의 초병이 여기저기를 들쑤셔 황토벌 땅 밑에서는 지열이 푹푹 뻗쳐오른다. B야외교장은 구릉을 깎아 만든 훈련장이었다.

'계절의 여왕 오월'이란 말은 이 황토벌 교장에서는 미친놈의 잠꼬대에 지나지 않는다. 그것은, 살랑거리는 바람에 장미꽃 향내가 달콤하게 코끝을 스칠 때, 사랑하는 이의 손을 잡고 가슴 두근거리며 나누는 시정詩情일 뿐, 온몸이 온통 땀으로 범벅이 되고 얼굴이 소금기로 허옇게 얼룩진, 황토벌 교장에서의 훈련병들에게는 얼토당토 않은 넋두리였다.

폭염의 계절인 칠팔월에는 일사병으로 쓰러질 것을 두려워한 나머지 오히려 혹독한 훈련에 인정을 두기도 한다. 예컨대 훈련의 양보다는 질에 더 치중한다는 식이어서 훈련병들은 때때로 생각지도 않은 휴식시간을 가질 수도 있었고, 점심 후에 주는 낮잠 시간을 황홀히 즐길 수도 있었다.

그러나 논산대학에서, 오월은 가장 잔인한 달이었다. 훈련병들을 황토의 땅에서 가쁜 숨으로 기게 하며, 추억과 욕망을 깡그리 살라버리게 한다. 조교의 호각소리와 욕설은 짐승의 본능을 일깨운다.

훈련의 적기라는 바로 그 점 때문에 어느 때보다도 강도 높은 훈련일 수밖에 없었고 그래서 시커멓고 누런 훈련병들은 하나같이 파김치 꼴이었다.

오전 세 시간째의 훈련이 끝났다. 소대별로 이열 종대의 사총을 끝내자 훈련병들은 흐느적흐느적 아카시아 나무의 그늘을 찾아들었다.

십분간 휴식.

얼마나 소중한 자유의 시간인가. 목련꽃 그늘 아래에서 벨텔의 시를 읽노라. 엿 먹어라.

나는 무엇보다도 부리나케 화랑담배를 꺼내 꼬나물었다. 십분 휴식의 첫 동작은 언제나 담배를 꺼내는 게 버릇처럼 되고 말았다. 대학 4학년 초봄 무렵에 비로소 첫 담배를 샀던 내가 …… 늦게 배운 도둑질 날 새는 줄 모른다고 훈련소에 들어와 어느새 골초가 된 자신을 불현듯 발견하고 나는 서글펐다. 국가가 나에게 흡연의 중독을 가르치다니.

성냥갑엔 성냥개비가 달랑 세 개비뿐이었다. 땀에 젖었는지 눅눅한 게 심상치가 않았다. 아니나 다를까, 켜대기가 무섭게 골이 떨어져 나갔다. 나는 마지막 한 개비를 꺼내어 조심스럽게, 그야말로 기도하는 마음으로 켜댔다. 이것마저 안 켜지는 날엔 무거운 몸을 일으켜 불씨를 얻으러 가야 한다.

그냥 앉아 있고 싶다. 움직인다는 것은 정말 싫다. 발가락 하나조차도 꼼지락거리고 싶지 않다.

성냥갑을 버릴까 하다가, 나는 타버린 성냥개비까지 넣은 다음 도로 주머니에 간직했다. 성냥개비를 몇 개 얻을 수만 있다면 아직은 더 요긴하게 쓸 수 있으리라는 생각에서였다.

교장의 가장자리 서쪽 켠에, 조금은 더 기름진 아카시아나무 그늘이 있었지만 나는 굳이 자리를 옮기지 않고 그곳에 눌러 앉아 담배연기를 깊숙이 한 모금 들이마셨다.

흡연은 담배와 나누는 대화다.

사람은 성가신 존재다. 사람이 아닌 훈병들과 나누는 대화는 공소할 따름이다. 열 걸음쯤 떨어진 맞은 바래기쪽에 훈련병들이 바글바글 모여들어 담배를 피우고 있었다. 그쪽의 그늘은 훨씬 기름져 보였다.

수백 명이 일제히 피워대며 뿜어내는 연기는 장관이었다. 푸르스름한 연기가 하늘을 덮을 듯이 안개처럼 퍼지고 있었다. 그들은 미친 듯이 피우고 있었다.

콧구멍이 노오래질 때까지, 연기에 굶주린 성난 굴뚝처럼 그들은 피워댔다.

갑자기 훈련병들이 웅성거리기 시작했다.

나도 무심결에 훈련병들의 시선을 따라 교장의 밑으로 떨어져 뻗은 길에 시선을 주었다.

교장의 서쪽 허리둘레를 따라 비스듬히 경사진 10m쯤의 아래

켠으로, 길이 뻗고 있었는데, 여느 때라면 개미새끼 한 마리도 얼씬거리지 않는 죽은 길에, 웬 여자 하나가 나타난 것이었다.

민간인 왕래가 금지된 길인가 보다. 나는 막연히 그런 생각을 품고 있었다. 훈련장 근처니까, 군사비밀보호구역일 것이고, 그렇다면 저 길은, 오솔길처럼 한적한 자유의 길은 아닐 것이다. 그걸 증명이라도 하는 듯이 지금껏 이 길에선 사람 구경을 할 수 없었던 것이다.

훈련병들이 웅성거리는 건 천 번 만 번 지당했다.

여자라니! 훈련장 근처에 여자라니!

여자라도 보통여자가 아니었다. 아주 젊은 여자였다, 스물 너댓 살 정도의.

젊은 여자라도 보통의 젊은 여자가 아니었다. 하얀 블라우스를 받쳐 입은, 연초록 투피스 양장 차림에 뾰쪽구두까지 신은 아가씨 여자였다. 촌티 나는 여자가 아니었다. 얼굴도 반반해 보였다.

게다가 영화의 주인공처럼 엉덩이를 흔들며 걷고 있었다. 얼핏 마릴린 먼로처럼 흔들며 가고 있었다.

둥글둥글 축구공처럼 굴러만 가도 눈이 부실 지경인데 씨암탉 걸음처럼, 명매기 걸음처럼, 월나라 서시의 걸음처럼, 이몽룡 홀리던 춘향이 걸음처럼 걸어가고 있으니 훈련병들이 웅성거리는 건 지당했다.

여자는 간덩이가 부었는지 쓸개가 빠졌는지 외눈 하나 까딱 않고 천연덕스레 천천히, 오월의 햇살이 감미롭군요, 하는 표정으로 걷고 있었다.

기가 찰 노릇이었다. 실로 뇌쇄적인 치마의 출현이었다.

굶주려 퀭하게 구멍 뚫린 눈에 이런 안복眼福이 어디에 있겠는가!

읍내를 통과하면서 얼핏얼핏 허겁지겁 눈 속에 담았던 치마와는 경우가 달랐다.

외떨어진 훈련장, 태양만이 있는 호젓한 곳에서의 상면인 것이다.

웅성거림이 갑자기 굶주린 들개들의 부르짖음으로 변했다.

부르짖음은 곧이어 욕으로 바뀌었다. 욕은 곧이어 음란한 야유로 둔갑했다.

읍내를 통과하면서 뱉었던 음담패설에는 사실상 금기의 제한선이 있었다. 수많은 민간인들의 귀와 눈을 의식해야 했기 때문에 조교들이 통제하지 않아도 거기에는 훈련병들이 뛰어넘을 수 없는 상한선이 있었다.

그러나 읍내가 아니었다. 심심산골, 거울처럼 맑은 물가에서 목욕하는 선녀를 나무꾼이 만난 격이요, 첩첩 산속 후미진 계곡에서, 오줌 누는 벙어리 숫색시와 맞닥뜨린 셈이었다.

누가 이 귀여운 치마를 두려워하랴!

훈련병들의 상소리는 소나기처럼, 우박처럼 쏟아졌다.

그들의 상소리는 귀에 담기 힘들게 지독했고, 입을 데일 듯이 뜨거웠고, 혓바닥에 올리기 어렵게 끈적끈적했다. 그러나 여자는 더 지독했다.

고개를 들어 흘깃 훈련병들을 올려다보더니 싱긋 웃어 보이기까지 하는 것이 아닌가, 그러자 그 웃음이 도화선이 되었는지 경악할 만한 일이 일어났다.

여자를 향해서 훈련병들은 돌팔매질처럼 잡소리를 날려보냈다. 여자의 입술을 겨냥하고, 젖가슴을 노려보면서, 엉덩이에 시선을 꽂으며, 여자의 다리가 교차될 때마다 휘파람에 비명에 신음을 보탰다.

아이고, 엄니 나 죽어,

애원하고, 토하고 홀레 붙는 개처럼, 헐떡거리는 수백 사내들의 모습은 개차반에 난장판에 아수라장이었다.

나는 그러는 훈련병들의 꼴을 물끄러미 바라보았다. 구태여 그들을 비난까지 하고 싶지는 않았지만, 그들과 더불어 수컷의 발작을 일으키고 싶지는 않았다.

사람은 짐승이 아니다. 짐승과는 다른 지향이 있기에 사람인 것이다.

얼음처럼 차가워지고 싶다. 그것만이 나의 유일한 권리일지도 모른다. 비웃지 말라, 나를.

내버려두면 누군가가 뛰어 내려가 덮치기라도 할 것 같은 지랄발광이었다.

상소리는 상소리였지만 상소리가 아니었고, 욕은 욕이었지만 욕이 아니었다. 상소리는 바로 하나의 절규였고, 욕은 차라리 통곡이었고 몸부림이었고 발악이었다. 그것은 사내들의 지랄이 아니라 단말마였다

나는 휴식시간 십 분이 이미 지났다는 것을 깨달았다. 어쩐 일인지 조교는 집합의 호루라기를 불지 않고 있었다.

이유는 두 가지쯤 되리라.

생각으로 여자를 자빠뜨리고 발가벗기고, 말씀으로 겁탈하는 훈련병들의 욕망에 대해서 돈 안 드는 선심을 쓰겠다는 것과 조교 역시 피 끓는 늑대였기 때문에 훈련병들과 더불어 한 때의 쾌감을 나

누어 가지겠다는 것이리라.

흘끔흘끔 교관 쪽을 바라보면서 조교들도 묵인하는 태도를 보였다. 여자가 보낸 당돌한 웃음, 조교의 묵인, 그 두 가지가 걸작의 연출에 마침내 불을 댕겼다.

놀라지 마시라! 너댓 명의 훈련병이 느닷없이 바지를 끌어내렸다.

그들은 여자를 향하여 사나이의 '큰 뜻'을 꺼내 손에다 받쳐 들고 또 어떤 놈은 움켜잡고, 또 어떤 놈은 숫제 쥐지도 않은 채 냅다 오줌을 갈기기 시작했던 것이다.

겨레의 늠름한 아들로 태어나
조국을 지키는 보람찬 길에서
우리는 젊음을 함께 사르며
깨끗이 피고 질 무궁화꽃이다.

군가 「전우」

그러나 그건 아무것도 아니었다. 더 놀라지 마시라. 제발 놀라지 마시라.

너댓 명의 사내들이 여자를 겨냥하고 오줌을 갈기면서 소리소리 지르자 그 말씀과 행위가 열병처럼 흑사병처럼 퍼져나갔다.

누가 시킨 것도 아닌데, 아카시아 그늘 밑에서 서성거리며 안달이던 훈련병들이 약속이라도 한 것처럼 일제히 바지를 내리는 게 아닌가!

군대에선 뭐든지 남보다 늦으면 고문관이다.

군대에선 뭐든지 빨랑빨랑 찾아먹는 게 장땡이다.

느덜만 싸냐, 우리도 싸자.

앉아있는 훈련병들은 손가락으로 헤아릴 정도였다. 여자가 나타남과 동시에 그들은 어느 틈에 용수철처럼 튀어 일어나 있었다.

너댓 명의 돌연한 행동은 눈 깜짝할 사이에 수백 명의 수컷들을 달아오르게 하고 격분시켰다.

훈련병이 수백이니 그것도 수백 개.

수백 마리의 수컷이 암컷 하나를 조준하고 갈겨대는, 오줌 갈기기의 경연은 장엄하고도 감동적(?)인 것이었다. 시커멓고 꼿꼿한 '큰뜻'을 움켜쥐고 흔들며, 그들은 벌떼처럼 웅웅거리며 오줌사격을 했다.

날아가는 포물선. 뻗어가는 오줌줄기.

흰 줄기, 누런 줄기, 줄기 그리고 줄기.

시커먼 '큰뜻', 수줍은 '큰뜻'.

용사의 '큰뜻', 짐승의 '큰뜻', 어쩌다 더러는 '작은 뜻'.

어쩌다 더러는 겸연쩍은 뜻.

포물선, 줄기, 줄기들.

수백 마리의 굶주린 늑대, 하이에나들에게 지어 보낸 여자의 웃음. 그것은 스스로의 잠자는 용기를 불러 일으켜, 스스럼없이 늑대들의 앞을 지나고자 무심코 저지른 실수였다.

그러나 비로소 암컷은 알았다. 우리에 갇힌 짐승이라 할지라도 그의 야성을 쓸데없이 집적거리는 행동이 얼마나 위험한 것인가를!

여자도 본능적으로 사태의 심각성을 간파한 모양이었다. 대담한

체, 다시 한 번 흘깃 눈길을 주었던 여자는 비로소 어마 뜨거라, 다리야 날 살려라, 엉덩이에서 가야금 소리가 날듯 싶게 바삐걸음으로 멀어져 갔다. 우아한 걸음걸이고 나발이고가 없었다.

허무하게 사라져 가는 노리갯감을 보면서 훈련병들은 수컷의 '큰뜻'을 툭툭 털고는 하나씩 둘씩 오줌줄기를 거두어 들였다.

가물가물. 여자는 마침내 가물가물해졌다.

조교의 호루라기 소리가 귀청을 찢을 듯 울렸다. 휴식시간이 끝난 것이다.

박제의 독수리를 보면서 용맹스럽다고 느끼는 감각 이상의 무지無知 같기도 하고 모조품 과일을 보면서 먹음직스럽다고 느끼는 불구不具의 눈초리 같기도 했다.

한창 때의 젊음이 보이는 자연스러운 성적충동, 그렇게 긍정적으로 생각할 수도 있었지만 군대가 아니고 회사원들의 연수교육이었거나 대학생들의 MT였다면 어찌 분수 쇼 같은 오줌줄기가 연출되었으랴.

나는 감동적(?)인 오줌줄기를 클릭하여 저장했다.

내 청춘의 USB에 저장된 오줌줄기 동영상

나는 생각한다. 나는 35개월 동안 군인이었다.

육사에도 여군 생도가 생겼다. 그러자 육사 안마당에서도 여군 생도 성폭행 사건이 터졌다. 청춘의 성 욕구는 바이러스처럼 잠복

해 있다가 조건만 형성되면 터지는 충동폭탄이다.

21세기의 대한민국 병영은 청춘의 성 문제를 어떻게 풀고 있을까?

여기는 군대다. 참어, 이 새끼야. 못 참겠으면 하수구에다 싸든지.

50년 전엔 그랬는데 지금도 그러려나?

2012년 기준, 3일에 한 명 꼴로 군 내 사망사고가 발생한다. 이들 중 상당수가 군 생활 부적응 등을 이유로 자살했다는데 합리적 의심을 품을 수 있는 사망 사고도 있다. 이들의 죽음을 '군 의문사'라고 한다. 부모는 10년이 넘어도 자식의 사인을 밝히고 명예를 회복하고자 애가 탄다.

엄정한 통제의 조직체, 군에서 '의문사'가 발생한다는 것은 심각한 문제다. 죽음의 원인을 감추지 않는다면 '의문사'는 없다. 젊은 이들의 아픔을 어미처럼 보듬는, 제도적 시스템이 필요하다. 군대는 청춘의 무덤이 아니다.

부모가 주신 몸, 온전히 간직하여 아무 탈 없이 제대한 청춘들이여, 그대들은 축하를 받을 자격이 있다. 축하합니다.

'쇼생크 탈출'은 일곱 번을 봐야 자유가 보인다

나는, 작은 도랑이었다.

흐르다가 흐르다가 지금은 제법 깊이도 줄기도 실한 강이다. 이제 눈앞에 바다가 보인다.

아주 작은 도랑으로, 옹알이처럼 흐르고 있던 시절에 나는 때때로 미군의 지프차를 보았다. 왜 그것이 나타났는지도 모르고 그저 보이기 때문에 보았다. 지프차가 보이면, 미군의 군용트럭이 보이기만 하면 나는, 우리는 뒤를 따라가며 외쳐댔다.

"헬로, 기브 미 쪼꼴렛."

매번 그랬던 것은 아니지만, 더러는 그들이 낄낄대며 조롱처럼 던진 뭔가가 우리들 앞에 날아와 떨어졌다.

도대체 누가 '기브 미'라는 말을 우리에게 가르쳐주었을까? 저 지프차는 어디에서 왔으며 왜 온 것일까? 까닭도 몰랐지만 "헬로, 기브 미 쪼꼴렛." 이라고 외치면 더러 먹을 것이 생겼기 때문에 나는 흘러가면서 '외치는 도랑'이 되었다.

'기브 미'는 낯선 타인에게 생존을 구걸하는 말이다.

우리는 애원의 표정과 몸짓으로 “헬로, 기브 미 쪼꼴렛”을 입에 달고 살았다.

그리하여 1950년대 초, 우리는 스스로 ‘쪼꼴렛’을 구걸하는 풍경이 되었다.

가난한 아프리카나 동남아에 가면 조그만 소년들이 한국인 관광객을 보고 외칠 것이다.

“기브 미 원 달러!”

제발 ‘원 달러’를 던지듯이 주지 말라. 그들은 거지가 아니다. 그 소년들도 곧 어른이 될 것이다. 그 소년은 네가 원 달러를 ‘어떻게’ 주었는지 기억할 것이다. 그 기억 속에서 당신이 어떤 존재로 나타날 것인가를 상상하라.

어렸을 때 먹은 초콜릿 한 조각, 바둑껌 한 개. 그 한 조각과 그 한 개는 오랫동안 내 기억을 지배했다.

달콤한 초코릿을 날마다 먹는 애들은 얼마나 행복할까?

이런 걸 만들어내는 나라는 동화 속의 낙원일 것이다.

그 나라에는 자유와 평화, 달콤한 만족 같은 것으로 가득차 있을 것이다. 배불리 먹은 사람들은 날마다 행복하게 웃고 다닐 것이다.

터무니없는 생각으로 가득차서 나는, 어린 도랑은, 졸졸졸 흘러갔다.

“기브 미 쪼꼴렛” 하고 외치자 군용트럭을 타고 가던 미군이 뭔가를 던져줬다. 아이들은 우르르 날쌔게, 그것을 향해 달려가 먼저 집으려고 굶주린 개처럼 으르렁거렸다.

결코 '쪼꼴렛'의 시절을 그리워하는 것이 아니다. 그때 너는, 아무렇지도 않았니? 하고 묻고 싶은 것이다. 내 대답은 뻔하다. "사실은, 부끄러웠어. 그래서 주뼛거리기 일쑤였지."

중고다리에서 한 번은 얻어먹고 한 번은 돈 내고 사먹은 꿀꿀이죽.

꿀꿀이죽에는 휴지뭉치가 들어있었다. 담배꽁초도 들어있었고 성냥개비도 들어있었다. 걸레쪼가리도 들어있었고 통조림 따개도 들어있었다. 한두 장의 휴지였다면 녹아버려서 알지도 못했겠지만 휴지 덩어리는 결국 씹다가 내 혀끝에 걸려들고 말았다. 퉤퉤, 대체 이게 뭐지?.

괜찮아 괜찮아, 팔팔 끓였으니까 괜찮아.

꿀꿀이죽을 팔던 아주머니는 연신 그런 말을 뱉으면서 국자로 휘저어 그런 것들을 건져내곤 했다.

그 신비스런, 정체불명의 꿀꿀이죽, 그 오묘한 맛에 홀려 나는 더 이상 뭘 생각할 겨를도 없이 퍼먹었다.

꿀꿀이죽은, 미군들이 우리에게 주려고 남긴 음식이 아니다. 그건 그들이 버린 음식물 쓰레기였다. 그 안에 먹지 못할 것이 들어있다고 불평할 이유는 성립될 수 없다.

세월이 흘러 꿀꿀이죽의 정체를 알았을 때, 휴지덩어리와 걸레쪼가리와 통조림 따개가 떠올랐을 때 다 큰 한국 어른의 자의식이

신음할 것을 누가 예측할 수 있었으랴.

나는 창피하다는 느낌을 어렴풋이 느끼면서도 끝내 먹는 것에 굴복한, 나 자신을 경멸해야 했다.

꿀꿀이죽은, 과연, 내가 먹어야 할 것이었을까?

아무리 어린애였어도 걸레쪼가리나 휴지뭉치를 발견했다면 먹지 말아야 했는데.

왜, 휴지뭉치와 걸레쪼가리와 담배꽁초 같은 게 들어 있었을까?

그런 건 알려고 하지도 않았다. 알았어도 배가 고팠으니까 먹었을 것이다.

지금껏 한 번도 먹어보지 못했던, 이 낯선, 꿀꿀이죽은 어디에서 온 것일까, 그런 의문도 미처 품지 못했다.

우리는 미국영화를 보려고 환장했고 몸살을 앓았다.

누가 잉그리드 버그만을 사랑하지 않았으랴.

누가 오드리 헵번을 사랑하지 않았으랴.

난, 헵번을 사랑하지 않아, 그렇게 거짓말한 청년은 '진실의 입'에 손을 넣었다가 잘리는 꿈을 꾸었으리라.

뚱녀 양귀비는 몰라도 청춘의 잠꼬대는 밤마다 제니퍼 존스를 찾았으리라.

알란 래드의 '세인', 그 속사速射에 빠졌던 아이들은 집에 돌아와서 몇 번씩이나 총 뽑는 연습을 했다.

나는 마지막 장면의 조이처럼 외쳤다. "세인, 컴백 투 미!"

그러나 세인은 내 말을 듣지 않고 외칠 때마다 황혼이 물드는

와이오밍 고원의 지평선으로 사라져갔다.

누가 게리 쿠퍼의 고독을 좋아하지 않았으랴.

누가 마카로니 웨스턴, 스파게티 웨스턴 한두 편쯤 안 보았으랴.

중학교 시절에 우리는 누가 가장 빠른 속사의 총잡이인지 티격태격했다.

게리 쿠퍼다. 아니다, 알란 래드다.

알란 래드를 '아란 라뜨'라고 발음하면서 열을 냈는데 누군가가 말했다. '알란 래드'가 총을 뽑는 속도는 '세인'에서 0.3초였어. 게리 쿠퍼는 0.4초야. 그렇게 들이대자 아얏 소리 못하고 우리는 '0.3초'에 승복하고 말았다.

나중에 나는 0.3초를 주장한 녀석의 버릇을 발견했다. 그는 언제나 그런 식으로 말하곤 했다. 어제 공설운동장에 사람 많이 왔더라. 1만 8천 627명이나 왔어. 그 순간, 나는 그 녀석을 언젠가는 고발해야겠다고 결심했다.

낮12시, 하이 눈을 향해 가는 시곗바늘.

백주의 햇볕 아래, 홀로 서있는 게리 쿠퍼의 직립이 떠오른다.

술 달린 갈색 가죽옷, 우수에 젖은 알란 래드도 떠오른다.

그래, 중학교 3학년 중간시험을 하루 앞두고 두 편 '동시상영' 서부영화를 본 적도 있었지, 그래, 영화에 미쳤던, 그런 황금시절(?)이 있었어.

연상의 여인 오드리 헵번과 아이스크림을 먹으며 트레비 분수를 바라보곤 했는데, 베네치아 광장에서 손을 잡고 뛰기도 했는데, 그녀가 죽었다는 소식이 들려왔을 때 나는 그녀의 시대가 가고 마침내 우리들의 세대가 죽음을 앞두고 있다는 사실을 알았다.

우리는 아무것도 모른 채 인디언을 증오했고, 인디언을 죽이는 서부의 기병대들이 나타날 때마다 손뼉을 쳤다.

물질문명의 침입에 맞서, 삶의 터전을 지키려는, 인디언의 저항에 숨겨진 눈물을 알지도 못한 채, 나는 어디로 가는지도 모르고 흘러가는 냇물이었다.

미국영화가 있었기 때문에 우리는 미국을 보았다. 프랑스 영화나 제3세계의 영화가 있었다면 프랑스도 제3세계도 보았을 것이다.

도대체 왜 그렇게 인디언을 미워했을까. 미국영화를 보았으니까 인디언을 미워할 수밖에 없었다. 뭔가로 잔뜩 치장한 인디언들의 얼굴은 유치하고 미개한 원시인 같았다.

인디언을 상대하는 기병대의 패션은 세련되고 우월했다.

그 무렵 우리는 예쁜 여자를 사랑하는 나이에 접어들었기 때문에 어쩔 수 없이 또 미국영화 속에서 예쁜 여자를 찾았다. 오드리 헵번과 제니퍼 존스가 보였기 때문에 나는 사랑할 수밖에 없었다. 아참, 잉그리드 버그만도 있었다.

대학시절 그때, '황야의 무법자' 클린트 이스트우드는 나를 흐느적거리게 했다.

미국과 멕시코의 경계, 황야의 썰렁한 마을. 그런 마을에 나타난 한 사나이.

그의 허리에 꽂힌, 고독한 총 한 자루가 내 청년의 시간과 심장을 멎게 했다.

서부영화를 좋아했지만 클린트 이스트우드는 특별했다.

짧은 시가가 타들어가는 순간, 나는, 언제나 숨을 죽였다.

나는 나를 비웃었다. 도대체 너는, 왜 그렇게 어리석었던 것인가?

대학생이 되어서도 서부영화의 함정에 빠져 있었던 건가?

그래, 인정한다. 서부영화는 미국의 신화다. 그건 미국 성립의 합리화였다.

선과 악에 대해서 좀더 알려는 치열한 노력이 있어야 했다. 그러나 나는 천하를 주유하며 뭔가를 펼치려는 공자가 아니었다. 나는 그저 갑남을녀의 필부에 지나지 않았다.

나는, 나도 모르게 그만, 마카로니 웨스턴이 주는 색다른 감각에 다시 빠져든 샛강이었다.

인류 역사의 적당한 시점에는 언제나 강자가 나타났다. 강자는 나타나기가 무섭게 약자의 터전을 침탈하고 지배했다. 강자는 언제나 그들의 정치적 패션감각으로 세계를 디자인하려고 한다. 디자인 논리를 적자생존 같은 이론으로 포장하든, 평화와 상생과 같은 명분을 내세우든, 세계질서의 유지 원칙은 이긴 자가 곧 정의라는 논리였다.

그들은 착한 사람과 착한 땅을 지배했다.

인디언의 생존과 자유는 어디로 갔단 말인가. 아프리카는 왜 어느 날 갑자기 굶주리는 땅으로 변했는가? 그대로 두었더라면 원시적이든 반문명적이든 그들은 그들의 방식대로 살았을 것이다.

강자가 꿈꾸는 지구지배 디자인 프로젝트 과정에서 전쟁도 일어나고 꿀꿀이죽도 나타난다.

그들의 정치적 패션에는 세련된 방식이 필요한 나머지 끝내는 문화적 패션이 끼어든다. 그 문화적 패션 안에 서부영화도 있었고 예쁜 제니퍼 존스도 있었다.

사랑의 방식마저도 알게 모르게 그들의 패션으로 바뀌었다. 점순이와 나누는 김유정의 '동백꽃 사랑'은 어느 새 촌스럽기만 했다. 토종 정서 폄하 경향도 나타난다.

바라만 보고 두근거릴 게 뭐냐. 어서 빨리 팔짱에 발짱까지 껴라. 입 맞추고 싶으면 남이 보든 말든 무에 문제냐. 백주 대낮 공원에서 립스틱 쪽쪽 빨아먹는다고 누가 뭐랄 거냐.

인류사의 흐름으로 보면 유년시절의 전쟁과 가난은 우리도 모르는 사이에 강자와 지배자들이 만들어낸 정치적 디자인의 퍼즐조각 하나에 지나지 않았다.

김아무개는 한 잔의 술을 사랑했고 두 잔째의 술을 공경했고 석 잔째의 술에 베르렌느를 노래했다. 밤새 통음해도 그는 몸가짐을 흐트러뜨린 일이 없었다. 그는 내 직장 동료였다. 그의 술 눈짓을 나는 일찍이 외면한 바 없었다.

1970년대의 어느 날, 전국에 단발령이 내렸다. 그때부터 그는 전전전긍긍긍하기 시작했다.

대머리의 조짐 때문에 장발이었던 그는 대머리의 미래를 극도로 두려워했다. 장발이 유행이긴 했지만 그의 머리칼은 시대적 유행과 야합한 게 아니라는 것을 알 만한 사람은 아는 터였다.

그는 집 근처에 있는 파출소에서 적발될 것을 염려한 나머지 언제나 택시를 타고 파출소 앞을 통과했다. 그럭저럭 그는 용케 장발 단속을 피해 다녔다. 운 좋게 예비군 훈련의 조교도 그의 장발을 눈감아 주었다. 그러나 그의 장발은 거기까지였다. 지나던 지프차에 탔던, 장군의 명령 한 마디에 그는 볼품없이 머리털을 깎였다.

머리털을 깎인 그의 풍모는 신사답지도 않았다. 시를 사랑하는 품격도 온 데 간 데 없었다. 그날 밤 그는 대취해서 몸도 가누지 못하고 무너진 모습을 보였다.

그해 겨울, 나는 그와 다시 밤늦도록 술을 마셨다.

"이민 절차도 끝났어. 이젠, 미국행 여권을 가지고 비행기 탈 일만 남았지."

그는 악몽에 시달린 사람처럼 말했다.

그 친구를 생각하면서 새삼 자문자답했다.

미국은 낙원인가? 아니, 낙원은 없다.

그는 부자유의 한국에서 탈출하고 싶었던 거다. 미국엔 자유가 있으리라고 생각한 것이다.

몇 년에 한 번씩 올 때마다 친구와 어울려 노닥거리며 마시는 한국식 음주가 그리워 그는 술만 퍼먹고 갔다.

술 좋아하는 그가 말했다. 미국에서, 머리는 마음대로 기를 수 있어.

로마의 휴일에서 앤 공주였던 오드리 헵번.

아프리카의 가난을 순례하고 봉사하며 생을 마감한 헵번.

그녀의 노년은 문명국들이 저지른 죄를 꾸짖는, 그녀의 성찰이었을 것이다.

오드리 헵번을 보내고 게리 쿠퍼도 보냈다 제니퍼 존스도 갔다.

1980년대가 되어 '사진과 사회'(1978. 홍성사. 성완경 역)라는 책을 읽은 일이 있다. 그때 나는 내가 얼마나 무지無知한 존재인지를 알고 오래도록 부끄러워했다.

아아, 그런 것이었구나.

나는 읽고 나서 절했다. 고맙습니다, 지젤 프로인트씨.

지은이는 지젤 프로인트.

나치의 탄압을 피해 프랑스로 망명한 여성 사회학자이자 사진가이다.

'사진과 사회'에 나오는 대목을 일부 간추려서 인용하겠다.

이 정도는 알아야 저승에서 염마대왕을 만나더라도 최소한의 지적 대화를 나눌 수 있을 것이다.

『어떤 사진을, 처음에 의도했던 본래의 보도정신과는 달리 정치적 도구로 이용하는 것은 이제는 상투적이고도 고전적인 방법이라고 할 수 있다.

독재자가(또는 정부가) 마음만 먹는다면 사진을 잘 활용하여 여론을 조작할 수도 있고 온 나라의 사회적 분위기를 얼마든지 뜻대로 연출할 수도 있다.

사진과 그에 따르는 제목, 덧붙이는 사진설명은 독자의 잠재의식 속으로 집요하게 파고든다. 웬만한 독자들은 사진 하나가 자신의 생각을 지배한다는 사실을 깨닫지도 못하는 그만큼 이미 사진과 그 제목의 포로가 되었다고 할 수 있다.

20세기에 들어오면서부터 수많은 나라의 독재자와 통치자들은 사진에 입맛을 다시기 시작했는데 텔레비전 화면의 영상까지 등장하고 보니 독재자들로서는 덩실덩실 춤이라도 추어야 할 세상이 되었다.

소련이 헝가리를 침공했을 때 야노스카다르라는 사람이 찍은 사진을 보면 '정치적 도구로서의 사진'이란 의미를 실감할 수 있을 것이다.

소련의 탱크를 향해 두 사람의 헝가리 젊은이가 힘껏 팔을 휘두르는 사진. 이 사진 밑에는 당연히 사진 설명이 붙어야 하는데 어떤 설명을 붙이느냐에 따라서 사진의 효과는 전혀 다른 두 가지로 나타난다.

첫 번째 설명. '소련 군대의 유혈 진압에도 불구하고 헝가리 젊은이는 노예보다는 차라리 죽음을! 하고 외치며 투쟁을 계속하고 있다.'

두 번째 설명. '정부의 호소에도 불구하고 광신적인 혁명 분자들은 무기 버릴 것을 거부하고 가망 없는 투쟁을 계속하고 있다.'

만약에 첫 번째 설명을 사진에 붙인다면, 소련은 마땅히 무자비한 살육자가 되며 헝가리의 두 젊은이는 의로운 민족정신의 열사가 될 것이다.

만약에 두 번째 설명을 사진에 붙인다면, 두 젊은이는 말할 것도 없이 나라를 뒤엎으려는 극렬분자로 낙인찍힐 것이다.

군복무가 의무적이 아닌 캐나다는 젊은 남녀들을 군대에 끌어드리기 위해서 50년대에 대대적인 광고 선전을 한 일이 있었다.

그들은 교묘한 선전표어를 만들어냈다.

"군대에 들어오십시오. 당신은 여러 나라를 보게 될 것입니다."

이 표어는 군복무가 마치 하나의 관광여행이 되기라도 하는 듯한 느낌을 젊은이들에게 주었다. 지독하게 말한다면 군복무의 본질을 왜곡한 속임수나 마찬가지였다.

그들은 '해외의 여공군'이란 제목으로 사진을 곁들인 르포기사를 위큰드라는 신문계열 소속의 잡지에 실었는데 대체로 이런 식이었다.

그들은 먼저 서독에 주둔하고 있는 캐나다 공군 기지에서 소니아 니콜이라는 멋진 여공군을 찾아냈다. 소니아는 사진이 썩 잘 받는, 푸른 눈의 금발미인이었다.

소니아를 모델로 해서 사진기자들은 여러 장의 다양한 사진을 찍었다.

어떤 부인의 아파트에서 그 부인의 아기를 안고 있는 소니아. 동료들과 함께 맥주를 마시는 소니아. 수영을 하고 농구를 하는 소니아. 시골길에서 산책을 하는 소니아. 농부들의 생활을 연구하는 소니아.

모두 흑백사진이었는데 한 장만은 화려한 천연색 사진이었다. 그것은 소형 화물차에 앉아 있는 한 젊은 남자병사와 소니아가 이야기를 나누는 모습이었는데 사진 설명이 있었다.

'병기를 활주로에 운반하고 있는 피터 콜리버(스트릿빌 몬테리오 출신)와 함께'

이 사진과 사진 설명은 젊은이들이 군에서 멋진 애인을 만날 수 있다는 강력한 암시를 줄 뿐더러 또 감상적인 꿈을 꾸도록 자극하는 것이었다. 게다가 표지의 천연색 사진은 푸른 하늘을 배경으로 군복을 입은 소니아가 매혹적인 미소를 지으며 군대식 경례를 하는 모습이었다.

기사의 내용은 대략 이러했다.

소니아는 20세, 버위크 출생인데 입대하기 전에는 한 번도 고향을 떠나보지 못했다. 그러나 군에 들어온 뒤로 소니아는 캐나다의 전역을 거의 돌아다녔고 또 서독을 여행했고 파리와 스위스에도 다녀왔다.

복무기간이 끝나기 전에 소니아는 이탈리아와 스칸디나비아 나라에도 꼭 가보게 될 것이다. 기지에서 소니아는 외국어를 배우고 그 지방 사람들과 교제하며 초현대식 체육관에서 스포츠를 즐기며 멋진 풀장에서 수영도 한다. 소니아의 생활은 열정적으로 변했고 다른 생활로써는 도저히 맛보지 못했을 경험을 풍부하게 누렸다.

흑백사진과 천연색 사진들은 말하자면 소니아에 대한 이런 기사 내용을 뒷받침하는 셈이었고 요컨대 이 기사와 사진으로 판단한다면 군생활은 진정 즐거움 그 자체라고 할 수 있었다.

이 기사와 사진으로 말미암아 캐나다 군대는 입대지원자가 놀라울 만큼 늘었다고 한다.

사람을 어떤 각도에서, 어떤 의도를 갖고 찍느냐에 따라 그를 호감이 가는 사람으로 만들 수도 있고 혐오감이 가는 사람이나 우스꽝스러운 사람으로도 만들 수 있다.

아무리 영특한 사람이라도 그가 입을 해 벌리고 있거나 눈을 끔벅거리는 묘한 순간만을 포착해서 찍으면 그는 영락없이 약으로도 못 고치는 맹추 바보가 되고 만다.

프랑스의 드골 대통령도 위에서 찍으면 코가 바나나처럼 길어 보이고 밑에서 찍으면 턱이 커다랗고 이마가 높직해 보인다.

똑같은 한 사람의 눈매도 표독스럽게 보이도록 찢어진 눈매로 찍을 수도 있고 통찰력 있어 보이도록 날카로운 눈매로 찍을 수도 있다.

용서 받지 못할 죄를 지은 사람이라도 그를 선량한 사람처럼 보이게끔 조작하는 일은 수양딸로 며느리 삼는 것만큼이나 쉬운 일이다.

흘러간 그 옛날, 봉건전제주의 국가의 왕들은 그의 권위를 백성들의 가슴에 새기기 위하여 화려한 왕관이나 용포를 즐겨 사용했다. 행차할 때에도 으리으리하게 치장한 수레와 가마를 타곤 했다. 이것들이야말로 따지고 보면 수탉의 벼슬이나 사자의 갈기털을 괴시하고 싶은 사람의 본능적인 권위창조와 허세에 지나지 않았던 것이다.』

우리는 알려고 하지 않는 우리 자신을 비난해야 한다.

수많은 권력자들은 통치하기 위해서 독재의 기술을 창조한다. 그럼에도 불구하고 우리는 알려는 노력을 포기함으로써 독재의 기술에 동조한다. 그 결과 우리가 얻은 것은 부자유의 자유였다.

여러 번의 대선을 겪었는데 '사진과 사회'의 관점이 필요한 사례는 한국에서도 있었다.

한 후보 쪽에 모인 군중들의 분위기는 가을날의 '썰렁' 같았고, 다른 후보 쪽에 모인 군중들의 분위기는 봄날의 '화창' 같았다.

한쪽 후보는 나약해 보였고 한쪽 후보는 당당해 보였다. 그렇게 찍으면 그렇게 나올 수밖에 없다. 티브이도, 신문도, 결국은 '사진과 사회'의 수법을 실천하는 똘마니로 전락한다.

나는 '쇼생크 탈출'의 광팬이다.

내가 듀프레인과 레드를 만난 것은 2000년대에 들어와서였다.

티브이의 채널을 돌리다가 '쇼생크 탈출'의 방영과 만나면 나는 채널을 고정한다. 처음을 만나면 처음부터 보고, 중간을 만나면 중간부터도 본다. 그렇게 예닐곱 번은 보았을 것이다. 그래도 질리지가 않는다. 볼 때마다 짜르르하다.

본 것을 왜 또 보느냐고 누가 나에게 묻는다면 천천히, 또박또박 말하고 싶다.

생각나는 대로 내 감동을 다 전하고 싶다.
아, 다 생각났으면 좋겠다.
자, 열거한다. 내가 본 것을, 또 보는 이유 하나 하나를.

1. 20년(?)을 복역한, 억울한 죄수 듀프레인이 탈출에 성공하는 그 찰나에 박수를 보내기 위하여.
2. 40년을 복역한 늙은 죄수 레드가 가석방 심사를 받는 장면을 보기 위하여.
   심사 과정의 위선적 관행과 허위의식을 깨뜨리는, 레드의 그 담백한 슬픔과 분노를 느끼고 싶어서.
3. 그리하여 가석방 심사관에게 던지는 레드의 말을 한 번 더 듣고 싶어서.
   "내가 체포됐을 때를 돌아보면, 한 못난 젊은이가 끔찍한 죄를 저지른 거야. 난 그에게 그 말을 하고 싶어. 그런 느낌을 말하고 싶어. 하지만 난 그럴 수 없어. 그 젊은 녀석은 오래 전에 없어지고 이 늙은 놈만 남았어. 교화라고? 그건 다 헛소리야. 자넨 부적격 도장이나 찍고 내 시간 그만 뺏어. 사실대로 말하자면 난 상관 안 해."
4. 번번이 가석방 부적격 판정을 내리던 심사관은 레드의 말이 끝나자 쾅, 하고 가출옥 승인 도장을 찍었다, 와 같은 전율적 장면을 보기 위하여
5. 듀프레인과 레드의 사이에 흐르던 인간적 교감을 보기 위하여.
6. 듀프레인이 동료죄수들에게 틀어주는 LP판 음악 '모차르트의 오페라'를 듣기 위하여, 그리하여 '피가로의 결혼' 중에서

'저녁 산들바람은 부드럽게'라는 곡을 들으며 자유를 회상하는 죄수들을 보기 위하여.

7. "내가 원하는 건 내가 아는 세계로 돌아가는 것이다." 40년 만에 출옥한, 늙은 레드의 그 독백을 듣기 위하여.
8. 앤디 듀플레인과 레드가 약속한 곳에 서있는, 우람한 참나무를 보기 위하여.
9. 앤디 듀플레인과 레드가 만나는 자유의 바다, 꿈속처럼 푸른 태평양을 보기 위하여.
10. 인간은 자유를 꿈꾼다는 듀프레인의 한 마디를 듣고 싶어서.

이것이 '쇼생크 탈출'을 보고 또 보는 까닭이다.

그 어떤 것들이 나를 조종하던 내 소년시대의 도랑은 갔다.

서부개척사의 영화가 다시 나온다 해도, 인디언의 자유를 죽이는 기병대에게 손뼉을 치는 일은 없을 것이다.

'사진과 사회'의 관점도 어쩐지 시들하다. 그건 이제 신선하지 않다. 한국에서 그것들은 밤낮으로 흔한 것이 되고 말았다. 자유의 의미를 간파하지 못한 많은 이들이 아직도 꼰대처럼 산다. 늙은이는 꼰대니까 꼰대처럼 살고 늙지 않은 사람들은 몰라서 꼰대처럼 산다.

글쟁이들은 오랜 동안 은유로 표현하고 알레고리 창작에 몰두했다.

금지곡 딱지 붙은 대중가요는 하필이면 가사도 가창력도. 근사했다.

80년대가 되어도 쇼생크의 세월은 여전했다.

한나라 왕소군의 심정을 읊은 춘래불사춘春來不似春(봄이 왔으나 봄 같지가 않다)은 해마다 읊는 단골 글귀였다.

사악한 권력과 탐욕의 얼굴은 화장발이 세다. 보통사람들은 그 민낯을 알기 힘들다.

그런데 이상하다. 지금은 부정한 권력과 자본과 탐욕의 얼굴들이 뻔뻔하게도 대놓고 민낯으로 정치의 거리를 휘젓고 다닌다. 상생도 없고 평화도 없다.

한국의 만 원짜리 지폐 원료는 목화솜이라고 한다.

세계아동노동반대의 날을 앞두고 인권단체들이 조폐공사에게 요구했다.

"아동노동으로 수확한 우즈베키스탄 목화의 사용을 중단하라."

우즈베키스탄 아이들의 눈물을 우리가 과연 닦아줄 수 있을까.

이제는 안다. 왜 내가 걸레쪼가리가 든 꿀꿀이죽을 먹던 한국 아이였는지.

이제는 안다. 왜 내가 "기브 미 쪼꼴렛"을 외치며 거지처럼 미군에게 손 내밀던 한국 아이였는지.

우리가 모르는 사이에 우리는 정치적 디자인의 퍼즐조각 하나로 존재해 왔다는 것을.

우즈베키스탄 아이들의 미래는 머지않아 우리의 현재가 될 것이다.

우리는 무릎 꿇고 그들의 눈물을 닦아 주어야 한다. 까불 일이 아니다.

권력의 역사가 쇼생크 감옥을 건설하면 우리는 언제나 탈출하는, 자유의 꿈을 꾸어야 할 것이다,

나는 지금 진정코 자유로운가? 역사는 그 스스로 자유를 얻었는가?

나는 이제 강이다. 눈앞에 너른 바다가 보인다. 바닷물이 내 몸에 스미기 시작한다.

'쇼생크 탈출'을 언제 다시 방영하려나.

처음부터 다시, 천천히, 아주 천천히 보고 싶다.

다시 똑똑히, 바다와 같이 무한한 앤디 듀프레인의 자유를 보고 싶다.

저 낮은 경제학을 위하여

고등학교 때 배우던 '경제와 사회' 과목은 어려웠다. 아무래도 내 머리와 경제는 궁합이 안 맞는다고 생각했다.

그러면서도 속으로 꿍시렁거렸다. '선상님, 좀, 쉽게 가르쳐 줄 수 없나요?'

수학도 마찬가지였다. 미분이나 적분의 개념이 잘 들어오지 않는데 선생님은 들입다 문제풀이만 해대니 나 같은 수학 둔재에겐 그 또한 고역이었다.

그러다가 1990년께 정운영의 '저 낮은 경제학을 위하여'라는 저서를 만났다.

나 같은 경제학바보도 재미있게 읽을 수 있는 '장바구니 경제학'이었다.

'자신의 전문성을 비전문가에게 참 쉽게 설명하고 있구나', 그런 느낌의 감동을 받은 적이 있다.

경제학 개론

『일자리가 생겼다.

약속한 시간에 정확히, 나는 그 재벌 자택의 숲속 정원을 지나 장엄한 내부로 빨려들듯이 들어섰다. 달콤하고 화려한 냄새가 훅 끼쳐왔다. 내 텅 빈 위가 재빨리 끼르륵, 하고 반응했다. 일부러 위를 비워 놨으니 당연하다.

식탁이 한 눈에 들어왔다.

접시 위엔 손톱마디만큼씩 썬 한우 쇠고기가 수북했다.

"오늘 저녁은 프랑스식일세. 프랑스식도 이젠 지겨워."

나는 아무 말도 할 수 없었다.

"고깃점을 꼬챙이로 찍어서 끓는 기름에 넣게. 그건 프랑스 어느 왕실 가문에 비밀스럽게 전해오는, 비법의 샤브샤브용 기름이야. 향이 그만이지. 2초쯤이면 익을 걸세. 그 다음에 소스를 찍어 먹도록."

나는 마주 앉은 재벌 총수의 3세에게 말없이 목례를 하고 시키는 대로 고기를 익혀 먹기 시작했다. 한 점을 넣으면서 나는 재빨리 식탁을 채우고 있는 프랑스 요리들을 보았다.

나는 이름도 모르는 프랑스 요리들에게 인사를 했다. 처음 뵙겠습니다.

요리는 자신의 이름을 말하지 않았다. 그저 우아한 모습으로 나를 바라볼 뿐이었다.

"더 우악스럽게, 더 게걸스럽게 먹게."

총수가 나에게 옐로우 카드를 내밀었다.

나는 그 경고에 놀라 허겁지겁, 가난스럽게, 아귀처럼 걸신처럼 음식을 먹어댔다. 총수의 외아들은 무표정하게 나를 바라보았다.

나는 정신없이 씹었다.

외아들이 이윽고 꼬챙이에 고깃점을 찍어 올렸다.

나를 따라서 총수의 3세도 희미한 식욕을 불러일으켰는지 고깃점을 씹기 시작했다. 나는 가만히 안도의 숨을 내쉬었다.

내가 끄윽, 트림까지 할 정도로 먹어치우고 일어나자 총수는 만족한 얼굴로 나에게 말했다.

"그럴 듯했어."

그는 지갑을 열더니 초록빛 지폐를 집히는 대로 꺼내어 나에게 건넸다.

"내일 아침에도 오게. 끼니 외에는 절대로 아무 것도 들지 말게. 자네가 할 일은 오로지 저 애의 식욕 보좌이니까."

굶주림이 아니었다면 내가 어찌 재벌가의 3세를 위하여 '식욕보좌관'이 될 수 있었으랴.

천천히 걸어 나오면서 나는 우러러 속삭였다.

"하느님 감사합니다. 절 굶주리게 해주셔서."』

'경제학 개론'은 1980년대에 발표한 내 짧은 소설이다.

그 당시엔 제목을 '경제학개론'이라고 한 것이었는데 지금이라면 '경제민주화 개론'이라고 달아도 될 것 같다.

음식만 해도 대한민국의 지금은 세계 요리 경연장이라고 할 만큼 '다양 화려'하다. 그런즉 촌스런(?) 샤브샤브 말고 더 진귀하고 세련된 요리를 등장시켜야 21세기에 어울릴 것 같다.

30년 가까운 세월이 지났는데도 이 1980년대의 허구는 유효하다는 생각이 든다. 아니 진화에 진화를 거듭하여 새로운 변종 경제학개론이 정립되고 있는 듯하다.

거대한 자본의 식욕은 곳곳을 점령했다.

가난한 사람들은 거대 자본의 식욕보좌관으로 전락했다.

가난도 옛날의 순수한 가난이 아니다. 가난에 무슨 순수한 가난이 있느냐고 거품 물지 말아라. 유통구조를 왜곡시키고 이윤을 남기기 위해서 필요하다면 생산된 상품을 바다에 버리는 일도 마다하지 않는다. 자본의 수단과 장난은 소비자가 모르는 사이에 이루어진다.

2013년의 대한민국은 참 부자나라다. 경이롭다.

음식물 찌꺼기는 산을 이루고 밤마다 도시는 휘황찬란한 불야성不夜城이다.

10억을 새끼부자의 기준액으로 삼던 것도 엊그제 일이다. 이제는 30억쯤 가져야 부자 말석에 겨우 앉을 듯하다. 아니 100억은 되어야 부자의 반열에 끼어들 것도 같다.

대한민국 부자 중에는 문제아가 많다.

비범한 노력과 창조적인 아이디어로 피땀 흘려 부자가 되었다면 손뼉 치며 칭송해야 할 일이다. 그런데 그렇지가 않다. 관을 끼고 정보를 캐내어 투기하고, 권력을 이용하여 투기하고, 범법하여 돈 벌고, 사기 쳐서 돈을 벌었다.

투기와 투기로 떼돈을 번 사람들이 한둘이 아니다. 월급 모아 30억을 벌 수는 없다. 절약해서 100억을 모을 수는 없다.

돈 버는 상식이 깨진 지도 오래다. 못 버는 놈만 바보 멍청이 취급을 받는다.

대한민국의 경제학개론은 정신이상이다.

가난은 옛날의 가난이 아니고 상대적빈곤의 가난이다. 절대가난도 문제지만 상대적 박탈감은 치유불가능의 중증에 이르렀다.

범법으로 부를 축적한 자들의 뻔뻔함은 극에 달했다. 법은 없고 부도덕한 치부만 존재한다. 있는 자가 정의다.

있는 자들은 가난의 대물림을 보며 낄낄거린다.

이런 현상은 권력의 부패가 가장 큰 원인이다. 국가의 기상이 맑지 못 하니 온 나라에 썩은 내가 진동한다.

성실하게 사는데 나는 왜 가난한가?

가난이 몸에 밴 사람들은 까닭을 몰라 쩔쩔매고 있다.

옛날 가난을 옛날 가난대로 두어라.

경제학개론의 노예로 사는 것을 거부하라.

아부지
우리도 집을 지어요
캐나다산 삼나무 통나무집
핀란드산 호송 통나무집
몇 억 몇 천만 원짜리 미제 통나무집
통째로 들여다가 세워도 좋아요

항가리산 카핏위에서

요크셔테리어가 게슴치레 조는 한낮
아부지
우리도 그런 집을 지어요

해마다 옮아 다니는 사글세 단칸방
달팽이도 저 살 집은 지고 다닌다는데
아부지
미국산 스파니엘 강아지 변기보다 작아도 좋으니
제발
우리도 집 하나 갖자구요
풀잎에서 이슬 따는 방아깨비처럼.

나는 나도 모르게 가난해지는 가난을 거부한다.
수많은 대한민국의 철수들이 절규하고 있다.
저 낮은 경제학을 위하여 할 일이 무엇인지 알 수가 없다.

무감독시험 33년의 서곡은 3분이었다

1970년 12월 하순의 어느 날, 나는 대학 후배들과 찻집에 앉아 있었다.

70년대의 첫 해는 아직도 땟국이 줄줄 흐르는 60년대의 가난과 어설픈 삶의 체취를 그대로 간직하고 있었다. 커피숍이라는 꼬부랑 이름은 아예 있지도 않았다. 있다 해도 그것은 소수의 호텔 안에 존재했던 귀 설은 이름에 지나지 않았다. 그러니까 나는 커피숍이 아니라 다방에 있었다.

나는, 제대를 두어 달 앞두고 마지막 포상휴가를 나온 육군 병장이었다.

이런저런 이야기를 나누다가 당시 대전성모여고에 재직하던 후배가 말을 건넸다.

"선배님, 제대하면 무얼, 교직은 어떠세요, 혹시 우리 학교는요?"

그 말을 듣는 순간, 느닷없는 '순수의 치기'가 날 흔들었다. 누구의 추천서도 없이, 그 누구의 이름도 팔지 않고, 속된 말로 '빽' 따위 쓰지 않고 자력으로 이 사회에 첫발을 내딛고 싶다는 바로 그 순수의 치기 말이다.

한 번쯤 내 힘으로 도전하고 싶다는 젊은이의 순수였을 뿐 그러나 사실 나는 선생이 될 마음은 추호도 없었다. 내 꿈은 방송국이나 신문사 같은 언론계를 겨냥하고 있었다. 그런데 그 순수의 치기가 성모에서 33년을 보내게 될 서곡이었음을 어찌 짐작이나 했으랴.

며칠 뒤, 나는 군복을 입고 대전성모여고를 찾았다. 그 상황을 간추려 보자.

보릿고개의 60년대와 60년대의 군대조직이 옭죄는 통제와 집단성, 군대 곳곳에 그림자처럼 드리운 정신적 비위생을 적당히 혐오하며 역겨워하던 한 젊은이가 성모여고의 현관을 밀치고 들어서자 눈앞에 펼쳐진 청결한 입체 공간은 그 무렵의 꾀죄죄한 내 삶을 단숨에 압도했다.

문이녀 바닥이며 벽이며, 공간에 자리 잡은 이것저것들은 누가 보더라도 한결같이 최신 최선의 시설이었다. 마치 살림 잘하는 부잣집 안방에 들어섰을 때 마주치는, 값나가는 자개장롱과 문갑 따위에 서린 기품처럼 기름기가 자르르했다.

푸른빛이 도는 길죽한 육모꼴과 갈색 점박이 무늬의 육모꼴을 겨끔내기로 반복 디자인한 돌바닥은 반질반질했다. 일본말로 '도끼다시'가 완벽한 바닥이었다.

곱돌처럼 매끄럽다. 얼굴이 비칠 것 같다. 호텔 같다. 유럽의 어느 잘사는 정부 청사가 이렇지 않을까? 장군의 거실에 안내받은 졸병처럼 긴장한 내 걸음걸이는 미끄러운 돌바닥을 조심스럽게 만났다.

주눅 든 속내를 내장 속에 감춘 채 나는 교장 면담을 청했다.

차가운 목소리로 수녀 하나가 말했다. 그 쌀쌀맞음(?)은 수도생활이 지향하는, 적당한 탈속과 개인적인 비사교성의 혼재에서 온다는 걸 나는 훗날에야 깨달았다.

"약속이 돼 있나요?"

"아닙니다."

"누구라고 말씀드릴까요?"

"말씀드려도 모르실 겁니다."

"기다리세요."

30초쯤 뒤에 나는 초대 교장 박기주 안눈시아따 수녀와 마주앉아 있었다. 나는 단도직입적으로 나 자신을 소개하고 방문 목적을 말했다.

"저는 ㅊ대학 국문과를 졸업하고 현재 군 복무중입니다. 돌아오는 3월 하순 무렵에 제대합니다. 귀교에 혹시 국어교사 자리가 있으면 써 주십사 하는 뜻에서 왔습니다."

"교직 경력은 있으신가요?"

"없습니다. 교생 실습이 유일한 경력입니다."

"우리 학교는 교직경력이 없는 분을 채용하지도 않거니와 3월이라면 이미 학기가 시작되었을 때입니다. 우리는 학생들을 희생시킬 수 없습니다."

그 냉정과 합리가 오히려 나를 자극했는지도 모른다. 나도 대뜸 당돌히 응수(?)했다. 그것 역시 이제 와 생각하면 하나의 치기에 지나지 않았지만.

"괜찮은 선생님을 맞이하기 위해서라면 한 달 정도의 희생은 감수할 수도 있지 않겠습니까?"

"그럴 수는 없습니다."

"저에 대해 더 알아보실 의향은 없으신지요?"

"물론 성적은 우수하시겠지요."

교장수녀는 대뜸 넘겨짚었다. 그런 뒤에 한마디를 더 덧붙였다.

"우리는 예스와 노우를 분명히 하지 않음으로써 상대방에게 기대를 갖게 하지는 않습니다."

"알았습니다. 안녕히 계십시오."

고작해야 3분 정도의 시간이 흘렀을 것이다.

나는 두말없이 일어나서 군인답게 거수경례를 올려붙인 뒤에 일말의 미련도 없이 걸어 나왔다. 군인이 된 뒤로 내가 가장 군인답게 갖다 붙인 거수경례였을 것이다.

교문을 빠져나오는 내 귓속에서 교장수녀의 마지막 말이 뱅뱅 놀았다.

"우리는 예스와 노우를 분명히 하지 않음으로써 상대방에게 기대를 갖게 하지는 않습니다."

이것은 완전한 영문 구조의 화법이었다.

단호한 어조. 군더더기 없는 화술.

이야기를 이끌어가는 쾌속의 질주 그리고 판단.

나는 가슴 속 저 깊은 곳에 성모여고와 안눈시아따 수녀님과 현관의 돌바닥을 새겨놓았다. 훗날 들은 바에 따르면 안눈시아따 수녀 역시 나를 깊이 각인했다고 한다.

내가 평생을 존경한 박안눈시아따 수녀님을 나는 그렇게 만났다.

얼마 뒤 나는 예정대로 꽃 피는 춘삼월에 제대했다.

나는 당숙모의 집에 양자로 들어가기로 결심했고 그 과정을 끝낸 상태였다.

제대한 다음날부터 선화동 당숙모집, 양철지붕 밑에서 나는 제대 뒤끝의 자유와 한가로움을 만끽하며 날마다 뒹굴뒹굴하기 시작했다.

35개월의 군대살이, 그 동안에 텅 비었을 머릿속, 그 공동空洞을 채워야한다는 강박관념에 즐겁게 갇혀서, 원동의 단골 헌책방에서 서른 권 남짓한 책을 사다가 방 한구석에 쌓아놓고는, 먹고 읽고 자고, 읽고 먹고 자고, 자고 먹고 읽고, 를 무한 반복하며 시간을 죽였다.

그렇게 두 달이 지난 어느 날 대학 은사가 갑자기 들이닥쳤다.

제대했습니다, 모교에 가서 인사하고 온 일밖에 없는데 전화도 없는 집을 어떻게 수소문했는지 물어물어 온 것이다.

"내일 다시 올 테니 이력서 하나 준비해놓고 기다리게."

누구의 말이라고 거역하랴.

다음날 나는 그분의 뒤를 따라가 초로初老의 어른 한 분을 만났다.

이력서를 훑어보더니 그 어른이 말했다.

"월요일부터 학교에 출근하시게."

3월 말이면 어차피 방송국이나 신문사의 입사시험도 끝났을 터, 그래서 그 해 일 년은 '먹고 자고 읽고', 그렇게 달콤한 되풀이에 빠지리라 하던 차였는데 아, 허무해라, 정확히 두 달 만에 내 생의 여로는 배배 꼬이고(?) 말았다.

고등학교와 전문대의 짬뽕 학제가 있던 시절, 그 학교는 5년제 고등전문학교였다. 나는 전임강사로 채용되었다.

이 년째 접어들어 교지 발간을 맡게 되었을 때 사건이 하나 생겼다.

학생회장 발간사, 학교장 축사, 이사장 격려사의 순서를 놓고 나와 윗사람의 의견이 갈렸다.

윗사람이 지시했다.

"이사장 격려사를 맨 처음에 넣고, 다음에 학교장 축사, 그 다음에 학생회장 발간사를 넣게."

내가 말했다.

"교지 발간의 주체는 학생회입니다. 그러므로 학생회장 발간사, 다음에 학교장 축사, 그 다음에 이사장 격려사가 들어가야 합니다."

나는 내 생각대로 교지를 발간했고 학기가 끝나자 미련 없이 그 학교를 떠났다.

북북서로 진로를 바꿔라, 나는 서울로 갔다.

신문에 나온 교사 채용시험 공고를 보고 나는 어느 중고등학교에 들어갔다.

조회가 있는 월요일, 운동장에서 대기하는 학생들과 교직원들은 부동자세로 이사장 겸 교장을 기다렸다. 예비역 장성 출신 이사장 교장이 현관에 나타나면 음악선생의 연주봉은 공중을 가르며 밴드부를 지휘했다. 지휘관을 맞이하는 군대 의식이었다.

일 년이 끝나갈 무렵에 대전성모여고에 있던 후배에게서 연락이 왔다.

"국어선생님 자리가 하나 났습니다. 가부를 알려주십시오."

다음날 나는 광화문 우체국으로 나가 전화를 걸었다.
"사흘 뒤에 부임하겠습니다."

은사의 무지막지한 엄명(?)에 휘말려 어느 사립학교 선생님으로 첫발을 내딛은 내 사도師道의 여정은 반전 드라마처럼 흘러갔다.

첫 학교에서 2년을 재직한 뒤 서울의 어느 사립학교로 옮겨 갔고, 그곳에서 일 년 가까이 근무하던 어느 날, 그러니까 군복 입고 찾아가 뵌 교장수녀 앞에 나는 마치 약속이라도 한 사람처럼 3년 만에 나타난 것이다.

성모여고는 내가 선택한 세 번째의 마지막 학교였다. 그 선택은 오로지 내가 선택한 선택이었다.

초대교장수녀와 만난 그 3분이 강렬했던 탓이었을까, 그 3분 속에서 성모가 지향하는 '정의와 진리와 사랑'을 느꼈던 것일까? 어쩌면 내 본능적인 후각으로 성모의 교육적 체취를 맡았는지도 모른다.

'정의와 진리와 사랑을 위하여 몸 바칠 여성.'

내가 사랑한 성모학교의 교육 이념이다.

성모는 내가 세 번째로 선택한 학교다.

사나이는 세 번의 선택으로 족하다.

순수의 치기로 시작한 첫 3분은 3년의 숙성 기간을 거친 끝에 마침내 33년의 인연을 맺고 마침표를 찍었다.

그렇다. 그 당시 교장수녀는 목마른 사람처럼 사람을 찾았다. 내가 그분에게 기억된 사람이어서가 아니다. 교육은 사람으로 시작해서 사람으로 끝나는 '사람철학'이 아닌가.

내가 선택했으니 무어를 해도 피가 끓었다.

열정도 냉정도 모두 시간의 품에 안긴 에너지였고 시간은 쌓이고 쌓여 마냥 세월로 변해 흘러갔다.

가르치는 일도 재미있었고, 가르치기 위해서 공부하는 것도 재미있었다.

문득, 신세대 신인류와 여학교 풍경도 세월 따라 변하고 있다는 사실을 깨달았다.

1974년 오월 어느 날, 나른한 오후의 첫 시간.

갑자기 맨 뒷줄에서 키가 껑충한 아이 하나가 느닷없이 벌떡 일어나 나에게 한마디 던졌다.

"선생님, 절 좋아하세요?"

이런 습격 같은 질문을 받으면 여학교 선생은 쩔쩔맬 수밖에 없을 것이다. 나 역시 처음에, 조금은 그랬다. 그러나 이내 평정을 찾으며 그 말 속에 숨어있을 어떤 음모(?)를 찾아내고자 침착하게 되물었다. 시간을 벌자는 속셈이었다.

"뭐라고 했지?"

그 여학생이 재차 말했다.

"절, 좋아하시느냐구요?"

그 순간 내 머릿속 신호등에 깜박, 파란불이 들어왔다. 그 아이는 '절'이라는 낱말을 유난히 힘주어 내뱉었던 것이다. 오오라!

"그럼, 절, 좋아하지. 합천 해인사도 좋고 해남 대흥사도 좋고, 통도사도 좋고."

서른을 갓 넘긴, 젊은 남자 선생을 골탕 먹이려던 녀석의 술수는 그 순간 허무하게, 새벽 달빛처럼 스러지고 말았다.

40년이 지난 지금도 그 일을 생각하면 저절로 빙그레 웃음이 감돈다. 선생도 학생도 마냥 순수했던 시절, 정녕 다시 돌아올 수 없는 시간.

그로부터 20년쯤이 지난 90년대의 어느 날, 청소를 하던 학생에게 다가가 심심파적삼아 나는 말을 걸었다.

"아무개야, 넌 어디가 매력적이니?"

그러자 마치 기다리고나 있었다는 듯이 즉각 반사로 돌아온 기상천외의 대답. 오, 놀라워라.

"안 보여요."

어디가 매력적이냐니까, 안 보인다구?

그러니까 이 말뜻은, 내 매력 포인트는 안 보이는 곳이다, 그런 뜻이렷다! 다시 한 번 정리하자. 나는 봉긋한 가슴 아니면 배꼽 밑처럼 안 보이는 그런 데가 매력적이다, 그런 말인가?

이 대답의 정체는 그 학생의 재치 위트일까, 아니면 요즘의 아이들이 갖고 있는 보편적 감성일까? 나는 한동안 갸우뚱거렸다.

세월이 흘러 다시 십여 년이 흘렀다. 21세기를 코 앞에 둔 바로 그때쯤, 글씨를 지우거나 수정하는 문방용 수정액이 마악 나온 무렵이었을 것이다.

수업을 하는 중에 아이 하나가, 빠각빠각 소리를 내며 수정액을 흔들어댔다. 그때까지 그건 내가 못 보던 것이었다. 그래서 나는 물었다.

"아무개야, 그게 대체 뭐니?"

그러자 대답은 0.5초 만에 돌아왔다.

"정액이에요."

'정액'은 수정액의 준말이다. 그때 이미 신세대들은 준말 사용의 대중화에 앞장 선 배달의 기수였던 것이다.

이 놀라운 반발력, 부끄러운 언어를 거리낌 없이 내뱉는 신세대의 풍속도.

나는 비로소 신세대의 의미를 되새기며 무정하게 흘러버린 세월과 내가 어느덧 노인의 초입에 들어섰다는 것을 인정해야 했다.

이렇게 이렇게, 하루가 다르게, 거칠 것 없이 살아가는 신세대들의 감성. 그 감성의 진화는 어디까지 갈 것인가, 대체 나는 그들의 어디까지 이해해야 한단 말인가?

이해하려고 바둥거리지 말자. 신세대를 이해한다는 것은 차라리 위선이다. 느끼는 것으로 만족하자. 나 자신의 늙음, 세대 차이 그대로 다가가자.

스페인의 서북부에 있다는 알타미라 동굴, 그 고대 석기시대 원시인들의 동굴에도 그런 글이 쓰여 있다지 않은가. "요즘 젊은 것들은 싸가지가 없어."

신인류 청소년은 누구인가?

추석 전날에 한 번, 설날 전날에 한 번, 왜 일 년에 고작 두 번만 공중목욕탕에 가야 하는지를 이해하지 못하는 세대. 목욕탕에 가서는 왜 목만 내놓고 삶은 게처럼 온몸을 빨갛게 데워야 하는지 그 까닭을 알지 못하는 세대, 왜 목간통 속에 들어가 때를 불려야 하는지, 왜 탕 안에는 왕때가 둥둥 떠다니는지 그 까닭을 납득하려 들지 않는 세대. 가벼운 샤워를 맛들인 세대는 꿍시렁거릴 것이다

"샤워나 할 것이지, 더럽게 때는 왜 불려?"

단칸방에서 일고여덟 명의 식구가 오글오글 모여 사는 의미가 무엇인지 느껴보지 못한 세대. 그을음이 나오는 등잔불 호롱불 때문에 콧구멍 속이 새카만 까닭을 알 리 없는 세대. 식구가 아니라 가족의 의미로 살아온 세대. 삶은 고구마로 서너 끼를 때워본 일이 없는 세대. 형이나 언니의 큰 옷을 물려받아 입어본 일이 없는 세대.

일 년에 두어 번 먹는 버얼건 쇠고깃국과 허연 이밥의 눈물 그 행복감을 모르는 세대. 라면의 속도와 빵의 편리와 우유의 영양을 당연한 전유물로 여기는 세대. 먹고 싶으면 언제나 먹을 것을 꺼내 마음껏 먹고 살아온 세대. 냉장고의 차가운 과학이 없으면 짜증스러운 세대.

늙은 기성세대가 복종 아니 때로는 굴종을 도덕과 윤리로 여기면서 우리의 의식을 단단히 고정시키며 살아왔다면 그들은 굴절과 왜곡의 일그러진 역사와 문화가 마침내 일탈하여 깨지는 시대의 소용돌이 속에서 민주와 자유의 피 냄새를 맡으며 그것이 피 냄새

인지도 모른 채 부모의 보람으로만 성장해 왔다. 그리하여 공동체의 의미보다는 개인의 의미가, 의무보다는 권리가, 타인에 대한 배려보다는 자기 이익을 삼겹살처럼 몸에 찌운 세대이기도 하다.

벙어리장갑을 사치로 알던 기성세대의 손가락 대신에 휴대폰을 장난감처럼 다루는 엄지족, 그들은 이제 대한민국의 영원한 신인류일 것이다.

신인류는 우리 기성세대와 다르다.

살아온 시간과 문화, 살아온 삶의 체취와 색깔, 먹고 마시고 배설하는 몸짓이 다르고, 사랑하고 슬퍼하고 기뻐하는 가슴이 다르다.

신세대 청소년, 그들은 자유와 풍요의 유전인자가 진화하여 정착한 21세기 신인류다. 그러므로 나는 그들을 이해하려 하지 않는다. 단지 다가가는 몸짓만을 할 따름이다.

내 몸짓이 그들을 즐겁게 하고 그래서 그들이 나에게 다시 조심스럽게 다가온다면 나는 이 신인류와 적당히 소통하기 위하여 그들의 언어와 정서를 열심히 관찰하는 그것으로 신인류와 만나는 상견례를 치를 것이다.

성모인 학생들도 많이 변했다. 그들도 신인류인 것이다.

그러므로 신인류가 아닌 나는, 구인류로서 조용히 퇴장할 때가 왔음을 때때로 느낀다. 그것이 33년 내 개인사의 순리다. 이해하는 척하는 것은 내 식성이 아니므로.

내가 퇴직할 때까지, 개교 이래 36년 동안 무감독시험은 성모여고 교육철학의 실천적 자존심이었다. 2013년 지금은 무감독시험의 역사가 50년을 향하고 있을 것이다.

33년을 재직하는 동안 나는 '성모'의 무감독시험을 사랑했다.;

'성모'는 우리들의 양심을 베팅한 학교였다

국제중학교다 뭐다, 하면서 일그러진 대한민국 교육현장의 쑥대밭을 보면서 무감독시험의 고해 기록을 소개한다. 소개하는 까닭은 오로지 하나다. 대한민국의 교육이 통렬한 자기검열을 해야 할 때가 왔다는 뜻이다.

자신이 가르친 제자의 부정, 커닝을 포착하기 위하여 선생의 눈매는 날카로워지고 번뜩인다.(?). 교사의 시선에서 벗어나 간발의 기회를 얻고자 제자는 호시탐탐, 전전긍긍한다(?)

교육 현장의 일상적인 풍경이지만 곰곰이 생각하면 연민의 정이 배어나는 코미디다.

이 숨 가쁜 찰나들이 이제는 영원의 질서인 양 화석화했다.

학교마다 치르는 시험, 수능, 공무원 채용시험, 온갖 자격시험들.

무릇 시험이란 통과의례 앞에서 오늘도 정글의 법칙은 횡행한다. 살아남은 자가 강하다는 당혹스런 논리가 대한민국의 관습헌법처럼 굳어졌다,

고등학교나 대학의 학생들이 쓰는 책상과 걸상을 보라. 「커닝」의 유해, 깨알 같은 볼펜 글씨들을.

무감독시험의 탄생은 우연히 일어난 설화가 아니다.

척박한 한국 교육의 박토에서 당신은, 양심교육이 가능하다고

믿는가.

그래서 무감독시험과 같은 제도가 성공적으로 정착할 수 있다고 확신하는가? 열의 아홉은 고개를 갸우뚱할 것이다.

'정의와 진리와 사랑을 위하여 몸 바칠 여성'

이것은 양심교육을 지향하는 성모학교의 교육목표다.

초대교장 박기주 수녀는 '정의와 진리와 사랑을 위하여 몸 바칠 여성'이 되기 위해서는 실천적 구체성이 있어야 한다고 생각했다. 학생들은 열심히 공부하고 정직해야하며 모든 일에 성실해야 한다. 정직을 익히는 실천적 방법은 무엇일까? 그것은 학생들 스스로 무감독시험을 치르는 일이다.

교장 수녀는 개교 직후의 교직원회의에서 이러한 구상을 발표했다. 그러나 대부분의 교사들이 '그것은 불가능한 일'이라고 반대했나. 교상수녀는 즉각 반문했다.

"영국의 명문사학 이튼스쿨은 무감독시험을 치르고 있습니다. 영국 사람들이 하고 있는데 왜 우리가 못합니까?"

교사들은 한국의 현실에서 그것은 무모한 일이라고 말했다.

"시험을 치르는 당사자는 학생들입니다. 나는 학생들에게 묻겠습니다."

교장수녀는 직접 교실에 들어가 학생들을 대상으로 무감독시험의 의의를 설명했다.

"우리는 여러분을 자신이 하는 일에 대하여 책임질 수 있는 사람으로 키우고 싶습니다. 우리는 무감독시험을 치르려고 합니다. 무감독시험에 대한 책임은 여러분이 져야 합니다. 여러분이 할 수 없다고 결정하면 하지 않을 것입니다. 여러분에게 일주일의 시간을 주겠습니다. 여러분이 의논하고 스스로 결정하기 바랍니다."

3일 후에 학생들이 박기주 교장수녀를 찾아왔다.

"이튼스쿨이 할 수 있다면 우리도 할 수 있습니다."

이런 우여곡절 끝에 대전성모여자중학교는 1966년 2학기부터 무감독시험의 역사를 쓰기 시작하였다.

그 이후, 모든 시험은 무감독이었다. 3년 뒤에 개교한 대전성모여자고등학교도 당연히 무감독시험을 이어받았다.

첫 번째 무감독시험이 끝났다.

무감독시험이란 모험과 그 선택이 옳았는지 누구나 궁금했다.

어떤 결과가 나왔을까? 모두 조마조마하며 가슴을 졸였다.

전교생에게 설문지를 나누어주었다. 여러분은 정말 정직하게 시험을 치렀는가? 부정행위를 한 사람은 없는가? 솔직하게 써라.

한 명의 학생이 영어시험의 부정행위를 고백하였다. 가정형편이 어려워 장학금이 꼭 필요했던 학생, 성적도 상위권에 속했던 학생이었는데 이 학생은 혹시라도 장학금을 못 받을까 싶어 부정행위를 했던 것이다.

설문 결과는 모든 교사들을 놀라게 했다. 그리고 누구랄 것도 없이 모두 주먹을 불끈 쥐고 기뻐했다.

장학금을 포기하고 '정직'을 선택한 양심. 아, 진실을 맛보는 감미로운 행복감이라니. 그것은 감동 그 자체였다.

무감독시험의 소문이 대전 시내에 짜하니 퍼졌다.

학생들은 스스로 자랑스러워했고 교사들은 가르치는 보람을 만끽했다.

장학제도의 혜택을 받은 졸업생들 중에서 많은 이들이 모교에 장학금을 기부하고 있다. 자신이 받은 혜택을 후배들에게 되돌려 준다는 것도 무감독시험이 표방한 양심과 무관하지는 않을 것이다.

무감독시험이란 시스템은 두뇌의 무인판매제 같은 것이며 그 현주소는 양심이다.

개교하면서부터 무감독시험이었던 까닭에 성모여고생들은 숟갈질 하듯 자연스럽게 무감독을 받아들인다. 선생님들의 일이란 그저 시험지를 배부해 주고 회수하는 일이며 답안지를 일찍 내고 나온 학생들이 떠들지 않도록 다독이는 것뿐이다. 이런 세월이 어느덧 50년을 향하고 있다.

성모학교 학생들은 오랜 세월을 자신과 싸워 왔다, 때로는 패배한 학생도 있었다.

1969년 2월의 월례고사에서 최초의 패배자가 나은 이래 무감독시험의 긍지를 짓밟은 부정행위자의 수도 해마다 들쭉날쭉이었다.

그러나 한 가지 분명한 사실은, 해마다 부정행위자가 늘었다 줄었다 했음에도 불구하고 '무감독 시험'은 여전히 성모 교육의 상징과 자랑이었으며 그 누구도 이 제도의 성공을 의심하지 않았다는 점이다.

부정행위는 때때로 있었고 그때마다 행위자는 징계를 받았다.

아마도 징계 받은 사람보다 더 많은 학생이 부정행위를 했으리라고 추측한다.

왜냐하면 부정행위자의 수는 감독해서 적발한 숫자가 아니기 때문이다.

때로는 복도의 소란을 제어하던 선생님이 우연히 발견하는 경우도 있었고, 때로는 양심적 제보로 드러나는 경우도 있었다. 이러한 것은 물론 비교육적인 느낌을 주기도 한다. 이러한 제보가 주는 득실은 가치관의 문제이기도 했다. 그러기 때문에 학교는 때때로 사장死藏된 부정을 추측하는 아이러니에 빠지기도 했다.

그러나 결론은 분명하다. 옳은 것은 옳다는 것뿐이다.

시험을 치르는 동안 교실 칠판에는 학급마다 자율적으로 경구의 성격을 띤 짧은 글을 써서 붙인다. 이런 글들은 양심을 지키기 위한 정서적 도우미 기능을 나타낼 것이다. 그러나 1997년에 들어서면서부터 경박스러운 표현과 장난기 서린 표현들이 등장하기 시작했다. 이것은 자율과 개성의 이름으로 나타난 진정성의 결여였다. 예컨대 이런 표현들이었다.

'왕자는 공주를 믿는다.'

'우리 그이는 정직한 나를 사랑한다.'

이런 표현들은 신세대들의 감각으로 볼 수도 있었지만 더 유치하고 저급한 글, 낙서 같은 것들도 많았다. 왜 이런 현상들이 나타났는지 그 원인 분석은 유보한다.

1998년부터는 학교에서 양심표어를 지어 제공하기 시작했다.

초기에는 한 편의 시詩 형태로 제공했고 2000년부터는 시의 형태와 표어가 혼재하다가 2002년부터는 표어로 정착했다. 몇 가지만 보자.

• 1998년 1학기말 시험

자신을 바라보는/눈은 진리다
눈길은 그윽하여/가을강처럼 깊다
너 자신을 사랑하라
남의 것을 탐하지 않는 그 순간
그대의 눈은/동틀녘처럼 아름답다.

• 1998년 2학기 중간시험

가을의 문이 열리고/저녁 어둠이 내리면
귀뚜리의 울음은 서늘하다
마지막 중간시험/옷깃을 가다듬고
내 마음 속 깊은 곳의/밭을 정성껏 갈아
달디단 열매를 바라는 기원祈願.

• 1999년 2학기 중간시험

쥐똥나무는 쥐똥 같은 열매를 수줍게 달고
산딸기는 산딸기처럼 빠알갛게 웃고
꽈리는 꽈리처럼 통주머니 등불을 켜는데
우리들은 그럼, 무슨 등불을 켜야 우리 같을까.

• 2000년 2학기말 시험
우리학교의 또 다른 이름은
대한민국 대전 무감독 여고

• 2001년 2학기 중간시험
은하수를 품은 가을 하늘
연분홍 하양 빨강의 코스모스
갈색 교복과 가지런한 가방
무감독시험의 고요.

• 2001년 3학년 2학기말 시험
우리들의 마지막 무감독 열차는
지금, 과거로 사라지는 중임.
안녕, 나의 열아홉 살 11월이여!

• 2002년 1학기말 시험
월드컵 한국 대표팀 감독은 히딩크
우리들의 시험 감독은 나 자신

• 2004년 2학기말 시험
나는 나를 베팅한다
사랑과 정의 그리고 마지막 시험에

그러다 보니 전설적인 일화도 생겨났다.

ㅊ대학교 기말시험에서 있었던 이야기다.

시험을 치르면서도 성모여고 출신 학생들은 속이 편치가 않았다. 아니, 더 솔직히 말한다면 부글부글 끓었다. 누구라 말할 것도 없이 교실은 마치 커닝의 경연장 같았다,

그런데도 감독으로 들어오신 교수께서는 시험지를 나누어 주자마자 신문을 펼쳐놓고 읽는 것이었다. 교수가 처음부터 신문 탐독에 들어갔기 때문에 부정행위자는 여느 때보다도 더 많았다.

갈등이 생겼지만 성모여고 출신 학생들은 그 사바의 고뇌를 이겨내고 끝까지 정직하게 시험을 치렀다. 잠시 뒤에 아무도 예측 못한 깜짝 해프닝이 일어났다.

교수가 수험생들에게 말했다.

"답안지를 세출했어도 강의실에 그대로 남아 있길 바랍니다."

종이 울리고 수험생 모두가 답안지를 제출하자 교수는 몇 명의 학생들 학번과 이름을 주욱 불렀다. 그런 뒤에 정색하며 말했다.

"지금 호명한 학생들을 제외하고 나머지 학생들은 모두 재시험을 치러야 합니다. 그 이유는 본인들이 잘 알 것입니다."

교수가 호명한 학생들은 모두 성모여고 출신이었다.

나는 무감독시험을 사랑했다.

양심교육은 대한민국을 새로 세우는 철학이어야 하기 때문이다.

양심이 일그러진 대한민국이 지금 어떻게 흘러가고 있는지를 보라.

무감독시험 양심표어를 짓던 일도 아득히 흘러갔다.

나이 탓인지 요즘엔 부쩍 당나라 송지문의 시 한 구절이 가슴에 와 닿는다.

년년세세화상사年年歲歲花相似

해마다 해마다 꽃은 피어 비슷하건만

세세년년인부동歲歲年年人不同.

해마다 해마다 사람은 같지가 않구나.

이 시가 말하려는 본뜻은 인생무상이다. 그러나 나는 인부동人不同의 뜻에 취하고 또 다른 감상感傷에 젖어 흐르는 인생 물결에 내 몸을 맡긴다. 그렇다, 인부동.

해마다 피는 꽃은 비슷한데 성모인들도 이제는 해마다 인부동이다. 하긴 성모인 뿐이랴, 사람이란 존재가 가변의 길을 걷는 나그네인 것을.

득천하영재이교지 제삼락야得天下英才以敎之第三樂也.

천하의 영재를 얻어 가르치는 것이 군자의 세 번째 즐거움이라 했는데 이제 영재는 드물고 출석부를 펼치면 그 많던 '영자'조차도, 그리운 아이들도 간 데 없고 이런저런 생각만 과거의 물결 위에서 복사꽃잎처럼 떠 흘러간다.

교문을 들어서서 오르막길을 올라 현관쯤에 이르면 이층 창문을 열고 내민 고개들이 '선생님!' 하고 외치던 여고생들의 목소리가 들려온다.

신문 연재소설 원고를 쓰느라 날밤을 지새고도 자기최면에 빠져 거뜬히 수업을 끝내던 40대의 시간도 떠오른다. 교지 창간호를 내던 개교 10주년 시절도 떠오른다. 전국 초중고 교지 신문 콘테스트에서 대상을 받은 '냇글' 문학지도 떠오른다.

현관 게시판에 다달이 올리던 '이 달의 시'도 생각난다.

그 모든 것들이 이제는 남의 일만 같다.

마침내 드디어, 나에게 '마지막 수업'의 시간이 다가왔다.

2004년의 11월 어느 날, 3학년 어느 반에서, 나는 '마지막 수업'이란 의식을 치러야 했다. 그것은 오로지 나만이 아는 마지막 수업이었다.

수능과 3학년 수업 선남이란 현실적 상황에서 '마지막 수업'이란 시간은 속절없이 그렇게 나를 방문했다. 굳이 비장하고 싶지는 않았으나 내 교직인생 36년, 성모 재직 33년의 '마지막 수업'을 나는 제법 그럴 듯하게 유의미하게 하고 싶었다.

그러나 한국적 교육과 시대 상황은 나만의 비밀스러운 '유의미'를 볼품없이 만들고 말았다. 나만의 유의미를 알지 못하는 아이들은 여느 때의 '월화수목' 같았고 나는 차마 나만의 비밀스런 상황을 고백하기가 멋적었다.

그래서 그날, 2004년의 11월 그날, 나는 내 생애의 마지막 수업을, 나만의 비밀스런 감정으로, 아이들 몰래 담백히, 아니 아주 'dry'하게 전개했다.

종이 울렸다. 내 생애 마지막 수업의 종이 울렸다.
드디어 끝났구나. 잠시 생각에 잠겼다.
그리고 나는 웃었다.

한글을 품에 안고 프랑스로 여행하라

보조개란 말은 예쁜 우리말이다. 볼조개가 원말인데 ㄹ이 떨어져 나갔다.

우리말에선 ㄹ탈락현상이 많이 일어난다. 하늘님 ⇨ 하느님, 솔나무 ⇨ 소나무, 바늘질 ⇨ 바느질, 달달이 ⇨ 다달이 따위가 그런 보기다. ㄹ이 안 떨어진 '볼조개'는 말하는 사람이 줄어들었지만 여전히 음감이 예쁘다.

같은 말인데도 '조개볼'은 많이 쓰지 않아서인지 더 풋풋하게 들린다. 귓전에 가을 바람이 살랑거리는 것 같다.

'볼우물'도 '보조개'와 같은 표준어다.

'볼우물'이라는 말을 들으면 늙은 가슴도 젊었던 때처럼 마구 뛴다.

볼에 우물이 있다니. 오, 그 한 마디는 그대로 시적詩的 밀어蜜語다.

'쪽빛'이라 소근거리면 내 가슴 창문으로 맑푸른 가을 하늘이 들어온다.

'잇빛'하면 열일곱 살 적, 옆집 처녀가 수줍게 붉히던 사과빛 뺨이 생각난다.

갈맷빛은 갈매나무의 초록빛을 가리킨다. 갈매나무의 이것저것을 찾아 통성명이라도 한 뒤 '갈맷빛'하고 불러보시라. 그러면 여름 산이 당신에게 한 줄기 초록바람을 보낼 것이다.

'볼우물'이든 '쪽빛'이든 싱그런 우리말은 무궁무진하다.
'쪽달'이 뜨면 내 짝사랑을 하소연하고 싶다.

워즈워드의 시 한 구절.
My heart leaps up when I behold a rainbow in the sky.
하늘의 무지개를 보면 내 가슴은 뛰누나.

아름다운 우리말을 들으면 당신은 가슴은 어떤가?
내 가슴은 비밀스러운 무언가를 고백할 때처럼 두근두근, 그러다가 터질 것 같다.

마흔 살 이쪽 저쪽부터 나는 우리말과 글에 점점 깊이 빠졌던 것 같다.
젊은 나이에 아호雅號를 쓰는 건 좀 같잖다 싶어서 쉰이나 넘으면 가져보자, 유념하다가 마침내 때가 되어 자호自號를 지었다.
'글보', 그것이 내 한글 아호다.
'보'는 어떤 속성이나 잘하는 행동적 특성을 나타내는 접미사다. 그러니까 밥보, 떡보, 느림보, 술보, 먹보라고 할 때의 '보'다. 잘하는 행동적 특성을 나타내는 접미사라고는 하나 은근히 못난 뜻도 품은 바라 딴에는 겸손코자 하는 지향을 담았다.

‘글보’는 ‘글 좋아하는 바보’, 뭐, 그런 정도의 의미다.

나는, ‘맑푸른’ 가을하늘, 그렇게 만들어 쓰기도 한다.

나는, ‘술오줌’이 마려워 참을 수가 없었다, 그렇게 만들어 쓰기도 한다.

우리는 달바라기
달을 보고 살아요
태양은 눈부셔서 눈물이 나요
그래서 날마다 달만 보고 산대요.

내 중편소설 ‘달바라기’ 중에서

육이오 직후의 아이들은 눈부신 태양을 지향하지 못하고 마치 달만 바라보고 사는 것 같이 어두운 하루하루를 살았다. 그래서 그런 시대상의 상징으로 만든 말이 해바라기 아닌 ‘달바라기’였다. ‘달바라기’는 사전에도 없는 말이다. 1980년 ‘창작과 비평’ 봄호에 내가 중편소설의 제목으로 처음 쓴 말이다.

인터넷 검색어를 치면 ‘달바라기’가 곳곳에서 보인다. 많은 이들이 ‘달바라기’를 아름다이 여겨 가져다 쓰는 것이니 내 어찌 즐겁지 않으랴. ‘달바라기’는 내가 낳은 아이지만 이미 내 아이가 아니다. ‘달바라기’ 많이들 쓰시고 사랑하시라.

우리는 외치고 싶다. 우리들의 ‘글을 보라’.

우리들의 글은 폭포수가 떨어져 일으키는 ‘글의 물보라’다.

우리들의 '글 빛깔은 보라'다.

그렇게 세 가지의 뜻을 담아 아줌마들의 문학동인 이름 하나를 '글보라'라고 지어주기도 했다. 그들이 아끼고 사랑한 지 벌써 스무 해가 다가온다.

'막걸리'가 질리면 '탁걸리'라고 하시라. 훨씬 술맛이 날 것이다.

어느 나라말에 '꽃샘추위' 같이 오묘한 말이 있으랴.

이 땅에 태어나, 아롱거리는 말을 쓰다 가노니 나는, 행복한 글쟁이다.

우리말 우리글은 아름답다. 상상력의 보물창고다. 우리 아이들과 젊은이들의 뛰어난 감성에 논리적 사고를 보태면 무시무시한 창작물이 나타날 것이다.

훈민정음의 창제원리는 깨소금처럼 고소하고 재미있다. 뜻은 깊고 논리는 정연하다.

휴대폰의 문자 쓰기는 훈민정음 자모음의 제자 원리를 알면 5초안에 그 기능을 익힐 수 있다. 기계치에 가까운 나도 단 10초에 깨쳤다.

경제적 가치도 무한하다. 우리말을 무시하고 활용하지 못하는 것은 유능한 조상이 준 수천 조 달러의 문화유산을 무능한 후손이 싸구려로 경매에 내놓은 꼴이다.

1980년대에 꼬부랑말이 하 난무하기에 이런 글을 쓴 일이 있다.

『아이들은 어제그제 '쌍쌍바'에 '키스바'에 '쪽쪽바'를 먹었고 오늘은 '뽀뽀콘' '다링콘'에 '싸만코'나 '데이트'를 먹고 내일은 '사모나' '조안나'에 '투게더'나 '키쓰차'를 먹을 것이다.

집안에 아내나 집사람은 없어도 '와이프'는 모셔두고 있다. 자가용의 열쇠는 없어도 '키'는 반드시 가지고 다니며 피서는 못 가도 '바캉스'는 간다. 음료수를 마셔도 '잔'보다는 '컵'으로 마셔야 더 고급스럽다.

'프로스펙스' '나이키' '아식스' '아디다스'를 신고 '스포츠웨어'를 입은 청소년들은 '팝송'을 부르며 '무드'에 젖는다. '탈무드'는 안 읽어도 '탈시드'는 복용할 줄 알고 중늙은이들조차 '심플'한 '디자인'의 '스포티'한 '패션'을 즐겨 입는다.

국산 이빨이라도 '패리오'치약으로 닦아야 하고 라면을 먹어도 '해피소고기'라면에 훨씬 행복을 느낀다. 인삼'드링크'에 '파낙스디'를 먹으면 병약자도 기고만장할 것이다.

피아노 '레슨'다니는 유치원생 딸에게 '다이제스티브' 같은 과자를 먹이면 혓바닥이 나긋나긋해져서 통역이라도 금방 해낼 것이다.

온 겨레가 끼니마다 밥상 '테이블'에 앉아서 '스픈'으로 '스프'를 떠먹을 날도 머지않았다. 한다 하는 보국숭록대부 고관이 투강 투강하길래 요강에 빠져 죽는다는 줄 알았더니 '투항投降'을 그렇게 말한 것이고 대학물이나 먹었다는 아나운서도 '영면永眠했다'를 '영민했다'고 감미롭게 속삭인다.

젊은이 어른 할 것 없이 '참새, 개구리, 식인종 시리즈'에 낄낄거리고 '백만이 설설 기는 공포의 주둥아리'를 '백설공주'라 줄여 말한다. 그러고는 재치 있는 언어감각인 양 히히덕거린다.

금강, 한강, 낙동강이 요강 신세로 전락한 것처럼 우리말도 쓰레기처럼 너절해졌다. 육이오 직후의 혼혈아를 보면서 느꼈던 아픔처럼 순수혈통을 잃어버린 요즘의 모국어는 혼혈어다.

외국어는 우리말의 부족을 채워야 할 문화적 필요가 있을 때에만 써야 한다. '상자'라고 해도 될 것을 굳이 '박스'라고 한다면 그 사람은 '박스'라는 꼬부랑말을 아는 것이 아니라 '박스'에 해당하는 우리말을 모르거나 천시하는 것이다.

우리말이 너무 쉽게 외국어에 물들어 간다.

파랑 옆에선 파랑이 되고 노랑 옆에선 금세 노랑이 되는, 무한가변의 논리, 그래서 우리는 물들기 쉬운 흰옷의 겨레란 말인가?

깨끗한 말이 고귀한 영혼을 담는다. 국어는 우리의 피다.』

'금강, 한강, 낙동강이 요강 신세로 전락한 것처럼'이란 대목도 있는 걸 보면 그 무렵에 벌써 4대강의 운명을 예언이라도 한 것 같아 내가 쓴 글인데도 섬뜩하다.

나는 국수주의자國粹主義者가 아니다. 국수도 먹지만 수제비도 즐겨 먹는다. (욕 먹을 각오하고 썰렁한 '개그'한 번 떨었다.)

필요하면 영어도 쓰고 스페인말에 중국어를 써도 좋다. 어차피 각국의 언어는 서로 넘나드는 것이다. 그게 문화의 소통이고 교류다.

문제는 우리말을 홀대하는 경향이 너무 심하다는 것이다.

국어교육, 국사교육의 철학은 사라진 지 오래다.

교육부장관은 8개월이나 1년, 길어봤자 한 2년쯤 하고 물러나는 자리가 아니다. 적어도 대통령 퇴임 사흘 전쯤에 퇴임해야 그것이 정상적인 나라다. 아니 교육부 장관은 잘만 뽑으면 대통령과 상관없이 10년, 20년씩 해야 마땅한 자리다.

판사의 판결문이나 검사들의 공소장은 왜 그렇게 길고긴 만연체인지 명 짧은 놈은 듣다가 임종하게 생겼고, 왜 그리 어려운지 '영어'로 통역해야 알아들을 것 같다.

의사가 말하는 슬관절 고관절은 어디에 붙은 건지 정육점에 문의해야 알 것이다.

대학 나와도 진정서 한 통 쓸 수 없어 슬픔을 진정할 수 없고, 제 힘으로 소송하려면 법과 대학에 재입학이라도 해야 할 것이다.

뭐든지 우리말로 자기 의사를 표현할 수 있어야 한다. 법률용어, 행정용어도 쉬운 우리말로 쓰여야 한다. 그것이 민주화의 바탕이다.

끼리끼리의 언어가 전문성이라는 이름으로 포장되어 쓰인다면 그것도 일종의 조폭 문화에 지나지 않는다. 전문성을 빙자하여 밥 먹고 돈 벌자는 사기행각이다.

초등학교에서부터 한동안 우리는 순 우리말 용어를 많이 배웠다.

심장은 염통, 신장은 콩팥, 담은 쓸개, 방광은 오줌보, 단백질은 흰자질, 지방은 굳기름, 탄수화물은 녹말, 호흡은 숨쉬기, 혈액순환은 피돌기, 변온동물은 찬피동물, 포유류는 젖먹이동물 또는 젖빨

이동물, 혈액형은 피뽄, 백혈구는 흰피톨, 적혈구는 붉은피톨 ……

그 시절이 그립다. 한자 지식도 없는 사람들이 웬 한자어를 그리 좋아하는지 그것 참, 참말로, 내가.

티브이도 '틀린 말 사용 제동 장치 시스템'이 없는 것 같다. 티브이는 5천만 시청자에게 영향을 주는 매체가 아닌가.

예컨대, 티브이에 나오는 엠시나 아이돌도 '쥐포'라는 말을 쓴다.

기가 막혀 말이 똥구멍으로 들어갔다가 깜짝 놀라서 도로 나온다.

'치'는 생선을 가리키는 접미사다. 갈치, 멸치, 참치, 가물치, 넙치, 준치가 다 그런 무리다. 따라서 '쥐치'는 쥐처럼 생긴 물고기를 가리키는 말이다.

'포'는 말린 고기를 가리키는 말이다. '대구'를 말린 것을 '대구포'라 하듯 '쥐치'를 말린 것이 '쥐치포'다. 그러니까 '쥐포'는 쥐를 말린 고기여야 한다.

당신들은 설마 '쥐 말린 고기'를 먹지는 않을 것이다. 그런데도 대한민국의 방송에서는 탈렌트며 아나운서들이 '쥐포'를 먹는다고 말한다. 이야말로 엽기적인 식성이다. 우리말 사용의 의식이 정신박약아 수준이다.

어느 분의 글에서 읽었는지 기억이 가물가물하다.

그분이 지적했다. '얼룩말'은 틀린 말이다. '줄말'이라고 해야 옳다.

논리적으로 타당한 지적이다. 아프리카의 '얼룩말'은 '얼룩진 말'이 아니라 '줄이 그어진 말'이다. 이런 오류는 수없이 많다.

‘기린麒麟’은 원래 상상의 동물이었다. 그런데 아프리카의 ‘a giraffe’가 전해지는 과정에서 이것을 ‘기린麒麟’이라고 한 것이다. 그러니까 ‘상상의 동물 기린’은 건들지 말고 ‘a giraffe’ 를 가리키는 말을 따로 만들었어야 했다. 지금 사전에서 기린을 찾으면 아프리카의 ‘a giraffe’와 ‘상상의 동물 기린’ 두 가지가 나온다.

오랜 동안의 잘못이 굳어져 바로잡기가 어려워졌다. 이를 어쩐다?

‘되’나 ‘말’은 쌀이나 보리를 담아 헤아리는 전통적인 도량형 단위다. ‘되’는 나무로 만든 네모꼴 육면체 그릇이고 ‘말’은 원통형이다. 한 말은 열 되다. 쌀 한 되로 밥을 지으면 너댓 사람은 먹을 수 있다. 1950년대에는 쌀 한 말로 한 달 하숙비를 치르기도 했다.

‘됫글 배워 말글로 써 먹는다’는 말이 있다.

글을 배운 것은 적은데도 가장 효과적으로 써 먹는다는 뜻이지만 부정적으로 쓰는 속담이다. 얄팍한 꼼수로 아는 것을 뻥튀기하는 사람을 조롱할 때 쓴다.

10억 정도의 재산가가 1000억 정도의 재벌인 양, 행세할 때 비아냥거리는 뜻으로 비유하면 딱 좋다.

자, 이쯤 하고 요즘 어느 패션잡지에 실린 글 하나를 보자.

『이번 스프링 시즌의 릴랙스한 위크앤드, 블루 톤이 가미된 쉬크하고 큐트한 원피스는 로맨스를 꿈꾸는 당신의 머스트 해브. 어번 쉬크의 진수를 보여줄 모카 비알레티로 뽑은 아로마가 스트롱한 커피를 보덤폴라의 큐트한 잔에 따르고 홈메이드 베이크된 베이글에 까망베르 치즈 곁들인 샐몬과 후레쉬 푸룻과 함께 딜리셔스한 브렉퍼스트를 즐겨보자.』

이런 문장이 '됫글 배워 말글로 써 먹는' 표본이다.

이 글을 쓴 사람이 영어의 달인일 것이라고? 그런 생각은 추호도 하지 마시라. 쥐꼬리만큼 아는 영어단어로 미국 티브이에서 사회 본다고 껍적대면 얼마나 눈꼴이 시어터지겠는가.

단독직입적으로 걸게 말한다면 '지랄' 같은 문장이다. 시골에 사는 할아버지 할머니들도 웬만큼 알아듣게 문장 쓰시라. 옳거니, 그들은 위의 문장과 상관없는 소비자다, 뭐 그런 뜻인가?

우리말과 한글의 현재는 그 몰골이 처참하다. 무개념 국어교육정책으로 변종괴물이 되었다.

주어와 서술어 사용의 기초가 무너진 문장들이 판을 친다.

메이저리그 진출 후 처음으로 두 자릿수 탈삼진을 기록한 류현진이다.

바로 잡음 ⇨ 류현진은 메이저리그 진출 후 처음으로 두 자릿수 탈삼진을 기록했다.

승수 쌓기를 위해 습관을 바꿔볼 필요가 있는 류현진이다.

바로 잡음 ⇨ 류현진은 승수 쌓기를 위해 습관을 바꿀 필요가 있다

시큰둥한 반응이다.

바로 잡음 ⇨ 반응이 시큰둥했다.

이런 보기를 속 터져서 어찌 일일이 들겠는가.

미국의 햄버거나 핫도그를 먹는다고 누가 뭐라겠는가.

프랑스의 달팽이 요리 에스카르고를 먹는다고 누가 뭐라겠는가.

이탈리아의 피자나 파스타를 즐겨 먹는다고 누가 뭐라겠는가.

그러나 보쌈김치와 깍두기, 된장찌개, 송편, 비짓국을 깔아뭉개고 날마다 햄버거 피자로 세 끼를 먹는 식이라면 곤란하다.

문화는 상호 존중으로 넘나들어야 하지만 제 것 사랑이 바탕이 될 때 뭐가 되어도 되는 것이다.

우리말과 한글은 우리에게 무시당하고 모욕적인 대접을 받을 만큼 무가치한 말글이 아니다.

글을 쓸 때 다음과 같은 원칙을 정하고 쓴다면 당신은 숨은 애국자다.

가능하면 순수한 우리말로 써야겠다, 그렇게 다짐하며 쓰고 ⇨ 순수한 우리말이 없으면 한자어를 쓰고 ⇨ 그 다음에 꼭 써야 할 외래어를 쓰고 ⇨ 어쩔 수 없으면 외국어를 쓰되 남용하지 말고 적당한 설명을 덧붙이면 좋을 것이다

자칭 지식인, 지성인이라는 분들은 어려운 한자어나 외국어를 마구 쓰고, 우리말 사용에서 알아야할 기초지식 따위는 외면하기 일쑤다. 그런즉 배운 이들이 올바른 글쓰기의 본을 보여야 할 것이다.

1994년 프랑스의 문화부 장관 자크 두봉은 프랑스어 보호를 위

해 '두봉법'을 제정하였다. 프랑스에서 팔리는 모든 제품과 서비스의 광고와 상표, 사용 설명서에 프랑스어의 사용을 의무화했고 티브이와 라디오 광고들은 외국어로 방송할 수 없다.

우리말 보호를 위해 한국은 무슨 정책을 펴고 있는가?

한글 전용과 국한문 혼용의 의견 대립이 '글'에 대한 문제였다면 영어 공용화론은 '국어'와 '경제 논리'의 대립이었다. 대립은 해소되었는가?

우리에겐 지금 언어정책과 철학이 없다.

프랑스 같은 나라가 한글을 가졌다면, 그들은 가꾸고 가꾸고, 아끼고 아끼고, 사랑하고 사랑해서, 일 년 열두 달 덩실덩실, 지화자 좋다. 프랑스글 만만세, 축제를 열 것이다.

한글을 품에 안고 프랑스를 여행하라.

우리가 얼마나 바보 멍청이인지 알 것이다.

알았다면 한바탕 통곡하고 돌아오라.

너는 타라, 타서 깊은 가을로 가라

아득했던 겨울을 견디고 삼월에 들자 연둣빛들이 솟기 시작하더니 사월이라 중순 무렵부터는 작은 뜰이 속삭이는 귀엣말로 가득하다.

설중매 청매가 지고 천리향 앵두꽃이 지고 산당화 피었다 지더니만 아가의 손 같은 잎새 사이에서 대궁이 나오고 홍보라 앵초도 피었다. 흰 철쭉의 하양도 피고 노랑 철쭉의 노랑도 피었다.

아기부채붓꽃도 마침내 청보라 꽃을 내밀었다.

이것들이 진다고 울지는 말아라. 오월은 또 다른 꽃들을 피운다.

노랑무늬흰붓꽃이 기다리고 있고 분홍달맞이꽃과 노랑원추리 붉은 원추리가 몸매를 고누고 있다. 으아리도 필 테고 병꽃의 꽃망울이 잔뜩 붉은 뜻을 품었으매 그것인들 왜 안 터지랴.

조금 있으면 층꽃나무 층꽃이 보라로 솟을 테고 솔나리 하늘나리도 눈길을 앗을 것이다. 무엇보다도 여름이 오면 갈맷빛 그 초록들이 대장부의 심지처럼 산야를 든든히 채울 것이다.

인생이 무에 다르던가.

진달래로 물든 먼 산이 꿈꾸듯이 불 지르는, 미친 내 누이만 같던 것은 책 읽기에 굶주리던 소년 시절 그때였다.

민들레 조팝나무 솜다리가 여기저기를 쿡쿡 찌르고 능금꽃 살구꽃에 벚꽃 복사꽃이 불을 지피던, 그 어지러운 만화방창의 봄에 스스로 넋을 놓고 밤을 뒤척이던 때는 또 문학청년 그 시절이었다.

연분홍 치마에 옷고름 씹어가며 봄날은 간다.

가는 봄에 너무 마음을 다치질 말라.

꽃보다 신록이 더 곱다하여 애써 설레다 보면 이번엔 여름이 엉겅퀴 술패랭이 참나리꽃에 목백일홍을 거느리고 이 산 저 산에서 성큼성큼 걸어온다. 그렇다. 그것은 바로 씩씩한 문학의 장년시절이었으리라.

그러다가 어느덧 귀뚤뚤 귀뚤뚤, 풀숲에서 우는 귀뚜리의 가을 앞에 서는 것이니 인생이며 문학의 한나절도 피었다 지고 마는 찰나에 지나지 않는다.

인생도 문학도 깊어 이제 가을이던가, 그것도 아주 깊은.

가을이 무르깊어 산엘 가면 아무 데나 지천으로 핀 꽃들은 또 가슴을 짓이기고.

연자줏빛 쑥부쟁이는 수줍디 수줍어 그냥 아리고, 청보라 벌개미취는 마주칠 때마다 서러운데 게다가 심술이 나면 뾰로통히 꽃망울을 꼿꼿이 치세워 보는 이의 발걸음을 한 번 더 붙잡는다.

노른자 같은 꽃판을 가운데에 박아놓고 그 둘레에 하얗게 꽃잎을 매단 구절초는 행실이 조신한 아낙처럼 정갈하다.

이것들을 모두 싸잡아서 들국화라 부르질 말라. 개미취는 개미취고 쑥부쟁이는 쑥부쟁이다. 구절초라고 어디 들국화라 불리길 허락하랴.

문학도 저마다 제 이름 제 빛으로 필 따름이고 개미취의 보랏빛과 층나무꽃의 보랏빛은 같은 듯싶어도 같질 않다.

된장색 된장잠자리에 고추잠자리가 날 무렵부터 오대산 등성이, 계룡산 어드메쯤, 내장산 산자락의 아기단풍 털단풍은 시나브로 처연히 물들어간다.

문경 새재 수십 그루의 은행나무는 바람이 불 때마다 맞은 산 소나무의 독야청청을 시샘하며 노오란 잎새 그 질투를 마구 뿌린다.

바람에 날려 우수수 우수수 낙하하는 황금빛 잎새들. 그것은 바로 여름부채처럼 버림받아 가지를 떠나는 은행나무의 넋이다. 가슴 한 귀틀 자르르 저리게 하는, 시구詩句처럼 떨어지는 은행잎, 인생의 가을.

상공추절지常恐秋節至
항상 두려운 것은 가을이 와서
양표탈염열涼飈奪炎熱.
산들바람이 더위를 앗아갈까 함이러니.

가을이 오면 여름 부채가 무슨 쓸모 있으랴.

황제에게 버림받을 것을 걱정한 한나라 왕천여. 왕천여의 시 한 구절은 인생의 가을이 서럽다 흐느낀, 낙하의 비애였다.

이승살이란 본디 허무하고 매정한 것이다.

지화자 꽃 피던 문학청춘도 눈을 떠보면 하루아침에 어디론가 흘러갔고, 거울에는 귀밑머리 허연 사바세상의 늙은이가 낯선 얼굴로 자신을 바라보기 일쑤이다. 그때마다 눈물짓는 갑남을녀가 어디 한둘일 것인가. 그러나 그대는 울지 말라. 가을은 눈물 대신 분신을 택한다.

어느 새 고추잠자리도 찰고추장 빨간 색으로 변했고 하늘은 남몰래 쪽빛으로 깊어졌다. 그 무렵이면 설악산 덕유산의 가을 골짜기 물은 은어처럼 잘랑잘랑 흐르고 산은 산답게 고즈넉이 그윽하다.

여기며 저기며가 온통 함빡 물들어 고로쇠 단풍은 첫날밤의 새색시 연지 곤지처럼 붉고, 어떤 것은 칠흑 삼경 화로의 참숯 불꽃처럼 온 몸을 사르고 있다.

당단풍, 신나무 단풍, 단풍이란 단풍은 모두 군집하여 녹의홍상을 떨쳐입었는데 녹의는 어디에다 두었는지 바람에 너울대는 건 그저 홍상뿐이다.

가을 산은 사월의 연둣빛 신록이 갔다고 자탄하지 않고 오뉴월의 갈매나무빛 녹음이 스러졌다고 울지도 않는다. 울면서 욕망의 노예로 전락하는 것은 오직 사람일 따름이다.

어느 해 깊은 가을.

지리산 어느 골짜기에서 만난 단풍 두어 그루는 온몸이 그대로 선홍이고 진홍이고 뱉어놓은 객혈 한 덩이였다. 가슴속이 짠하고 뭉클하면서 슬그머니 눈귀가 젖어들었다. 마침내 시심을 불러내어 참지 못하고 한 수 글을 지었다.

눈앞에 펼쳐진 단풍은 울고 싶은 황홀경이다. 그러나 글이 무디기 그지없어 이 황홀경을 묘파할 수가 없다. 살아서 무엇하랴. 문득 이대로 나아가 섬진강 푸른 깊이에 몸을 던져 문학을 죽이고 아아, 차라리 자진하고 싶었다.

너는 타라
타서 깊은 가을로 가라
사랑은 전율 같은 것
지금은
저 영원한 윤회를 만나고자
피를 머금고 분신하는 시간
너는 타라
타서 번뇌의 다비식
그 기슭으로 가라.

단풍은 산이 못내 좋아 스스로 가슴앓이 하는 신神의 상사병이다. 그렇지 않고서야 어찌 저리 황홀히 슬프게 산을 태우는가.

그런 생각으로 가라앉아 가는데 갑자기 김 아무개가 바위를 몇 개 넘어 쪼르르 오르더니만 선혈 같은 단풍잎 몇 장을 따온다.

자, 자, 이거.

김 아무개는 따온 단풍잎을 종이잔 바닥에 깔고는 내 잔에 찰찰, 홍 아무개 강 아무개의 잔에 찰찰, 소주를 따른다. 그러자 말갛고 허옇고 빈혈이던 소주는 소주가 아니라 그야말로 핑크 레이디 아니면 보드카 선 라이즈 칵테일이다. 그 기발한 깜짝 생각에 취하고 소줏잔에 담은 단풍과 붉은 복사꽃 떠서 흘러가는 홍유수紅流水처럼, 가을산에 취해 도도히 적막공산을 주거니 받거니 우리 넷은 가을사랑을 마셨다.

자, 빈 잔에 그대를 가득 채워서 흘러가는 나를 취하게 하라.

가을은 우리들의 무상한 생애와 코스모스의 가녀린 허리를 두루두루 보듬고 싶은가 보다.

그러나 단풍이 어찌 사람에게 한낱 안복眼福만을 주려고 저렇게 타오르겠는가.

단풍은 품에 지녔던 잎새 그 백팔번뇌를 다 버리고 나목으로 해탈하고자 용맹 정진하는 수행자이다. 활활 타오르는 단풍은 단풍 스스로가 치르는 다비식이다. 이곳저곳 나뭇가지에 영근 열매들은 아마도 다비식에서 나온 사리일 것이다.

그대에게 찾아든 인생과 문학의 깊은 가을, 그대는 과연 어떻게 타고 있는가? 그대는 어떻게 스스로 다비식을 치르려뇨.

청추침침동공작淸秋沈沈動空酌
맑은 가을 깊어가는데 빈 술잔 오가니

그렇게 태웠던 우리들의 가을도 갔다.
넷이 놀던 가을에 셋은 벌써 이승 사람이 아니다.
남은 건 달랑 나 하나에 옛 술잔만 남았다.

인망여고추人亡餘古秋

사람은 죽고 옛 가을만 남았으니

회월유독작懷月唯獨酌

가슴에 달 품고 혼자 마실 뿐

어머니의 마지막 30센티

대학을 마치고 나는 강원도에서 35개월의 군 생활을 했고 제대할 무렵에 마침내 내 스스로 당숙댁에 양자로 들어갈 것을 결정했다.

입양은 오래 전부터 있었던 집안끼리의 약속이었다. 어려서 세배를 가더라도 나는 당숙의 대를 이을 양자로 점 찍혀 특별한 대우를 받는 존재였다. 그러나 두 집안 모두 어정쩡히 입적을 서두르지 않고 있었다. 거기에는 일찍 찾아온 생모의 죽음이 결정적이었다. 집안의 크고 작은 일을 결정하고 처리하는 일은 엄니의 몫이었다. 따라서 내 양자 문제는 자연히 관심권 밖으로 밀려났던 셈이다.

엄니가 없는 열다섯 해 동안, 썰렁한 집은 나에게 결코 달콤한 공간이 아니었다. 일등병 달고 첫 휴가를 와도 엄니 없는 휴가는 개똥이었다. 제대 무렵에 마지막 휴가를 와도 엄니 없는 휴가는 젬병이었다.

누나와 형과 나 사이에 오가는 수평적인 사랑은 매력적이지도 애틋하지도 않았다. 어쩌다 동네 애들과 싸울 때 나를 편들어 주면 우쭐거리며 한 핏줄을 공유하긴 했지만 엄니에게 바치는 즐거운 복종만이 내 유년시절의 에너지원이었다.

무슨 일을 저질러 엄니에게 매를 맞고 찔끔찔끔 눈물을 짜다가도 슬그머니 다시 다가가는 얄궂은 시도는 지금 생각해도 맛있다.

나는 엄니에게 어금닛소리 잇소리 입술소리에 혓소리, 또 목구멍소리에 방귀 소리까지 섞어가며 어미 품을 파고드는 강아지처럼 '심각한' 사랑 표현엔 서툴렀지만 적어도 '엄니—이' 하며 소리를 빼든가 '싫단 말—여' 하며 어리광 부리는 모자지간의 추억은 남몰래 간직하고 있다.

그런데 어느 겨울날 그것은 사라지고 말았다.

엄니가 무릎 꿇은 내 어깨에 칼을 얹고 공작이나 백작의 작위를 내린다면 나는 황공스럽게 받고 평생 충성을 맹세하려던 참이었다.

그랬는데 엄니는 먼저 간 것이다. 엄니는 무정하다.

엄니 없는 열두 살 때부터 스무 대여섯 살에 이르기까지, 고독은 깊이 사무쳐 푸른 달빛처럼 내 어깨에 내리고 있었다.

남 앞에서 30분 정도는 얼마든지 수다를 떨 수도 있었던 것 같은데 중학교 들어가면서부터 고등학교를 마칠 때까지 나는 절간의 소나무처럼 말이 없었다.

'하루에 말 한마디밖에 안 하는 사람'.

누구였더라, 대학시절, 나에게 그런 멋대가리 없는 별명을 붙인 사람이.

나는 스스로 내 생의 독립적인 프로그램을 마련해야겠다고 작정했다.

제대를 앞두고부터 나는 당숙모를 어머니라고 부르기 시작했고 양모 역시 단호한 내 결정에 비로소 용기를 낸 듯했다.

제대 하자마자 입적 절차를 끝내고. 나는 양모와 양철집 양철지붕 아래에서 함께 살기 시작했다.

생모와 함께 산 세월은 12년.

새어머니라는 이름의 일곱 아낙들과 함께 산 세월은 6년.

양모와 함께 산 세월은 23년.

나에게 그렇게 많은 어머니를 베푼 하늘의 숨은 의도가 궁금하다.

양모를 생각하면 언제나 애절하다.

양모는 청상이었다.

청상靑孀이 무언가. 젊은 나이에 남편이 먼저 죽어서 혼자 된 아낙을 가리키는 말이 아니던가.

하나 있던 아들을 잃고 청상과부로 이마에 굵은 생주름이 패인 분.

호적에 이름조차 '임씨'라고 올라있는 분.

'마리아'라는 세례명을 얻은 뒤부터 밤마다 기도하며 사신 분.

내가 양자로 들어와 장가가고, 며느리에 손자 둘을 얻으면서부터 비로소 평범한 노년의 열락에 당신을 맡기신 분.

양모는 해방 전에 지은 선화동 양철집에서 살았다.

시어머니가 돌아가신 뒤로는 ㄱ자 집 방 두 칸을 세놓아 혼자 살았다. 그러자니 그 집은 대문 열어놓고 사는 동네 할머니들 놀이방이었다.

환갑이 넘어 날 양자로 맞아 며느리 보고 손자 보았으니 얼마나 꿈에 그리던 하루하루였으랴. 남들 사는 것처럼 비로소 삶의 구색을 갖춘 양모는 그때부터 청상의 세월을 미련 없이 내동댕이쳤다.

어머니 임마리아에게 나와 아내의 혼인은 평생을 꿈꿔왔던 보통의 삶이자 새로운 생애의 서곡이었다. 우리들의 혼인으로 말미암아 어머니는 비로소 시어머니가 되었고 손자의 할머니가 되었고 돌멩이처럼 흔하디흔한 늙은이가 되었던 것이다.

아침저녁마다 며느리로부터 정갈한 밥 한 술 공양 받는 맛도 쏠쏠했고 두 손자의 응석을 받아주는 할머니 노릇도 신명나는 일이었다.

짐작컨대 그 무렵부터 어머니의 기도는 봄날의 연둣빛 나뭇잎이 여름의 녹음을 지향하듯이 날마다 푸르러갔을 것이다.

마지막 어머니 양모에게서 나는 사랑을 은밀히 나누는 법 한 가지를 전수 받은 일이 있었다. 어머니는 팍팍한 삶의 무림에서 사랑의 비법을 터득한 고수였다. 어머니와 막내의 사이에는 사랑의 비밀 같은 게 있는 듯싶었다. 그 비밀의 사연은 이러했다.

자기앞 수표는커녕 '남의앞' 수표라도 댓장씩 넣어가지고 다니면 좀 좋으련만 월급쟁이 선생 숫백성 주머니 속이라야 말간 콧물 같은 것. 나는 언제나 지갑 속 지폐의 셈에 어지러운 적이 없었다.

그런데……요상했다.

아침에 쇠가죽 지갑을 열어보니 지폐 한 장이 아무래도 모자랐다.

돼지 멱살에 소주 기운 몇 잔 쬔 게 일차였고 맥주 두어 병으로 입가심한 게 어젯밤 씀씀이의 다였는데 …… 어째서 셈이 안 맞을까.

아무리 머릿속을 헤집고 궁글려도 지폐 한 장의 행방이 묘연했다.

고것 참 …… 나도 학교 다닐 적에 아버지 주머닐 뒤진 적이 있었는데 막내가 내 과거사를 흉내내는 것일까. 아무래도 그런 것 같았다. 그랬어도 내가 의적 일지매인 바도 아니니 까짓 크는 연습하는가 보다 했다. 아무래도 내가 주는 용돈이 부족하다고 생각했다. 그러다가 내 지갑 속에서 두 번인가 세 번인가, 막내의 냄새를 더 맡았다.

막내의 배짱은 어디에서 나왔을까. 곰곰 궁리 끝에 나는 깨달았다. 내 건망증, 사라져가는 내 총기. 그것이 막내의 배짱을 열심히 격려하고 키워주는 후견인이라는 것을.

오월 그 무렵부터 나는 단호히 하나의 실험을 시작했다.

나는 아내에게 부러 목청을 높인다.

"내 지갑엔 삼만 삼천 원밖에 없수다. 가져가려면 결재 올리시우."

물론 막내가 있을 때 던지는 소리였다. 그랬더니 아니나 다를까, 지갑 속에 배어 있던 막내의 손 냄새가 거짓말처럼 사라졌다. 똘똘한 내 새끼. 고맙습니다, 하느님 아버지 그리고 맹자 어머님.

내 사랑의 묘약에 비로소 '즐겁다 즐거워' 하는 참이었는데, 그게 아니었다. 막내의 손길이 슬그머니 제 할머니에게로 숨어들 줄을 어찌 알았으랴.

내가 본시 성질이 카랑카랑 깐깐 강팍한데다가 무뚝뚝할 뿐더러 어꾸수한 데도 없다 보니 어머니는 하는 수 없이 손자에게 사랑을 주기로 마음먹었을 게 틀림없다. 더군다나 여든이 넘은 노령이시니 그 애틋한 정이야 말해 무엇하겠는가. 어머니는 유독 막내에게 날이면 날마다 사랑을 쥐어짜 주는 듯했다.

활짝 열어젖뜨린들 뭐 어떠랴만 스란치마 끄을 듯 소리도 없이 사알짝…… 누가 볼세라, 미닫이 문을 몰래 한 자쯤 열어놓는다. 그러고는 열린 문 그 틈새로 달개비꽃마냥 새파랗게 형형히 피어, 대문 밖 골목을 향해 귀를 쫑긋, 어머니는 목을 빼고 있다.

도대체 오늘은 또 무슨 소식이라도 붙잡으시려고 저러나 했더니, 그건 막내손자가 올 무렵, 막내가 귀가하는 발걸음 소리를 낚으려는 어머니의 집중이었다. 그러니까 막내를 기다리는 어머니의 저녁 몸짓이었다.

막내의 공부방 앞에서 공연히 서성이기도 하고, 잠자는 막내 얼굴을 도둑괭이처럼 다가가 쳐다도 보고……

할머니의 그 사랑을 막내가 이용할(?) 줄 그 어떤 도깨빈들 상상할 수 있으리. 그런데 막내는 그랬다. 어머니 아니 할머니의 돈을 막내는 야금야금 뒤져 가기 시작했다.

"막내가 아무래도 어머님 돈을 살짝살짝 빼가는 모양이에요."

아내의 말에 나는 덜컥, 했다. 그러나 뾰족한 수가 없었다.

어머니의 어두운 귀에 대고 나는 소리 소리 질러댔다.

"어머니 제발 돈 간수 잘하세요. 막내가 자꾸만 돈 가져 가요."

한데도 어머니는 알았어 알았어, 그럴 뿐이었다.

이거야 원. 막내가 당신 돈 가져가는 걸 즐거워하는 판이니. 이러다가 이 녀석이 활빈당 행수라도 되는 건 아닐까. 나는 슬슬 불안해졌고 아내와 나는 막내 손버릇 더러워질까 속이 탔다.

그러던 어느 날, 어머니는 끝내 돈 간수 한 번 쫀쫀히 하시지도 않고 북망산천 먼 길로 훌쩍 떠났다.

산역山役을 끝낸 날까지 막내는 섧게 울었다. 우리집 식구들 눈물의 반은 아마도 막내가 흘린 것 같다.

삼우제를 지내러 가서도 막내는 침통한 표정으로 빈 하늘만 우러렀다. 공원묘지에 일손이 딸렸는지, 태우려고 그득히 쌓아놓은 어머니의 옷가지들은 그때까지도 널부러져 있었다.

그러자 그때, 막내가 제 할머니의 옷가지들 앞으로 슬금슬금 다가갔다. 할머니의 냄새라도 맡으려나 보다, 나는 문득 그런 생각을 했다.

막내는 옷 몇 가지를 들었다 놓았다 하더니 잠시 뒤에 무언가를 꺼내 들었다. 그것은, 돈이었다.

천 원, 이천 원, 삼천 원……

막내가 돈을 셌다.

"팔천 원이에요."

막내가 나직한 목소리로 말했다.

그 많은 옷가지들 속에서 막내는 어떻게 돈이 든 옷을 용케도 짚었을까.

어머니는 막내에게만 몰래 귀엣말을 했나 보다.

막내는 한 손에 돈을 든 채 빈 하늘을 올려다 보았다.

양모는 무뚝뚝한 나 대신에 막내를 택해 은밀한 사랑 통신법을 마련한 듯하다.

어머니가 남기신 죽음의 찰나는 내 가슴에 남은 강렬한 각인이었다.

새벽에도 깊은 밤에도 묵주기도를 하시던 어머니. 언제나 성경을 보듬고 있었던 어머니. 어쩌면 신약의 절반쯤은 너끈히 외셨을지도 모른다.

아들 며느리가 똥오줌 수발 안하게끔 정갈한 죽음을 달라고 기도하시던 어머니. 청상의 생애조차도 감사하다고 하시던 어머니. 우리에게 남겨줄 유산이 없다고, 조금 가진 것을 그저 조금만 부끄러워하시던 어머니. 그러나 기도하는 바를 다 이루고 가신 어머니.

어머니는 회색빛 초겨울의 오후, 여든일곱에 돌아가셨다.

그날 우리는 외출 끝에 마악 들어선 참이었다.

거실에 들어선 순간, 우리는 어머니가 당신의 방 미닫이를 30센티쯤 열고 10센티를 더 열려고 기력을 짜내다 힘이 다해, 비스듬히 모로 쓰러진 모습을 발견했다.

우리는 금세 상황을 알아차렸다.

어머니는 겨우 사흘, 미열이 있는 감기를 앓았다. 그날 아침엔 미음까지 드시면서 기운을 차리는 듯했다. 바로 그 순간에 죽음이 당신을 찾아왔다. 죽음의 기미를 감지한 당신에게 우리가 대문을 여는 기척이 났을 것이다. 마지막 생을 쥐어짜 당신은 미닫이 방문을 열고자 했는데.

얘들아, 나 이제 가련다.

뭐 그런 말 한 마디라도 남기고 싶으셨던 어머니. 사력을 다해 미닫이를 열고자 했건만, 당신 생애의 마지막 한줌 에너지는 고작

30센티에 지나지 않았던 것인가.

ME는 2박 3일 코스로 행해지는 부부일치운동이다. 매리지 엔카운터(Marriage Encounter)를 줄여서 말하는 용어다.

부부가 서로 마음의 문을 열어, 지금까지 결혼 생활에서 경험했던 모든 것들을 다시 생각하고 되돌아보면서, 앞으로의 삶을 사랑으로 공유하고자 하는 운동이다.

이것은 1958년 스페인 칼보 가브리엘 신부와 몇몇 부부가 시작한 운동이다.

참된 부부의 만남에서 생의 기쁨을 찾아보자. 이게 요지다.

우리나라는 1976년부터 시작했다. 엠이의 중요한 실천 행위가 텐텐이다. 텐텐은 부부가 나누는 '대화'라고 생각하면 된다. 대화야 말로 부부의 사랑을 깊이는 가장 알뜰한 소통 아니겠는가.

내 어머니 임마리아는 아내와 나에게 아주 중요한 텐텐의 명제 하나를 주시고 갔다.

여든을 바라보면서 생애 최초로 병원에서 종합검사를 마친 어머니. '이상 무'의 결과를 알고서 삶의 의욕을 느끼셨던 어머니. 그것은 장수를 탐하는 노욕老慾이 아니었다. 아들과 며느리와 손자 둘을 거느린, 생각지도 않았던 삶이 당신에게 찾아든 시간을 아주 조금만 더 가지려는 소망이었다. 청상의 삶을 조금 보상받으려는 것이 무슨 죄이랴.

나는 한 잔 술에 취해 돌아온 저녁에나 어쩌다 어머니의 손도 잡고 요 밑에 손을 넣어 온기를 재는 척했다. 큰손자가 신학교를 마치고 마침내 사제 신부가 된 것을 알면 기쁨에 겨운 나머지 어머니는 천국도 뿌리치고 이승으로 뛰어내려 사흘은 머물다 가실 것이다.

아내와 나는 때때로 어머니의 죽음을 텐텐한다. 우리도 어머니처럼만 죽게 해달라고 텐텐하고 기도한다. 가진 게 없어도 조금만 부끄러워하자고 텐텐한다.

미닫이 10센티를 더 열고 '마지막 안녕'을 말하고 싶었던 어머니.

어머니가 주신 마지막 30센티를 닮고 싶어서 우리는 텐텐하고 텐텐한다.

어머니와 맺은 인연을 그리워하는 것, 당신 죽음의 찰나를 텐텐하는 것,

정갈한 죽음을 보여주신 것, 격조 있는 가난을 보여주신 것,

이 모두가 어머니가 주신 명제라는 것을 왜 우리가 모르랴.

골목, 마침내 멸종하다

신작로의 사전적 정의는 '자동차가 다닐 수 있도록 새로 만든 큰 길'이다.

그러나 이것은 어디까지나 표피적 정의일 뿐이다.

한국땅에서 나는 생산물을 빼앗아가기 위한, '신작로'에는 일본 제국주의의 통치음모가 새겨져 있다.

일제는 한국에 700km가 넘는 신작로를 만들었다.

곡창지대와 항구도시를 잇는 신작로는 한국의 곡물을 일본으로 신속하게 실어 나르기 위한 수단이었다.

군사적 목적과 경제침략의 수단으로 만들어진 신작로. 우리 민중들이 흘린 피와 한숨이 배어 있는 신작로. 신작로는 치욕의 역사가 만든 길이다.

일제가 신작로 만들 땅을 제값 주고 샀겠는가. 강제로 빼앗은 땅으로 만든 길이 신작로다.

치마끈 졸라매고 논 샀더니 / 물 좋고 밭 좋은 데로 신작로가 난다.

'진도 아리랑 타령'의 한 구절이다.

항간에는 이런 속담도 생겨났다.
딸자식 잘난 것은 갈보 가고, 논밭 잘난 것은 신작로 난다.
'갈보'는 돈 받고 몸 파는 여자를 속되게 부르는 말이다.

일제가 만든 근대화 개념의 길, 신작로는 1960년대에 들어서서는 산업화 개념으로 탈바꿈하여 다시 곳곳에서 더 큰 신작로로 만들어지기 시작했다.

고속도로가 생기고, 빌딩이 생기고, 아파트가 들어서고, 눈부신 자본주의가 개발을 부르짖으면서 마침내 골목들이 사라지기 시작했다.

골목은 사람과 사람의 드라마가 날마다 연출되는 정서적 공간이다.
개발주의와 토목공사가 만나 없애야 할 미개한 공간이 아니다.
너와 나의 이슬 같은 눈물이 영롱하게 빛나는 삶의 터전이다

1997년은 IMF라는 용어로 불리던, 대한민국 경제 위기의 첫해였다.

온 나라에는 금 모으기 운동이 일어났고 결혼반지며 한 돈짜리 돌 반지며 너도 나도 금붙이들을 싸들고 은행으로 달려갔다. 잘 먹고 잘 쓰던 나라에 들이닥친 횡액이었다.

어딘가에서 배꽃이 달빛에 녹아 흐벅지게 피었을, 1998년 그 봄밤에 나는 두 사람의 청년과 술자리를 같이하고 있었다.

"문학의 불꽃으로 평생을 활활 타오르겠습니다."

청년들은 나에게 도도히 술을 따랐다.

그래, 모쪼록 그리 하거라.

나도 그들에게 뜨거운 눈빛을 쏟아 부으며 도도히 술잔을 말렸다. 술잔도 흠뻑 젖어들고 나도 가을산처럼 바알갛게 달아올랐다.

삶은 아름답다. 바다를 지향하는 샛강, 그것 역시 하나의 미학이다. 무릇 이 세상에 존재하는 산 것들, 생각하면 또한 얼마나 숭엄한가. 나는 순수를 나의 스승이자 신神으로 섬길 것이다. 이런 이야기를 술항아리에 띄우며 우리는 소설을 노래하고 시를 읊조렸다.

홍옥처럼 빛나는 시인들의 예지를 이야기하고, 노오란 모과처럼 아리땁고 슬픈 시들을 주억거렸다. 어제도 오늘도 그리고 이 밤의 순간에도 여기저기에서 시는 찔레꽃처럼 피어나고 있을 것이다.

최명희의 <혼불>과 윤정모의 <나비의 꿈>, <임꺽정>과 <높새바람>을 두드리다가 이상 문학상이며 동인문학상을 흔들어대다가 이른 것이 마침내 시의 바다였다. 그 바다에 투신이라도 할 것처럼 우리는 서로의 고요를 용납하지 않았다.

"삼백 년 묵은 느티나무에서/ 하루가 밝았다고/ 까치가 운다/ 잡것. (함민복의 묵상)

이만한 시를 날마다 읽을 수 있다면 그게 바로 열반이겠지."

"절창입니다."

시회詩會에 모인 선비처럼 주거니 받거니 끄떡끄떡, 문학의 담론은 얼큰하게 무르익었다.

"그까짓 사랑 때문에/ 그까짓 여자 때문에/ 다시는 울지 말아야지/ 다시는 울지 말아야지/ 눈물을 감추다가/ 동백꽃 붉게 터진/ 선운사 뒤안에서/ 엉엉 울었다."

"그건 누구의 시입니까?"

"섬진강 촌놈 김용택의 시야. 갓 피어난 처녀 동백꽃 같은 사랑을 읊은 거겠지."

"눈물 나고 싶습니다."

"그러면 한 잔 더 받게."

"제 잔도 다시 가겠습니다."

"보기만 하세요 꺾지는 마세요/ 찌르는 마음도 아프답니다/ 가시는 살아가는 날의 슬픔/ 감추려다 들켜버린 나의 은장도/ 벌써 봄꽃들이 졌는데/ 말없이 혼자 오월이고 싶어요/ 가지려는 이의 눈빛 멀리에서/ 해오라기처럼 하얗게/ 나만의 생각으로 피고 싶어요."

"그건 뭘 읊은 겁니까?"

"찔레꽃."

"누구 겁니까?"

"내 것이야."

"시도 쓰십니까?"

술은 때로 사람을 바보로도 만드는 법.

"방귀나 똥이나, 둘 다 뱃속에서 놀다가 나오는 거야."

시에 젖어 순수에 젖어 우리의, 나의 밤은 깊었다.

시간은 가을 강처럼 깊어졌는데 우리는 아무도 그것을 모르고 있었다.

"선생님, 밤이 깊었습니다."

둘 중의 하나가 걱정스런 '메시지'를 중얼거렸다.

문학청년들과 헤어져 나는 택시를 탔고, 집이 있는 동네 근처에서 내려 걷기 시작했다. 적당히 취해 걷는 것은 내 버릇이었다.

걷자. 맛있는 나의 골목을 걷자. 한 잔 술에 젖어 골목을 걷는다는 것, 달빛 또는 가로등 불빛의 깊은 밤을 걷는다는 건, 산 자의 기쁨이 아니고 뭔가.

걸으면서 생각하자. 걸으면서 그리운 이들도 떠올리자. 이 밤엔 어쩐지 윤이상 선생을 만나고 싶다. 무지몽매한 이데올로기 '덕분'에 이역 멀리 독일에서 '나비의 꿈'을 꾸다가 하늘로 가신 분. 조금만 더 사실 일이지. 그랬더라면, 그랬더라면 조금은 더 좋은 세상을 만나셨을 텐데.

이런저런 생각의 실타래를 다 풀기도 전에 나의 골목은 끝나가고 있었다.

그 순간 내 뒤에서 누군가가 나를 습격했다. 누군가가 내 머리통을 몽둥이로 내리쳤다. 나는 피를 쏟으며 쓰러졌다. 두 사람의 청년이 내 주머니를 뒤져 지갑을 빼내어 바람처럼 사라졌다. 나는 대문까지 엉금엉금 기어가 초인종을 눌렀다.

운이 좋았다. 죽을 수도 있었지만 정수리 몇 바늘 꿰매고 살아남았다.

운이 없었던 건 그 강도들이었다. 내 지갑엔 고작 돈 삼만 원이 할딱거리고 있었으니까.

골목은 우리들의 나였다.

골목은 밥 한 술 뜨는 내 숟갈이나 마찬가지였고 골목은 탁배기

한 잔 먹는 내 사발 같은 것이었다. 골목은 달이 뜨면 휘영청한 내 보름밤이었다.

그런데 30년 가까이 살아온 내 골목에서 누군가가 내 뒤통수를 내리치고 내 지갑을 빼앗아 달아난 것이다.

철철철 피를 흘리며 강도야, 그 한 마디도 뱉지 못한 골목.

그날 밤 골목엔 봄비가 내렸다. 봄비는 골목에 흘린 내 피를 데리고 어디론가로 멀리멀리 떠나버렸다.

어느새 다가온 겁나는 세상. 옷깃만 스쳐도 겁나는 세상.

눈길만 마주쳐도 떨리는 세상.

아메리카 슬럼가의 뒷골목처럼, 누군가가 목덜미에 칼을 들이대지 않을까, 해만 지면 그저그저 소름만 돋는 세상.

낯선 사내들이 앞에서 웃기만 해도 지갑을 내놓으라는 속삭임(?)같다.

지나던 누군가가 길을 물으면 쥐도 새도 모르게 재갈을 먹여 어딘가의 지하실로 끌고 갈 것만 같아 오금도 저리고 오줌도 지리는, 죄 없는 터럭들만 곤두서는 세상.

봉고차가 갑자기 곁에 멎으면 심장도 덩달아 멎었다간 다시 뛰고.

엘리베이터도 믿을 건 못돼. 가죽잠바도 기분이 나빠.

초록색도 감색도 내 편은 아냐.

너를 전부터 안다고 하더라도 으슥한 곳에서 단둘이라면 싫어 싫어.

간밤에 꿨던 꿈도 너한텐 얘기 안 해.

책방에서 산 책일랑 나만 두고 볼 거야.

호랑이 담배 먹던 그 옛날이 아니더라도 낯선 땅 어느 길목, 우연히 부딪쳐서 모르는 사이끼리 나누었던 눈인사가 그렇게나 맛있는 사랑이었으련만.

어느새 다가온 겁나는 세상. 어느새 다가온 떨리는 세상

아침에 일어나는 길로 골목을 보러 나섰더니 내 골목은 사라지고 없었다.

나그네처럼 연기처럼 사라지고 낯선 골목만 있었다.

나는 느닷없이 변해버린 이 낯선 골목을 '아이엠에프 골목'이라고 명명했다.

이제 골목은 멸종했다. 아파트 개발 정책 논리로 사라져가고 돈 때문에 멸종의 위기를 맞았다.

나는 유년시절의 걸레도둑과 김치도둑과 엄니를 떠올린다.

아이들이 다시 강아지마냥 뛰어노는 골목.

채송화꽃을 아롱다롱 심어놓은 골목.

그런 골목이 다시 온다면 그리하여 낯선 도시 낯선 골목에서 마주친 낯선 사람이 나에게 살며시 웃음을 지어준다면, 나는 그 강도와 이 시대를 용서할 것이다.

아내의 가을이 깊어 간다

일찍이 느낀 바 있어 아내에게 시를 한 수 주었다.

아내는 이 시가 자신에게 주는 헌시라는 것도 모른다. 내가 말하지 않은 탓이다. 어색하고 쑥스러워서 나는 나에게만 말했다.

그대에게

만약에 나를 만나고 싶거든
두메두메 산자락 어느 모롱이
아무도 밟지 않은 흙으로 오라
잠 못 들어 뒤척이던 까닭으로 오라

해거름이 오면
비로소 그윽한 우리들의 마주보기
언제나 그대를 시리도록 보고 싶다

행여 그대가 두둥실 달로 뜨면
나는 청솔가지 지핀 연기가 되어

머리 풀고 하늘 끝에 피어 닿으리

자, 빈 잔에 그대를 가득 채워서
흘러가는 나를 취하게 하라
가야할 그곳이 청산이라면
맨발에 피가 맺혀 아리더라도
이 밤도 우린 또 가야 하니까.

지금 와서 뒤돌아보니까 나는, 우리는 이 시처럼 살았다. 슬프면 슬픈 대로 나누었고 아프면 아픈 대로 그조차 남들 몰래 둘이서만 나누었다.

'자, 빈 잔에 그대를 가득 채워서 흘러가는 나를 취하게 하라'. 이것도 절절히 느끼는 내 심정 그대로이다. '가야할 그곳이 청산이라면 맨발에 피가 맺혀 아리더라도 이 밤도 우린 또 가야 하니까'. 이것도 가감 없는 우리들의 소통이었고 다짐이었다.

'그대가 두둥실 달로 뜨면 청솔가지 지핀 연기가 되어 머리 풀고 하늘 끝에 피어 닿으리'. 이것 역시 결코 과장이 아니다. 부부란 뭐 그런 것 아니던가? 내 순수는 언제나 그렇게 말했다.

그러나 여자와 남자가 만나 사는 부부의 평생 실생활은 사실상 '코' 같은 것이다.

이 돌연한 제시가 낯설고 귀설은 개그처럼 들릴지도 모르겠다. 그렇다면 우선 '코'라는 제목으로 쓴 내 짧은 소설을 보시라. 우리네 '풍경화'에 고개를 끄덕일 수도 있을 것이다.

내 짧은 소설 **'코'**

『다닥다닥 모여 사는 게 쉬운 일은 아니다.

다닥다닥 달라붙은 집이며 집들도 집이지만 날이면 날마다 다닥다닥 붙어사는 사람들도 신통방통하다. 날마다 바라보는 얼굴낯짝들이 질리지도 않는지 그 세월이 벌써 서른다섯 해도 넘는다. 이웃 같기도 하고 웬수 같기도 하고 뭐 요상하게 얽히고설켰지만 그런 게 다 이 변두리 막동네 사는 맛이라 여기고 그냥 저냥 살아간다.

이 변두리 막동네를 말똥이라 친다면 그중에서도 우리 네 집은 영락없이 말똥에 달라붙은 개미 한가지다. 어쩌다 더러더러 이사 가는 사람들이 심심찮게 나오는데도 우리 네 집은 용케도 이사 한 번 가려들질 않고 끈질기게 꼬무락거리며 오롯이 이곳 터줏대감 귀신 노릇에 재미 붙여 산다.

우리 네 집은 어떤 집장사 하나가 붕어빵 찍어내듯 지어 팔았다는 닮은꼴 슬라브집이다. 그러니 앞집 뒷집 옆집 내집의 속 꼬라지도 한결같다. 방 세 개에 부엌 하나, 대청마루에 손바닥만 한 마당, 뭐 하나 다른 게 없다. 나이 서른이 훨씬 넘은 집이니 낡았다는 것까지도 어차피 닮았다.

너무 헐었다 싶어서 앞집이 페인트칠을 하면 뒷집은 도배질이라도 하고 옆집이 대문을 고치면 내 집은 마당에 천리향 한 그루라도 사다 심는다. 그렇다고 어느 집 한 채라도 멀끔한 새 집이 될 턱이 없다. 쉰 살도 넘은, 돌하루방 같은 중늙은이들이 헐렁한 바지에 야구모자를 거꾸로 쓰고 힙합을 하거나 고래고래 소리 지르며 아이돌 흉내를 낸다고 앳돼 보일 리 없는 것처럼.

그러나 보문산 산등성이 산그늘에 취해서, 산자락에 그득 담긴 풀내음이 하 좋아 앞집 뒷집 옆집 내집 그냥 우리는 이렇게 마냥 줄창 산다.

"저어기 저 집두 간다는구먼."

해거름에 모여 앉아 막걸리사발을 기울이던 차였는데 옆집이 말했다.

"가다니, 워딜?"

"어디긴, 둔산동이지."

"또?"

앞집이 눈을 동그랗게 뜬다.

"동그랗긴."

"그럼 길쭉해져야 허겠어?"

"왜들 자꾸 그리루 꾀어 든댜?"

흥, 금 캐러 캘리포니아에 가는 게지. 대전의 서부 개척사가 열린 거야. 자, 자, 자네는 마차 한 대도 없는 빈 손 팔자니 금 캐러 갈 생각은 말어. 여기서 이사 갈 생각은 말어. 그건 배신이여.

뒷집 말을 받아서 나도 한 마디 했다.

죄다 한 마디씩 뱉고 보니 비로소 우리는 변함없는 우리가 된 듯하여 앞집이 뒷집에게 옆집에게 내가, 강강수월래 춤추며 돌아가듯 막걸리잔을 돌렸다.

"갈 맘 먹지두 않았지만 이 자리가 깡패 뒷골목 비밀 모임두 아닌 터에 배신은 또 뭐야?"

배신이란 말이 걸렸는지 옆집이 딴죽이라도 걸듯 볼멘소리를 내질렀다.

"허어, 왜들 이래. 딴은 그래. 배신이란 말은 없던 걸루 하구…… 문제는 우리가 꿀처럼 깨처럼, 도원결의한 관우 장비처럼 그렇게 지내야 한다는 거겠지. 외롭다 보면 어느 날 갑자기 둔산동 캘리포니아로 마차를 몰고 갈 사람이 나올지도 모르니까."

그 말에는 누구나 없이 그렇게 생각했는지 비장한 표정으로, 막걸리 잔 속으로 흥건히 빠져들었다.

그런데 엉뚱한 데에서 문제가 터졌다.

뒷집이 치통을 앓으면 앞집도 얼굴을 찡그리고 내가 술병이라도 나면 앞집은 금주선언을 할 만큼 그 배려가 남다르다 싶었는데 앞집이 무심코 던진 어느 날의 말마디 하나가 우리들의 가슴에 얄궂은 물살을 일으킬 줄이야.

뒷집은 안 보이고 앞집 옆집 나, 이렇게 셋이서만 있던 때였다.

"부부란 게 도대체 뭔지……."

앞집이 한숨을 푹 쉴 때 옆집과 나는 은밀한 눈짓을 나누었다. 앞집이 뭔 일로 찌그럭째그럭 말다툼한 것을 짐작하고 있었기 때문이었다.

"그만한 일을 갖구 뭘 그래. 부부싸움이야 며칠 지나면 죽 떠먹은 자리마냥 자취도 없는 건데. 그나저나 이번엔 뭐 또 뭣이여?"

"밤낮 그거지 뭐. 공산명월에 국화 매화 가지구 놀다가 똥 싸느라 좀 늦었거든."

"이젠 손 씻어. 그림을 왜 맨날 담요에다 메치는 거여?"

"피바가지 잔뜩 쓰고 온 사람에게 바가질 긁어대니 견딜 수가 있어야지."

"금낭화 같은 자네 아낙이 오죽 지겨우면 그랬을라구."

금낭화란 꽃은 한 송이가 손가락 마디만 하다. 연붉은 꽃이 덩굴에 매달린 듯이 대롱대롱 피는데 아낙들이 치마에 달고 다니는 주머니 같기도 하고 요리조리 뜯어보면 사내들의 불알을 닮은 듯하다. 애간장 태울 듯 앙증맞고 조롱조롱 예쁘다.

앞집은 아들만 셋인데 그러니까 치마 하나에 금낭 셋이 매달려 산다.

"금낭화 금낭화 뇌까리는 컴컴한 뜻을 내가 알지. 그만 닥쳐."

앞집은 꽤 오래 전에 내가 말한 금낭화 이야기 중에서 사내들의 거시기만 기억해 냈는지 공연히 심통을 부리다가 되쏘는데 내 과거 옆집 현재 할 것 없이 부부싸움의 역사란 역사는 죄다 들추어낸다.

세상에, 저고리 고름 풀며 두근거리는 첫날밤 지샌 뒤로 부부싸움 안 한 부부가 대체 몇 쌍이나 된단 말이누.

돈 헤프게 쓰고 동무 따라 술타령하기 하루가 멀다 하고, 대장부 할 일을 아녀자에게 떠넘긴다 해서 심심찮게 부부싸움을 해온 내가 무슨 할 말이 있을 것인가. 나뿐인가. 그 나이 먹도록 아직도 새댁 같은 아낙을 보면 눈길이 야릇해진다 해서 때때로 종종 싸워온 옆집도 따지고 보면 별 수 없는 처지다.

"싸우려고 만난 처지도 아닌데 우린 언제까지 이럴까?"

앞집도 옆집도 나도 얼떨결에 장탄식이었다.

"이 사람아, 부부란 싸울려고 만난 거야."

"그건 또 무슨 억설……."

"싸우기 싫은 젊은 애들은 이혼을 하지. ……. 됐어. 이젠 됐어. 그런 잔소리는 그만 둬. 저녁마다 나에게 똑같은 잔소리만 퍼붓고 있어. 이젠 됐어. 그만 헤어져. 젊은 세대는 그렇게 말하면서 도장을 찍는 거라구."

그 말끝에 앞집이 문득 비범한 생각이 떠올랐다는 것처럼 느닷없이 물음표 하나를 던졌다.

"가만가만. 그런데 뒷집은 싸웠다는 얘기도, 싸우는 소리도 여태껏 없었지 않은가?"

그 말에 옆집도 나도 생각에 잠겼다.

생각해 보니 없었다. 그건 사실이었다.

여태껏 부부싸움 한 번 없이 살아온 이웃이 있었다니. 누구나 다 하는 그걸 안 하다니. 그건 이웃도 아녀.

뒷집 오라고 해! 원 세상에 이럴 수가. 이거야말로…… 원 세상에……어떻게 이런 일이! 없었다. 정말 없었다. 머릿속의 기억을 쥐어짜도 잡히는 게 없었다.

구절초 같고 도라지꽃 같은 뒷집 아낙은 바가지 한 번 긁는 법이 없었다. 팔푼이 같고 무골호인 같은 뒷집 그는 고양이 치질 앓는 소리 한 번 내는 일이 없었다.

그는, 뒷집은 우리들의 이웃이 아니다. 이건 배신이다. 앞집과 옆집 나는, 우리는 서로 얼굴을 바라보았다.

그때, 여자의 날카로운 목소리가 우리의 귓속을 파고들었다. 그건 뒷집 아낙의 목소리였다. 깨진 양푼을 긁는 소프라노였다.

"처음엔 그저 바람소리 같았어요. 그러다가는 자갈길 굴러가는 달구지 같았어요. 그러다가 또 어땠는 줄 알아요? 이건 숫제 까마귀 떼가 파드득 날아오르질 않나, 으르렁대며 개 짖는 소리가 나질 않나, 물에 빠진 사람 허우적거리며 물 삼키는 소리에 꽹과리 소리까지 곁들이니 날이면 날마다 어쩌란 말이에요? 시집 와서 몇 십

년 참았으면 됐지 얼마나 더 참아요. 당신의 코, 그 지긋지긋한 코, 더는 못 참아요."

"내 코를 …… 그래 이제 와서 어쩌란 말야."

그건 뒷집이 서로 싸우는 소리였다.

그럼 그렇지. 뒷집도 역시 우리들의 이웃이었다.

누구에게나 코는 있는 건데 그런데 코가 문제란 말인가?

우리는 말없이 서로 코를 쳐다보았다.』

안 싸우고 사는 부부가 어디 있단 말인가.

돈 때문에 싸우고, 자식 때문에 싸우고, 친정집 시집 때문에 지지고 볶는다.

정 싸울 거리가 없으면 코 골고 이 가는 것 가지고도 싸운다.

갑남을녀 장삼이사, 우리네 사는 모습은 다 '코'다.

나에게도 첫사랑에 둘째사랑에 사랑의 편력은 있었다.

그러나 나는 놀랍게도 중매로 만난 아내를 첫눈에 선택했다. 이것이야말로 아버지가 나에게 반어법으로 가르쳐준, 아내감 감별법 덕택이었다.

나는 아내에게 내세울 만한 거리가 없다.

우선 돈이 없었다. 없어도 너무 없었다. 20회도 더 불입해야 할 곗돈을 타서 장가를 갔다. 시집온 아내는 2년 이상 열심히 나머지 곗돈을 불입하느라 박봉에 시달렸다. 아내는 날 보고 외상장가 든 사람이라고 한다.

권문세가도 아니고 보니 집안도 내세울 게 없었고. 잘나지도 못했다. 나는 혐오감을 줄 정도는 아니라고 능친다. 술을 좋아해서 신혼 초부터 하루 걸러 술이었다. 으스댈만한 거리를 찾으려 해도 보물찾기 같을 뿐 내세울 게 없었다.

언젠가 아내가 내 못난 점을 줄줄이 열거한 적이 있었다.

사람이 약지 않다, 처세술에 아둔하다,

사흘이 멀다 하고 술을 먹는다, 가전제품도 변변히 다루질 못하고 마당에 빨랫줄 하나도 매달지 않는다, 집안 대소사에 꾀만 피운다.

처갓일에 무심하다, 등등 늘어놓는데 내버려두면 내가 천하에 무능 꼴통이 될 것 같았다. 참다못해 내가 내 자랑 한 가지를 들어 엄히 반박했다.

마누라 속 썩이는 술꾼들은 세상에 허다하다.

나는 월급봉투를 평생 꼬박이 갖다 주었다.

월급날이면 으레 한 잔 걸치는 게 일이었는데 집에 들를 처지가 안 되면 직장 앞에서 만나기로 약속한 뒤 마실 만큼의 돈만 떼고 미리 월급봉투를 건넸다. 그 바람에 월급봉투를 잃어버리는 불상사 따위는 한 번도 없었다. 호기롭게 기분 내느라 월급봉투 홀쭉하게 만든 일도 없었다. 이만하면 천하를 경영할 대장부는 못되더라도 필부의 모범생 반열엔 들 것이다.

이것 한 가지만으로도 열 가지 부족을 상쇄하고 남는다.

올해로 그럭저럭 아내와 40년을 함께 해로했다. 얼마나 더 살지는 모르겠지만 지금까지의 세월만으로도 동고동락한 셈이다.

명색이 작가라 하나 일찍이 베스트셀러 하나 낸 바 없다.

물려받은 유산도 없다. 둘 다 이재理財에 밝지 못해 한 번 터 잡으면 앉은 자리에서 38년을 눌러 산다. 지금 사는 낡은 슬라브집이 바로 38년짜리다.

이사 올 무렵의 이곳 토박이들은 거의 죄다 캘리포니아 금광으로 옮겨가는 서부개척시대 사람들처럼 둔산동으로 이사 갔다. 서울로 치면 둔산동이 강남이다. 1976년 전후로 땅값이 그야말로 지각변동을 일으켜 투기열풍이 불었는데 바보 멍청이 백치처럼 외면한 채 지금까지 버티고 살았다.

우리는, 작은 집 한 채 사서, 삼십팔 년을 살고, 내버려두면 그저 백 년이라도 넘길 듯이, 돈 한 번 불리지 못하고, 낄낄낄 살았다. 바보 중에 상바보처럼.

몇 십 년 만에 만난 제자가 집이 어디냐고 묻길래 '예전 거기 그대로'라고 했더니 대뜸 그런다.

"선생님, 돈은 없으시겠네요."

영악한 판단이다. 적어도 서너 번은 이사했어야 할 세월을 한곳에서 눌러 비비적거렸다면 금치산자이거나 치부致富 공황장애에 걸린 무능력자다.

지금 우리는 40년을 함께 늙어가고 있다.

가렵다고 등 내밀면 긁어주니 고맙다.

밥상머리 이야깃거리가 줄어들지 않으니 고맙다.

가난을 조용히 받아들이니 고맙다.

싸움 뒤에는 우리들 사이에서 연민의 강이 흐르니 고맙다.

그 연민의 시간이 하루면 족하니 고맙다.

때로는 서로 먼저 이승을 하직하겠다 하니 그것도 고맙다.

늙으면 가슴속에서 낙엽이 풀풀 날릴 때가 있다.

어느 날 술 한 잔 먹고 나니 불현듯 울적해지고 처연해졌다.

컴퓨터 자판을 두드려 아내에게 유언 삼아 즉흥시 하나를 써서 낭송했다.

제노정애에게

어느 가을날 아침 죽음이 내게 와서
가야 한다고 소매를 끌면
서른 몇 해의 출근처럼
다녀오리다, 눈길 던지고
대문 앞에서
야윈 등을 보이고 싶다

흠칠, 마당에 피던
사월 앵초꽃 자리 한 번 보고
헤프지 않게
입 다물고 나서고 싶다

그대와 살았던 평생의 세월 중

첫눈 내리던 저녁의
그 술 한 잔에 젖어
멀다는 저승 그 길을
저녁 무렵에 꼭 귀가할 듯이
쓸쓸히 떠나가고 싶다.

'제노 정애'는 아내의 가톨릭 영세명 '제노베파'의 '제노'와 '정애'를 합친 나만의 합성어 이름이다. 만약에 아내를 선택한 내 안목이 부실하지 않았다면 그건 6년에 걸쳐 새어머니들과 가진 합숙훈련 덕택일 것이다.

아내는 요즘 스마트폰에 빠졌다. 클래식 감상을 노후의 전문으로 삼으려는지 틈만 나면 토굴 속에서 동한거 하한거 면벽하는 늙은 스님처럼 눈 감고 음악에 잠긴다. 마치 호사스런 별장의 여주인이라도 된 것처럼 스마트폰 한 채에 빠져 정보의 열락을 넘나든다.

아내의 기도가 끝났나 보다. 훅, 불어 끄는 소리가 나고 촛불 내음이 방안에 가득하다.

잠시 고요가 머무는 듯하더니 이윽고 스마트폰에서 김광석의 노래가 흘러나온다.

'너무 아픈 사랑은 사랑이 아니었음을'.

그대 보내고 멀리 가을 새와 작별하듯
그대 떠나 보내고 돌아와 술잔 앞에 앉으면

김광석의 33년과 그리스도의 33년이 무슨 교묘한 인연인 것처럼 다가온다.

나도 그의 '서른 즈음'이 좋아서, 젖어든다.

아내의 가을이 깊어가고 있다.

깊어가는 아내의 가을을 가만히 훔쳐본다.

미안하다 목척교, 미안하다 꽃꽃꽃

올라가는 기차나 내려가는 기차나 여로에 지친 몸을 쉬기 위해 잠시 파이프에 담배를 눌러 담는 곳, 대전. 상행은 연기를 말아 올리며 한양 길을 재촉하고 하행은 뱃고동처럼 구슬피 울며 유달산의 목포로 달음질하는 갈래진 길목.

역사의 세월이 덧없이 흘러 이제는 연기 뿜는 기차도 이별의 기적 소리도 사라졌지만 밤 열차의 나그네는 버릇처럼 잠시 내려 가락국수로 빈속을 달래나니 여기가 바로 이름하여 한밭 대전.

사람이 그러해서 그러한지 산세는 어디를 보나 부드럽고 유장悠長하다.

한 가을 단풍이 수삽하게 물들면 청풍은 소슬히 계룡의 허리를 비껴 흐르고 동짓달 시오야 깊은 밤이면 명월은 텅 빈 산에 휘영청 가득하다. 오호라 청풍에 짝한 명월이로구나.

눈 들어 사방을 휘휘 둘러보니 동쪽엔 먹빛 식장산이 우뚝이 머리 들어 대전천을 굽어보고 동남쪽엔 보문산, 북엔 계족산이라. 계족산을 수장首長으로 봉우리 봉우리가 병풍 같은 바람막이, 서쪽으로는 멀리 계룡산이 뭇 뫼를 제압하여 불끈 솟았구나, 그러니 철철

마다 바람은 식장과 계룡을 오가고 달빛은 계족과 보문 사이를 노닐며 천 년을 보듬었다

둘러싼 산이 있으니 예로부터 산그림자를 실어 나를 맑은 물이 어찌 또한 없겠는가.

대전을 꿰뚫어 흐르는 물은 여덟 개가 있으니 그중에도 갑천 유등천은 이십 오리를 흐르고 대전천은 이십 리에 뻗어 닫는다. 대전천과 유등천은 삼천동에서 남 그윽이 만나 금강으로 떠나고 금강은 다시 흘러 서해에 뜻을 둔다.

그러나 아뿔사, 산은 옛 산이로되 물은 옛 물이 아니다. 명월은 옛 달 그대로이되 사람은 옛 사람이 아니다.

대전의 한 쪽에선 대청호의 큰 맑음이 차갑게 일렁이고 한 쪽에선 유성의 온천물이 뜨겁게 솟구친다. 그 차갑고 뜨거운 상반의 이념 속에서 한밭은 커지는 몸부림을 친다.

섬나라 개 일제의 총독부가 공주에서 대전으로 충남도청을 이전하던 1932년 당시에 인구라야 이만 너댓천 명이던 대전, 그 대전이 2013년 지금에 이르러는 150만이 넘는 식구를 품에 안았다.

백제시대 회덕군의 작은 마을로서 닭 울고 개 짖던 대전, 그 미미한 한촌閑村이 오늘에 와서는 거꾸로 회덕을 삼키고 대덕을 낳았다.

일찍부터 대도大都가 되리라는 풍수지리설이 있던 곳, 마한시대의 소국小國이었던 곳. 남으로 남으로 피란의 보따리를 이고 지고 부산까지 내려갔던 함경도 평안도 황해도 사람들이 다시 올라와 눌러앉으며 저자거리를 휘어잡은 곳.

바람이 통하는 코리아의 네거리, 가라사대 교통의 요충지.

팔도의 이놈이 집적거리고 저년이 기웃해도 사람 좋게 멀건히

바라만 보는 곳. 그래서 마침내 서울의 온갖 잡놈이 만만히 보고 투기질로 달려드는 곳.

이런 풍수지리에 이런 내력이 담긴 곳이 대전이다. 사람들도 이와 비슷하다.

그런데 이런 대전에 거북한 다리 하나가 나타났다.

나무줄기의 세포를 형상화했다는데 목척교를 덮은 지붕 조형물은 외계인의 우주정류장 같다.

탁 트인 하늘에 지붕을 씌워 '갇힌 공간'을 연출한 디자인 발상이 평범하지 않다.

도대체 멀쩡한 하늘에 왜 지붕을 만들어 씌웠을까?

목척교를 건너려면 구조물 안으로 들어가야 한다. 다리를 건너면서 새로 조성한 생태하천의 물길을 보려면 덮어씌운 머리통 위 지붕의 '답답'을 이겨내야 한다. 사방을 휘휘 둘러보는 여유도 제한적이다. '느림의 미학'을 좋아하는 대전적 감성에 무엇을 보태려는 뜻이었을까?

작은 구조물을 지향하면서 운치 있고 정감어린 예술성을 나타냈어야 했는데.

가고 싶은 다리, 구경하고 싶은 다리로 만들었어야 했는데. 사랑을 속삭이는 인파가 자연스레 흘러드는 다리를 만들었어야 했는데. 그리되면 주변의 상가들도 그에 맞춰 신명나게 머리를 쥐어짜 여러 가지 생업적 서비스를 제공할 것이련만.

목척교는 대전의 역사와 자랑이 될 천재일우의 기회를 놓치고 말았다.

목척교 옆 으능정이는 또 LED거리, 스카이로드로 변신했다.

한 아름도 넘는 기둥들이 스무 개 가까이 들어찼다.

구룡포 대게 다리 같은 기둥들이 하늘로 치솟아 자꾸만 시야를 가로막는다.

스카이로드라면 하늘에 낸 길이란 말인가?

아니다. 하늘에 매달아 놓은 전자 영상판이다;

어렵게 생각할 것 없다. 화면이 땅바닥을 향하고 있는, 천정에 매달린 티브이라고 생각하면 딱이다. 오색영롱 휘황한 영상이 나타났다 사라졌다, 영화도 쏘아 상영할 수 있다지만 결국은 하늘에 설치한 옥외 클럽 영상쇼 시설이다. 원도심 활성화의 성공 여부는 모르겠지만 흉물이 되지 않을까 벌써부터 걱정이다.

목척교와 중교 사이에 있던 육이오 직후의 판잣집들은 대전의 역사다. 판잣집들을 새로운 감각으로 복원하여 다양한 공간으로 분양했으면 좋겠다. 그러면 대전의 전쟁 역사가 문화 관광과 그 이상의 복합적 의미로 정착될 것이다.

자동차 없는 도시를 만들고자 세계가 머리를 싸매고 있는 이때, 먼 미래를 보고 대전을 건설해야 한다. 대전의 도청 시청 자리 앞 일대를 잔디 광장으로 기획하시라.

광장은 인류 문화의 알파요 오메가다.

무릇 무엇을 만들고자 할 때는 각 분야의 의견을 모으라. 예컨대 목척교 하나를 새로 조형화하고자 하려면 화가, 시인, 소설가, 건축가, 철학자, 음악가, 무용가, 사상가, 생태 환경학자, 각 분야 과학자, 상인 등등을 모아 생각을 집대성하라. 그래야 '목척교'의 미래가 창조될 것이다. 리더는 사람의 생각을 널리 구해야 한다.

목척교의 지붕 조형물과 으능정이 스카이로드는 둘 다 발상이 비슷하다.

하늘을 덮어씌워 뻗어나갈 시선을 막거나, 무한해야 할 공간을 제한하여 전자 영상의 직사각형에 가두어버렸다.

열지 않고 막은 것. 트지 않고 닫은 것. 텅 빈 공간을 순대 속 채우듯 무언가로 채운 것. 이것이 목척교와 으능정이의 기본 구상인 듯하다.

잘 있거라 나는 간다 이별의 말도 없이
떠나가는 새벽 열차 대전 발 영시 오십분
세상은 잠이 들어 고요한 이 밤
나만이 소리치며 울 줄이야
아, 붙잡아도 뿌리치는 목포행 완행열차.

우주정류장에서 목 메어 우는 대전블루스가 들려온다.

안목은 중요하다. 지도자가 되려는 사람은 자신의 안목을 끊임없이 검증받아야 한다.

죽지 못해 흐르는 4대강의 울부짖음이 들려온다.

대통령의 철학과 판단과 학식과 신념과 환경에 대한 미래 예측과 정의 진리 사랑에 대한 도덕적 지수가 우리들 국민보다 우월한 것은 아니다.

대통령 개인의 졸렬한 안목으로 반만 년의 강을 능욕하여 임종 직전으로 내모는 것은 범죄 행위다. 권좌는 신기루 같은 한때의 허상에 지나지 않는다. '교만한 의자'를 향하여 연민을 보낸다.

미안하다, 목척교. 미안하다, 으능정이.

마당이래야 헤레라사우루스 공룡 발자국 두어 개 찍힐 정도지만 애들 어렸을 때에는 곧잘 잃어버리기도 했던, 내게는 거대한 낙원이다.

퇴직하고 나서 나는 부지런히 이것저것 꽃을 심었다. 담양이며 청주며 아랫동네 윗동네 야생화 농장을 곧잘 찾아다니며 사다 심었다.

황제의 꽃, 노보단, 애기부용, 솔잎도라지, 배풍등이, 빨강골무꽃, 처녀치마, 애기용담, 쇠비름채송화, 애기석류, 애기코스모스, 솔나리, 구페어 …… 기타 등등, 한 석삼 년 꽃식구가 꽤나 많았다. 지금 그들은 거의 없다. 결국 내가 다 죽여버리고 말았다. 내가 살생의 원흉이다. 야생화가 살아야 할 현주소는 산과 들이다.

거두지도 못하면서 공연히 옮겨다 심을 욕심만 그득해서. 그대들을 다 죽여버렸으니 이 죄를 다 어찌할꼬.

그러다가 갑자기 변고가 생겼다. 이것저것 캐내 버리고 뜨락의 절반은 상추 쑥갓에 고추 심는 채마밭으로 일구어야 할 것 같다. 야심에 찬 아내의 뜨락 인테리어 프로젝트 때문이다.

마당은 좁고 심을 것은 많고. 백팔번뇌 중의 일 번뇌로 나는 아내의 의견을 받아들였다.

38년 살아온, 공룡 발바닥만 한 내 집 뜨락의 춘화도春畵圖(?) 풍경이 마침내 변했다.

몇 포기의 꽃과 상추 쑥갓이 공존한다. 그렇다, 상추의 연둣빛도 꽃이다. 쑥갓의 초록빛도 꽃이다. 피는 것만이 꽃은 아니다.

상추 쑥갓에 자리를 내주고 옮겨 심은 원추리가 한 귀퉁이에서 싱싱히 잘 살았다.

상추 쑥갓 심을까, 원추리꽃 심을까, 이런 갈등이 모여 인생이 되는 것이라니, 대문을 열면 가슴에 달려들던 천리향도 없다. 수수꽃다리 향이 겨우 구석에서 날아온다.

홍천조 홍매, 마주보던 설중매도 없다. 마주보게 심은 뒤부터 오누처럼 피거니 지거니 했는데 그도 볼 수 없다. 눈물 머금고 캐냈기 때문이다.

햇살이 며칠 이곳저곳 데우면 진달래는 그래도 송이송이 맺힐 것이다.

산당화 꽃망울은 터질 것이다. 앵초도 연보랏빛 송이를 터뜨릴 것이다. 흰철쭉의 하양이 피면 노랑철쭉의 노랑도 피고 애기부채붓꽃도 기어이 청보라 송이를 내밀 것이다. 너댓새 뒤엔 분홍 빨강 달맞이꽃도 필 테고.

내 마당 분수엔 그것이면 족하다.

히틀러 시대에 살았던 독일의 디트리히 본 회퍼 목사가 경고한 말이 있다.

"당신은 히틀러 반대자가 잡혀갈 때도 나와 상관없다고 침묵했고, 공산주의자가 잡혀갈 때도 나와 상관없다고 침묵했고, 유대인이 잡혀갈 때도 나와 상관없다고 침묵했고, 노조원들이 잡혀갈 때도 나와 상관없다고 침묵했고, 가톨릭인이 잡혀갈 때도 나와 상관없다고 침묵하였습니다. 이제 당신이 잡혀왔는데 당신에 대한 부당함을 말할 사람은 아무도 없습니다."

이 말을 조금만 바꾸어 우리 자신에게 말해보자.

"당신은 낙동강의 금빛 모래톱이 포클레인으로 망가질 때도 내가 사는 곳과 멀어서 상관없다고 침묵했고, 영산강의 절경이 망가질 때도 내가 사는 곳과 멀어서 상관없다고 침묵했고, 한강이 망가질 때도 나라야 망하라 하며 침묵했고, 금강이 망가질 때도 자전거 여행의 망상에 젖어 침묵했습니다."

4대강 문제, 강정마을 문제, 국정원 국방부 대선 개입 문제, 밀양 송전탑 문제, 경제민주화문제, 언론문제, 검찰 문제, 등등등 등등등, 나라가 어지럽다.

디트리히 본 회퍼 목사가 그렇게 말할 것 같다.

"당신의 조국을 불쌍히 여길 사람은 아무도 없습니다."

"당신의 조국은 당신이 불쌍히 여겨야 합니다."

"당신의 대전은 당신이 사랑해야 합니다."

조선의 시인 이언진이 말했다.

기위기직일신己爲己直日神.

자기가 곧 자기를 심판하는 신神.

나는 목척교가 마음에 들지 않는다. 나는 으능정이의 변신이 걱정이다.

미안하다, 목척교. 미안하다, 강강강. 미안하다, 꽃꽃꽃.

아래야我來也, 내가 왔다 간다

중국 송나라 야사野史에 '아래야 도둑' 이야기가 있다.

이 도둑은 도둑질을 한 뒤에 반드시 '아래야我來也'라는 글을 남겼다.

'아래야我來也'는 '내가 왔다 간다'는 뜻이다.

스스로 알리바이를 거부하는, 이 기이한 도둑의 예능감각은 지금의 시청률 개념을 적용하면 아마도 30%쯤은 훨씬 넘겼을 것 같다. 그의 행적은 언제나 저자 거리에서 회자되는 뜨거운 화제였다.

그런 도둑이 조선에도 있었다.

남의 집 재물을 훔친 뒤에 묵매墨梅 한 가지를 그려놓고 떠나는 도적. 조선조 효종 임금 무렵의 민중들은 그를 일러 묵매도墨梅盜라 했다. 묵매도가 일지매와 동일인인지는 알 수 없다.

매화 한 가지를 그려놓아 스스로 도둑질의 유죄증거를 남겨놓는 도적. 도둑질한 재물을 가난한 백성들에게 나누어주는 도적. 민중들은 이 치명적인 매력의 소유자를 의적이라 일컬으며 시름을 달랬다.

글쟁이들의 아래야我來也는 무엇일까.

글쟁이들의 '아래야我來也'는 말할 것도 없이 그들의 글이다.

사람을 사귀는 것도 '아래야我來也'의 한 자취일진대 사람은 태어나서 대체 몇이나 만나고 몇이나 깊은 교분交分을 나누다 갈까?

관중과 포숙의 사이를 말하는 관포지교管鮑之交나, 인상여와 염파 사이의 문경지교刎頸之交나, 백아와 종자기의 지음知音 같은 고사는 아무리 부러워도 억지로 되는 인간관계가 아니다. 그런 것은 모두 고결한 인품과 인품이 팔자 운명의 안내를 받아 적당히 어우러져야 이루어질 수 있는 사귐이다.

죽마를 타고 놀던 벗이 없으니 나에겐 죽마지우도 없다. 향기로운 지란지교를 꿈꾸기는 하지만 그것도 뜻 같지 않다. 대학 때 사귄 김 아무개를 깊은 벗으로 생각하고 있지만 멀리 있어 왕래가 뜸하다.

시대가 다르고 사람도 많이 달라져서 사람 하나 사귀기도 쉽지 않다.

성정은 강팍하고 처세술이 옹졸하여 지금껏 나는 글을 쓰면서도 글쟁이를 많이 사귀지 못했을 뿐더러 아예 억지로 사귀려 든 적이 없다. 누군가가 다가오면 그저 숫색시처럼 받아들이는 게 고작이었다. 나이며 등단이며 모두 10년 선배인 소설쟁이 최상규 선생만 해도 어찌어찌 그분이 먼저 다가온 경우다. 10년 동안 술잔을 나누다가 돌아가신 뒤에야 그 분의 일대기에 대한 소설 하나 쓴 것으로 속정을 드렸다.

영동읍에서 김천 쪽으로 가는 길목의 순복음교회 묘지, 최상규는 그곳 햇볕 바른 산자락에 두 평쯤 차지하고 누웠다. 그의 아낙이 황급히 부탁하는 바람에 나는 부랴부랴 머리를 짜 짤막한 묘비명을 드렸다.

"김선생님, 돈 많이 안 들어가게 글자 조금 넣어서 묘비명 하나 써줘요."

돈 많이 안 들어가게. 그 말이 가슴 귀퉁이에 오래오래 남을 것 같다.

나는 스무 자가 넘지 않게 부랴부랴 머리를 쥐어짜 묘비명을 지었다.

'**타조의 꿈**을 꾸다가 떠나는 네 시의 **새벽기행**'

그의 말투, 최상규 식대로라면 차라리 이런 묘비명을 드렸어야 하지 않았을까?

(여기가) '방구석보다는 낫군'이라고 말이다.

'**타조의 꿈**'은 최상규 선생의 중편소설이고 '**새벽기행**'은 그의 장편소설이다. 또 공교롭게도 '새벽 네 시'쯤에 돌아가셨다.

작품의 제목과 운명한 시간, 그의 인생 역정을 간추린 열여덟 자 묘비명.

이 묘비명이야말로 어쩌면 내가 이 세상에 남기는 걸작(?)이 될지도 모른다.

그것으로 그 분과 맺은 속세의 인연은 끝나고 말았다.

도예가 이종수 선생도 생전에 내가 퍽이나 좋아했다. 그렇게 좋아하면서도 자주 못 뵙다가 2008년 7월, 돌아가시기 직전에야 겨우 문병을 갔는데 그것이 또 끝이었다. 그때 그분에게 드린 기도시 하나가 내가 드린 공경의 전부였다.

주님, 당신의 시간을/ 조금만 더 늦추소서
금산군 윗못골에/ 가마터 하나
본디 있던 집 한 채/ 손본 듯 안 본 듯
땅처럼 산처럼 풀빛처럼/ 처음 그대로
있던 대로 있게 하여
당호인 듯 별호인 듯/ 수졸재라 하시던 분

주님, 그리운 이들의 말씀과 만나
저녁나절을 나누는/ 수졸재守拙齋의 작은 시간을 허락하소서
수졸守拙로 흙 빚어/ 몇 점 더 굽다 가게

술패랭이 해마다 피듯/ 타는 노을 타다가 스러지게
서녘 산등성이에서/ 조금만 더 머무르게 하소서

큰형님 같은 글쟁이나 인품이 고매하고 일가를 이룬 장인들은 이미 타계하여 쉽게 찾을 수가 없다. 나도 나이를 먹을 만큼 먹어 이제는 저승길에 동행할 또래를 찾아 술잔이나 나누어야 할 처지다.

그러다보니 지극정성이라 할 만큼 뜨겁게 시정詩情을 추구하는 홍시인을 만나는 일이 잦아졌고 일면식도 없는 서아무개 시인의 시 세계를 외경스레 산책하기도 한다.

어느 사물이든 사건이든 가만히 들여다보면 그것들의 하나하나는 인생이란 사막을 건너는 여정에서 만나는 기쁨 아니면 고통의 편린 같은 것이라고 할 수 있다.

머지않아 곧 스러져 갈 것이라는, 적나라한 실존들의 한때와 그 존재감을 내 가난한 영혼도 희미하게 감지했기 때문에 늙어 만난다는 것은 시시각각으로 비장감이 깊어질 뿐더러 과거의 세월에 대한 부질없는 연민을 불러일으키기 일쑤다.

앞서거니 뒤서거니 하면서 동행해온 이 아무개 소설가는 진짓(진실로) 감히 내 가슴의 외우이다. 자주 못 만나도 엊그제 본 듯 언제나 반세기의 우정이 신실하여 자못 든든하다.

삼 잎 속에 숨어 아주 조금씩 시적자아를 드러내는 강 아무개 시인의 시혼을 스킨십 하는 것도 문학의 여정에서 만난 별스런 감각 탐닉이다.

문학의 미학을 신앙처럼 우러르며, 살아오고 살아가는 노정 속에서 인생 한나절을 막걸리 한 사발 같은 취기로 만나는 한때야말로 마냥 순수한 열락일 수밖에 없다.

가난을 겪은 이가 밥맛에 경배하듯 좋은 글을 만나면 나도 모르게 술잔에 절을 담아 올리고 신명나 하는 것도 사는 맛 중의 하나이다.

그러다가도 요즘에는 더러 자탄한다.

죽은 다음에 애통하면 무엇하랴. 글이 못나지 않고 됨됨이 또한 거둘 만한 사람이 있거들랑 살아생전에 한 번이라도 더 만나거라, 이 못난 놈아.

한시가 지닌 간결, 함축, 상상의 여백은 묘미가 있다.

한동안 놓았던, 한시의 미학에 관한 책들을 찾아 자꾸 뒤적거리는 보면 내 입맛도 이젠 늙은이의 세월에 이르렀다.

연년세세화상사年年歲歲花相似
해마다 해마다 꽃은 서로 비슷하나
세세년년인부동歲歲年年人不同
해마다 해마다 사람은 같지 않다오

나는 당나라 시인 송지문宋之問의 시 '유소사有所思'에 있는 두어 구절을 끔찍이나 좋아하는데 말하자면 이런 게 늙은이의 독서 미각이다.

일조와병무상식一朝臥病無相識
하루아침에 병들어 눕자 서로 아는 이 없으니
삼춘행락재수변三春行樂在誰邊
(그 옛날) 삼춘의 행락 어느 곳에 있겠는가

'인생무상'은 만고의 진언眞言이다.

늘그막에 이르면 낱말 하나도 범상치 않게 다가올 때가 많은데 「花相似…… 人不同」은 가슴을 겨냥하고 날아드는 비수 같다.

함께 지내온 술 세월도 이제와 생각하면 우리들의 삼춘행락이었던 것.

홍아무개 시인은 오랜 동안 글동무 술친구였다.

약관의 나이에 등단한 탓으로 피차 머릿속에 문명文名을 입력한 터였지만 얼굴만 건성으로 익힌 정도였고 홍시인과 내가 막역해지기 시작한 것은 불혹을 훌쩍 넘어 지천명으로 가는 마흔 몇 살의 어느 날, 어떤 출판기념회가 빌미가 되었다.

부여에 사는, 생면부지의 어느 아줌마가 소설집을 냈다면서 출판기념회에 와 주십사 몇 번인가 간곡히 전화를 걸어왔다. 그러니까 아마도 1990년대의 초반 어디쯤이었을 것이다. 그곳에서 나는 홍시인을 오랜만에 만났고 강 아무개 화가를 만났고 방송국에 근무한다는 김 아무개 기사를 만났다. 강 아무개 화가도 진즉에 일면식은 있었던 대전토박이였던 터, 우리 넷은 그 행사에서 별 까닭도 없이 술 몇 잔으로 의기투합한 바처럼 어울렸다. 의기투합의 색깔은 결국 술이었던 셈이다.

논산에 이르러 기어이 새 술판이 벌어졌다.

그 집은 1970년대의 술집 풍경을 퇴색한 흑백사진처럼 간직한 곳이었다. 영자의 전성시대를 두어 번쯤은 넘긴 40대 후반 50대의 아줌마들이 오랜만에 보는 술꾼 넷을 요절이라도 낼 요량이었는지 달라붙었다. 영자들은 플라스틱 바구니에 소주와 맥주를 담아왔고 우리는 젓가락을 두드리며 흘러간 노래를 퀙퀙거렸다.

이미 망조가 든, 폐광촌의 술집 같은 이 영자씨들도 그 옛날 뒷골목의 부귀영화가 그리웠는지 눈물이 어려야 좋을 만큼 구슬프게 분위기를 달구었다.

술판이 끝나고 노래는 가고 희미한 옛 사랑의 계산만 남았다.

내 술 매너가 맘에 쏙 들었는지, 음정에 문제점을 노출한 세 사람에게 음치를 면한 내 노랫가락이 제법 소리꾼의 반열에 들었다 여겼는지 그도 아니면 깔끔 떨고 칼칼한 내가 화끈하게 술값을 치른 탓인지 세 사람은 스스로 아라미스, 아토스, 포로토스가 되었고 자연스레 나는 달타냥의 자리를 꿰찼다. 그 뒤로 우리는 몇 년 동안 주객酒客 4인방의 술타령시대를 열었다.

우리는 주말마다 거의 전라도쪽을 겨냥한 당일치기 나들이를 했다. 부안 시장엔 마침내 단골 막걸리집도 생겼다.

변산반도 두루두루 산천경개 눈에 담고, 땅끝마을에서 보길도로 건너뛰고, 지리산 골짜기에서 한 나절 보내고, 설악산 한 바퀴 휘리리릭 돌고 돌고, 황간의 민주지산에서 낮잠도 한 숨 자고.

막걸리에 소주에 청탁불사淸濁不辭하면서 돼지고기에 오징어 두루치기에 순대도 마다않으면서 우리는 순례자처럼, 탁발수행 스님처럼 세상을 돌았다. 40대 말에서부터 50대 중반에 이르기까지 그 세월이 몇 년이었던가.

그러나 영원무궁할 것 같던 그 세월의 종말도 허무하게 다가왔다. 맨 먼저 방송국 김 아무개가 투병에 들더니만 세상을 떴고 화가 강 아무개도 덩달아 투병을 시작하더니만 몇 년 뒤 동무의 뒤를 따라 훌쩍, 이승을 하직했다.

둘은 가고 둘만 남았다. 절교라도 한 것처럼 홍시인과 나는 몇 년 동안 만나지 않았다. 우리는 각자의 생존일지를 써내려가며 살았다.

무정세월약류파無情歲月若流波.

아뿔사, 나들이의 세월도 이제는 가물가물하고 젊은(?) 날의 희미한 기억으로만 남았다.

그러다가 2000년대에 들어서면서 드믄드믄 새삼 만나기 시작했고 내가 퇴직하면서 우리는 다시 만남의 도화선에 더운 불을 당겼다. 누가 뭐라 할 것도 없이 조금씩 피차 늘그막의 외로움을 달래고 싶은 까닭이었을 것이다.

우리에게는 술이라는 중매꾼이 있었다. 글 이야기를 안주 삼아 기울이는 술맛은 언제나 각별했다. 술이 아니라면 만날 일이 없었다.

대체 술이 무엇인가.

술 빨아들이는 DNA와 시재詩才의 DNA는 어떤 관계가 있는 것인가. 시라는 놈이 본디 술을 부르는 손짓을 품고 있다가 시인을 만나기만 하면 눈짓이라도 한단 말인가.

예부터, 왜 그리 술 좋아하던 시인들이 많았을까.

북송의 시인 동파東坡 소식蘇軾이 한 마디 했다.

박박주 승다탕薄薄酒 勝茶湯. 묽디묽은 술이지만 차보다는 낫다.

일상일영一觴一詠, 술 한 잔에 시 한 수. 그렇게 말한 왕희지도 술꾼이었다.

시경詩經에 실린 시도, 현존하는 당唐대의 한시 5만여 편도, 여섯 수 중 한 수는 술을 읊었다 한다. 주시酒詩의 비율이 무려 10%. 월하독작月下獨酌을 지은 이백은 스스로 취중선酒中仙이라 하더니 그의 주시도 무려 170수나 된다는 기록이 있다.

두보는 날마다 봄옷을 저당 잡혀 진취귀盡醉歸, 진취귀, 왕창 취해 돌아오기 일쑤였고 외상 술값이 도처에 널려 있었다니. 그야말로 일급 술꾼이었다. 그 두보杜甫 역시 300수나 되는 주시를 남겼다. 시인이 술꾼인지 술꾼이 시인인지 아리송하다.

취음선생醉吟先生으로 불린 백거이白居易는 아예 술과 시, 거문고를 북창삼우北窓三友로 꼽았다.

도연명은 술을 마시기 위해 관직에 나갔다더니 근심을 잊게 하는 물건이라 하여 술을 '망우물忘憂物'이라 명명했다.

일상수독진一觴雖獨進
잔 하나로 홀로 마시다가
배진호자경杯盡壺自傾
빈 술단지와 쓰러진다

술 취해 쓰러진 자신을 넘어진 술병에 빗댄 표현이 산뜻하고 기묘하다.

술을 끊지 못한 부지주不止酒의 까닭이 술을 끊으면 새벽에 일어날 수가 없었다니 중독의 경지에 들어섰던 것 같다.

애주가 구양수가 말했다. 취옹의 뜻은 본래 술에 있는 것이 아니다. 바로 산수 자연에 있다. 술을 시 쓰는 수단으로 삼으라는 말이니 이것은 음주의 합리화다.

조선시대의 황진이나 임제, 김삿갓 임꺽정도 술로 한 세상을 살았다. 시인 변영로, 조지훈, 소설가 김동리도 둘째가라면 서러워 할 주객들이다.

조선이든 당나라 송나라든 한국이든, 하여간 청산도처 여기저기, 역사의 곳곳에 술꾼 시인 글쟁이가 넘쳐난다.

죽은 귀신들은 그만 꿰고 그런 중에 홍시인도 술꾼의 한자리를 떠억 하니 차지하고 있다.

이제는 나이 먹어 늙은이가 되었으니 취옹醉翁이 제격이다. 무리지어 술 마시는 군음群飮도 마다하지 않고 한밤중에 홀로도 즐겨 마시니 독작옹獨酌翁이라 해도 무방할 듯하고 사흘을 술 굶으면 반드시 먹고자 사람을 찾아 나서니 인생세간 강호의 주당이고 애주가다.

홍시인의 북창삼우는 '낮술과 시와 해장술'이다.

둘이 죽고 둘만 남았지만 한 몇 년을 뜸하게 지내다가 다시 만나면서부터 홍시인에게서 배운 것은 오로지 낮술이었다. 아니 배운 것이 아니다. 퇴직으로 말미암아 넉넉해진 내 시간을 파고들어 낮술을 고집한 그의 책략에 기꺼이 넘어간 탓이었다.

일주일에 한 번은 어김없이 그에게서 전화가 걸려왔다. 장소는 목척교 근처 아니면 원동의 헌책 거리 어느 한 곳 책방이었다. 시간은 언제나 낮 열한시에서 열두시쯤의 오시 무렵.

"술은 아무래도 유시酉時가 제격이지."

내가 저녁 다섯 시 무렵의 유시를 고집할 때마다 그의 대답은 한결같았다.

"술은 낮술이여."

퇴직한 나도 시간은 지천이었으므로 못 이기는 체, 그의 시간에 맞추다 보니 그나 나나 할 것 없이 우리는 낮술 도깨비가 되고 말았다.

오음포래음午飮晡來湧
낮에 마신 술이 해질 녘에 올라와
홍홍이사풍烘烘耳似楓
후끈후끈 두 귀가 단풍 같구나.

-이덕무李德懋(1741-1793)

이미 '술 홍안紅顔'이 되어 피차 벌건 대낮에 벌건 얼굴인데도 원조 낮도깨비 홍시인은 어김없이 2차 주문을 강요한다.

오시午時부터 마신 술이 해질 녘에 올라와
낮도깨비의 귀 두 쌍이 단풍 같구나.

홍시인은 가끔 삐친다.

오른쪽에서 왼쪽으로, 삐칠 별丿 자字로 삐치기도 하고 때로는 털 자랄 삼彡 자字로 삐치기도 한다. 그러나 그것은 늙은이의 어리광치레에 불과한 것일 뿐 알고 보면 풍류객에 부드러운 진남자眞男子다. 그의 근본심성은 '다정도 병인 양하여 잠 못 들'만큼 순수하다.

그는 자신의 서재를 옹산시사翁山詩舍라 명명했다.

박용래 시인은 생전에 자신의 집을 청시사라 불렀다.

청시사青柿舍는 푸른 감나무집이다. 감나무집이란 생활어가 음에 민감한 박용래시인의 입맛에는 가당치도 않았을 것이다. 그래서였을까. 시적 음감을 허술히 여기지 않는 박용래시인은 감나무가 아닌 한자어 청시를 선택했다.

차라리 초가집이었다면 갈건포의葛巾布衣의 시인에게 청시사는 그럴 듯한 당호가 되었을 것이다. 그러나 가난한 양옥 한 채에 더부살이처럼 서있던, 도심의 감나무 한 그루를 가슴 속에 들여놓고 청시사青柿舍라 명명한 것은 박용래 시인의 자존적 안간힘이기도 하다. 1971년 무렵의 이곳은 변두리를 면해가는, 도심에 가까운 곳이었다. 도심의 양옥에 썩 걸맞은 것은 아니었지만 청시사는 박용래의 시적 당호였다. 아마도 박용래 시인은 '박용래 시의 고고한 산실'을 탄생시키고 싶었을 것이다.

옹산은 계룡산의 또 다른 이름이다.

시사詩舍는 박용래의 청시사青柿舍, 그 시사와 동음이다. 뜻이야 다르지만 소리값은 같다. 옹산시사翁山詩舍의 시사가 '시를 짓는 시인의 집'이란 뜻이라면 청시사의 시사는 '감나무가 있는 집'이니 뜻으로 보면 천양지차의 다름이 있다.

그러나 홍시인이 흠모하던 박용래의 청시사는 홍시인의 무의식으로 스며들어와 옹산시사로 자리잡았다. 이건 내 지레짐작이다.

송나라의 구양수는 자신의 서재를 '아름다운 배' 화방畵舫이라 했고 또 송나라 문인 육유陸游는 자신의 서재를 서소書巢, 책둥지라 했다. 아름다운 서재 이름을 갖고 싶은 것은 시인들의 바람이리라.

옹산시사에는 책이 많다. 지하에도 2층에도 3층에도, 이중의 서고에 책이 빼곡히 들어차 있다.

스스로를 책만 보는 바보 '간서치看書痴'라 불렀다는, 조선 후기 당대의 독서가 이덕무.

홍시인은 간서치에 수집벽까지 겸비한, 책 사랑의 모범생이다. 그가 걸핏하면 원동의 고서점가에서 낮술을 하자면서 나를 불러내는 까닭도 사실은 술도 구하고 책도 구하려는 이유 때문이었다.

연분홍치마에 봄날 가는데
홍공의 옹산시사翁山詩舍 책들은
전깃줄 제비처럼 줄지어 앉아있다

두보와 이백은 지금쯤 무슨 술을 마시고 있을까
설마 눈물주는 아니겠지
술 한 잔에 시 한 수는 저승도 마찬가지

이 책 저 책 문향聞香 하다말고 묻노니

연분홍 말고 사월은 어디 있느뇨.

김수남

목원대학 문리대 현관 앞 정원에는 그의 작품 '길'을 새긴 시비가 서있다. 이 시비는 내가 본 시비 중에서 크기나 디자인이 그윽하여 품위가 있다. 그것이 다 그의 안목이겠지만 어떻든 자신의 문학적 자취를 남기려는 그의 노력은 가상하고 눈물겹다(?).

홍시인은 이 용산시사를 내심 그의 문학박물관으로 어디에다 기증하려는가 보다.

나는 한사코 말렸다.

"에드가 알란 포우든 헤밍웨이나 존스타인 백이든 그들의 문학 기념관은 그들 자신이 세운 게 아니다.

아마 용산시사를 기증받은 사람이나 단체는 그것을 적당히 처분하여 경제적 이익만을 차지하려 할 것이다. 홍시인의 의도와는 달리 용산시사는 머지않아 사라질 것이다. 결국은 좋은 시를 쓰는 것만이 남는 것이다."

시 써서 남기려 하지 말게. 시 써서 하늘에 날리게. 남기려는 자체가 이미 부질없는 것, 추앙받는 시인으로 남고 싶은가. 그것이야말로 티끌 같은 번뇌, 남기려고 아등바등하지 마시라.

박용래의 청시사도 홍시인의 용산시사도 결국은 사라지는 것.

청시사나 용산시사나 뒤에 올 시간의 이야기 속에서 존재할 것이다.

생각이 달라서 그와 나는 술 먹다 말고 말싸움도 심심찮게 했다.

늙으면 가슴속에서도 낙엽이 지는가 보다.

얼마 전에는 나 혼자 그렁그렁 늙은 눈물을 담았던 일도 있었다.

조영찬씨와 김순호씨가 '아침마당'에 걸어나왔다.

보이지 않는 눈과 들리지 않는 귀를 가진 조영찬이란 사내. 자신을 달팽이라고 말하는 남자. 자신의 손은 달팽이의 촉수라고 여기는 사람. 그래서 그 촉수를 더듬어 아내와 이야기를 나누는 영혼.

어린애처럼 작은 키와 몸집을 가진, 영찬씨의 아내는 척추장애자였다.

한 번도 본 적은 없지만 영찬씨는 아내를 이 세상에서 가장 아름다운 여인이라고 천천히 말했다. 그러자 그의 아내 순호씨가 되받았다. 영찬씨가 가진 재주를 활짝 꽃피울 수 있게 내조하고 싶지만 그러기엔 자신이 턱없이 모자란다고.

아내가 남편의 손등에 점자를 두드렸다. 모두들 둘이 나누는 언어를 방해하지 않으려는 듯 숨을 멈추고 조심스럽게 바라보았다.

우리는 달팽이처럼 느리게 사랑해요. 그들의 눈빛이 그렇게 말했다.

프로그램이 끝나갈 즈음에 조영찬 씨가 나지막이 자작시를 낭송했다.

태어나서 한 번도 별을 본 적이 없지만
한 번도 별이 있다는 것을 의심한 적이 없었다
밤에도 태양은 우리의 발 아래쪽에서

불을 뿜고 있다는 것을 안다

사람의 시력과 청력은 없어지는 것이 아니다
그것은 우주의 어딘가를 떠돌고 있을 뿐이다
때가 되면 그들은 주인에게로 돌아올 것이다
가장 값진 것을 보기 위하여 잠시 눈을 감고 있는 거다.
가장 참된 것을 듣기 위하여 잠시 귀를 닫고 있는 거다.
가장 진실한 말을 하기 위하여 잠시 침묵 속에서 기다리고 있는 거다.

「달팽이의 별」

재주 부리지 말고 '달팽이의 별' 같은 시를 써라 했더니 홍시인은 얼굴을 붉히며 능멸을 받았다는 듯 화를 냈다.

조선의 저항시인 우상 이언진이 말했다.

재조수위휘미在鳥獸爲翬尾
내가 만일 새라면 꿩일 거야.

홍시인은 이렇게 말할지도 모른다.

재조수위백로在鳥獸爲白鷺
내가 만일 새라면 백로일 거야

홍시인의 시작詩作 열정은 펄펄 끓는 쇳물에 비견할 만하다.

실험적인 시며 풍자시며 고향 사랑을 담은 한밭 풍물시며 등등, 그 저작이 방대하다.

시집이 17권, 공동시집이 1권, 시선집이 7권, 평론집이 4권, 산문집이 5권, 영역시집이 1권, 편저가 3권, 기타가 6권이다. 그야말로 어마어마한 양이다. 이은봉 시인이 엮어 낸 '홍희표 시인연구'는 무려 785쪽에 이르는 책이기도 하다.

홍시인, 애쓰셨네. 그 누가 그대의 노작을 폄훼하리요

그러나, 홍시인, 늙어서 그런지, 나는 이제 '달팽이의 별' 같은 평범(?)을 좋아한다네,

'비범'이 아닌 '평범'으로 이 술동무의 어스름 저녁을 울려주시게.

그러면서 오갔는데, 2012년 9월 22일, 훤한 대낮에 나는 문자 메시지를 받았다.

홍시인 별세.

인망여고추人亡餘古秋

사람은 죽고 옛 가을만 남았으니

회월유독작懷月唯獨酌

가슴에 달 품고 홀로 마실 뿐.

넷이 모이면 누가 맨 마지막에 죽을까?

내가 맨 마지막에 죽을 것이다. 셋은 이미 갔으니까.

이 아무개 시인을 만나 술잔을 나누기 시작한 것은 3년 남짓 요즈음 들어서다.

저 멀리 고희古稀의 마을이 보이는 생의 고갯마루에서 나는 비로소 이 아무개 시인을 만났다.

막걸리 잔을 나누며 나는 우리들의 밤이 얼마나 됐느뇨? 물었다. 우리는 달이 스러져가듯 취해갔고 취하면 시문과 분노와 시대의 정의를 말했다

만나기로 하자면 진즉에 자주 만날 인연이 있던 차였는데 만나고 나서야 우리는 중고등학교 선후배라는 학연을 떠올리면서 조금씩 두터워졌다. 피차 못난 처세술 DNA를 타고난 까닭에 오랜 세월을 소원히 지낸 것이다.

자주 만나다 보니 그의 시가 내 생의 뱃전에 가만히 물결처럼 와 부딪힌다. 그럴 때마다 무뎌져 가는 듯한 내 문학적 속살이 간지럽다. 그의 시가 내 가슴에 밀려오면 이런저런 필이 꽂히고 신명이 난다. 이쯤 되면 학연도 부처님 말씀그대로 하나의 연緣이니 이미 맺어진 업을 없는 양 하는 것도 허세가 아니겠는가.

1300년 전쯤 당나라 무렵으로만 거슬러 올라가도 읊어야하고 깨달아야 할 인생의 묘리는 그 시절에 이미 나올 만큼 다 나온 것 같다. 술과 인생을 노래한 이백의 장진주將進酒 두어 구절도 그런 답 중의 하나이다.

조여청사모여설朝如青絲暮如雪

아침에는 푸른 실이었지만 저녁에는 흰 눈 같은 것
인생득의수진환人生得意須盡歡
살다가 뜻을 얻으면 모름지기 실컷 즐기면 그만
막파금준공대월莫把金樽空對月
금 술잔 잡고 부질없이 달을 대하지 말라

70년대에 만나도 좋았을 그와 내가 세월이 웬만큼 흘러 어쩌다 만났을 때 이시인과 나는 피차 모여설暮如雪의 흰머리 늙은이가 되어 있었다. 우리는 2011년의 일그러진 대전문단에 함께 분노하고 있었고 그런 분노가 이백의 시구처럼 인생 득의했다고 한다면 그와 나 사이에 남은 것은 실컷 즐기는 수진환須盡歡의 경지만 남았을 따름이었다.

그래서 우리는 사나흘이 멀다 하고 만나서 탁걸리를 기울였다. 나무 탁자 위에는 이백의 금 술잔 대신에 언제나 노오란 알미늄 양재기 잔이 놓여있었다.

천천히 취해가면서 우리는 한강 금강 낙동강들의 운명을 마셨고 저 세상으로 간 어떤 분의 생애를 눈물처럼 마셨다.

젊은 날의 어느 날부터 그러니까 아주 오래 전부터 나는 삶의 허무를 받아들이기 시작했고 용맹정진하는 큰 스님처럼 때때로 죽음의 시간을 상상하곤 했다. 내 허무의 빛깔은 자살을 꿈꾸는(?) 니힐리즘이라기보다는 거창하게 말해서 고타마 싯타르다의 원초적 고뇌와 흡사한 것이었다.

무명無明을 깨닫지 못하는 사바 군상들이야말로 허무의 존재 그 자체가 아닌가. 여하튼 인생은 실체를 알지 못하는 몇 십 년의 세월을 살다 가는 시간 같은 것이다.

그런 허무의 즈음을 더러더러 만나던 때였는데 2009년 5월 23일, 나는 다시 커다란 허무와 슬픔을 만났다.

그날 나는 노무현 대통령의 죽음을 들었다. 내가 무엇을 할 수 있었으랴. 너무나 슬픈 나머지 나는 대낮부터 술을 마셨고 온몸이 술에 젖어 저녁 무렵이 되어서야 술꾼이 갖는 관성의 법칙으로 겨우 귀가했다.

오랜 동안 나는 허무에 젖어 세상의 시간을 감당하지 못했다. 노는 어디로 갑니까. 노하지盧何之'란 제목으로 시 한 수를 지었으나 텅 빈 가슴의 골짜기는 여전히 휑뎅그렁했다.

저승 초행길이 낯설어 /발길이 어설프면 /사람 사는 세상을 /등지고 걸으시라

오랑캐 땅엔들 꽃이 없으랴 /바보 같은 만장 만장 /지랄처럼 솟아 피고

사바의 허공에 /노오란 종이비행기 /새떼처럼 날면 /그곳이 서역 삼만 리 길목이리니

한 석삼년 하늘에서 /농사짓다가 문득 /꿈꾸던 꿈이 생각나면
어느 저녁나절 호롱불 켜질 쯤 /눈물 젖은 가슴의 기슭에
분홍달맞이꽃 오월에 피듯 오시라 /자전거 타고 한 번 내려오시라.

「노하지盧何之」(노는 어디로 갑니까)

하늘을 찌를 듯 솟아올랐던 수많은 만장들도 지랄 같았고 노란

종이비행기도 저승길로 배웅하는 호곡일 따름이었다. 인터넷 추모곡 '내가 기억하는 사람'을 듣고 들어도 부질없었다. 독도 연설을 들으면 다시 아팠다.

"존경하는 국민 여러분. 독도는 우리 땅입니다. 그냥 우리 땅이 아니라 40년 통한의 역사가 뚜렷하게 새겨져 있는 역사의 땅입니다."

막걸리를 마시면 나는 노무현의 죽음에 젖어들어 비감을 감추지 못했는데 이시인 역시 일맥상통, 내 생각의 심산유곡으로 깊이 들어오곤 했다. 세상 바라보는 지향까지 의기투합했으므로 우리들의 탁배기 잔은 언제나 세상과 문학으로 잘랑거렸다.

이백이 '독작獨酌'에서 뭐라 했던가.

석 잔을 마시면 통대도通大道하고 한 말을 마시면 합자연合自然한다 하지 않았던가.

용두동 시장, 그 작은 막걸리 선술집 벽에는 석 잔 마시고 대도를 향하는 이장희 시인의 세필細筆 점묘의 산수화가 빼곡히 들어차 있다. 한 말 술을 마시지 않아도 합자연하는 이장희 시인은 유년의 순수로 되돌아가 아주 자주 고향을 가슴에 품는다. 시가 그러하고 산경山景을 즐겨 그리는 세필화가 그러하다. 대작할 사람이 없으면 그는 자신이 그린 산수화의 어느 좌표에 앉아 독작하며 합자연할 것이다. 왜냐하면 그는 마실 수밖에 없는 순수이기 때문이다.

막걸리 마시며 시를 쓰고 산수화를 그리는 이시인.

어쩌다 내 입맛을 알아챈 그는 보문산 까치재 산행 길에서 뜯어

온 씀바귀를 안줏감으로 내놓곤 했다. 우리는 그걸 고추장 찍어 막걸리 안주로 삼았다.

"밭때기 여기저기며 길섶 같은 곳에 지천으로 있는 소리쟁이도 국거리로 좋아."

"원추리도 붉은 것, 노란 것 두 가지가 있지."

그가 합자연의 경지에 들었으므로, 아니 나도 일찍이 합자연 칭송을 일삼았으므로 가끔은 먹을 만한 나물 종류며 꽃이며 아는 것을 말 안주로 들이대곤 했다.

좋아하는 꽃이 하나 둘이랴마는 장맛비로 젖은 내 올해의 칠월은 노란 원추리에 흠뻑 빠져 산 여름이었다. 눈 뜨자마자 마당에 나가 원추리와 눈을 맞추노라면 사춘기 소년 시절의 사랑앓이가 솟는 것 같아 감미롭다.

당나라 현종은 원추리를 보고 근심을 잊었다 한다.

원추리의 무엇이 근심을 잊게 하는 것일까. 원추리는 여름을 대표하는 꽃이다. 잎사귀보다 높이 올라와 한 송이씩 차례로 길쭉 봉긋한 봉오리를 벌려 꽃을 피우는 원추리. 한 송이가 피고 지면 다음 날 그 옆의 꽃송이가 또 피고 지는 원추리.

'하룻날의 아름다움'을 나타내는 원추리.

노랑도 가지각색이지만 원추리의 노랑은 담황淡黃에 가깝다. 일체의 잡색雜色을 허용하지 않은 담황의 그 순박에 빠져들면 그야말로 망우忘憂, 온갖 근심 걱정이 간 데 없다. 원추리의 망우는 그 담황에서 나오는 것이리라.

'원추리를 보고 있으면 근심을 잊게 되고, 모란꽃을 보고 있으면

술이 깬다.'

당나라 현종은 그랬다지만 모란은 그만두고 나는 원추리만 내 짝사랑으로 점찍었다.

몇 년 전에 얻어다 심은 한 포기가 이제 일고여덟 포기가 되었으니. 한 스무 포기쯤으로만 늘여 놓으면 내 노후의 10여년은 안복眼福을 누릴 만하다.

이 아무개 시인은 바로 이 원추리다. 심성과 시심이 원추리의 담황이다.

그러나 고희를 바라보면서도 소년의 무지개를 간직한 솔나리꽃이기도 하다.

시를 읽는 즐거움이 어찌 하나 둘에 그치랴.

비범한 통찰력도 좋고.

아름다운 포착도 즐겁고.

깊고 따스한 사랑도 뭉클하고.

창조적인 비유에 무릎을 치고 .

생의 달관에 잠겨들고.

시가 그리는 이러한 미학을 만나면 혀는 스스로 읊조리고 술을 찾는다.

혀에 올려놓고 읊조리면서 나는 나 자신을 수행한다.

이것이 아름다운 시를 사랑하는 내 속삭임이다.

그래서 아름다운 시를 만난 날이면 나는 내가 생물生物이란 사실을 언제나 고마워한다.

예컨대 서정춘의 시를 만난 날도 그랬다.

여기서부터, —멀다
칸칸마다 밤이 깊은
푸른 기차를 타고
대꽃이 피는 마을까지
백년이 걸린다

서정춘의 「죽편竹篇·1」

마디마디 생의 시간을 이루며 텅 비어가는 대나무.

60년쯤 어디 아니면 100년쯤 걸려야 핀다는 대꽃의 한 생을 인생으로 환치한 비유. 칸칸마다 밤이 깊은, 은 또 얼마나 깊은 고해苦海의 비유인가. 아니다 아니다. 그것은 생이란 신비로운 것이라며 던지는 화두일 것이다. 서정춘의 창조적 비유가 아름납다.

하늘은 가끔씩 신의 음성에겐 듯 하얗게 귀를 기울이는
낮달을 두시었다

「서정춘의 귀」

하하하, 웃으며 나는 마당에 나가 하늘을 보며 서정춘의 귀, 그 아름다운 포착을 찾는다.

연탄재, 함부로 발로 차지 마라
너는

누구에게 한번이라도 따뜻한 사람이었느냐

안도현 시인이 꾸짖는, 따스한 휴머니즘도 와 닿는다.

삼백 년 묵은 느티나무에서/ 하루가 밝았다고/ 까치가 운다/ 잡것

함민복 시인이 읊는 생의 달관과 '묵상'도 통쾌하다.

원추리 같은 이시인은 우리에게 문명을 꾸짖는 슬픔을 풍경처럼 보여준다.
그의 시에 펼쳐진, 사라져버린 것들과 시간의 그리움을 새기고 있노라면 가슴이 쪼개질듯이 뻐근하다. 아프다. 그 애처로운 풍경의 퍼즐 조각들.

이 아무개 시인 분발하시라. 자신의 재능을 십분 발휘하지 못하는 것도 죄라고 생각한다. 인생의 여정도 많이 남지 않았다. 우리는 서로 피를 토해야 할 것 같다.

사람과 사람의 만남이란 게 대체 무엇인가.
순수로 만나고 진실로 소통하는 것이 교유交遊의 뿌리가 아니던가. 순수는 내 신앙 1장 1절인 것.

인생칠십년광사수류人生七十年光似水流.
인생 칠십년 세월도 유수처럼 흐르는 무정한 것.

우리들의 세대는 사라지려 한다. 우리들은 조금만 더 있다 사라지려고 안간힘을 쓰고 있다.

세상은 하루가 다르게 스스로 성형한다.

라면의 속도와 빵의 편리와 우유의 영양을 당연한 전유물로 여기는 세상으로 변했다,

냉장고의 차가운 과학을 추종하는 경제적 머리가 따스한 가슴을 경멸하고 있다.

그러다보니 청산도처에 사기꾼이 득시글거린다. 똥배짱이 통하고 온갖 협잡모리배가 세상의 리더라고 명함 돌리며 산다.

문단이라고 무에 예외이랴. 문은 사라지고 단壇만 남았다. 문인은 숨어버리고 잡배만도 못한 인人들이 더 기승을 부린다.

그러니 성정이 변변치 못해 교유가 부실했다고 자탄할 일도 아니다.

청주는 성인에 비하고 탁주는 현인과 같다 하니 이제 할 일은 성인도 되고 현인도 되는 날이나 잡는 일.

이시인, 가을이 깊어지면 그 속을 걷고 달빛이 푸르면 달빛에 젖고 시가 있으면 그대의 두레박으로 한 수 길어 올리시게.

조선조 시인 이언진李彦瑱이 남긴 싯구 하나를 보자.

『일우상일해탕 아우아불우인 一虞裳一蟹湯 我友我不友人

하나는 우상, 하나는 해탕, 나는 나를 벗하지 남을 벗하지 않는다.

우상은 이언진의 자字, 해탕은 그의 별호이다. 우상과 해탕은 둘 다 이언진 자신을 가리키는 말이다. 그러니까 이언진은, 자신은 자신만을 벗한다라 말하고 있다.』

박희병 지음 『저항과 아만』에서

만나던 사람들 하나 하나가 세상을 뜬다. 자고 나면 또 하나가 사라졌다.

어느 새 내 좌우가 휑하다.

자기를 믿으며 스스로 높은 양 하는 교만을 불교에선 아만我慢이라 한다.

아만이 아니더라도 아무도 없기 때문에 이제는 어쩔 수 없이 '나는 나를 벗하지 남을 벗하지 않는다'고 해야 할 지경에 이르렀다.

사람은 죽고 옛 가을만 남는 것.

독작獨酌하던 어느 날, 내 술잔에 두둥실 아버지의 대폿집 하나가 나타났다.

취한 아버지가 젓가락을 두드리며 노래했다.

"마지막 잔이다, 날이 새면 이 항구도 이별이란다."

이 세상은 항구다.

나는 유쾌할 것도 없이, 쓸쓸할 것도 없이, 도둑이 남기고 간 글귀를 속삭였다.

아래야我來也. 내가 왔다 간다.

걸레도둑 만나러 나는 테미로 간다

2013년 11월 28일 인쇄
2013년 12월 2일 발행

저 자 • 김 수 남
발행자 • 성 정 화
발행처 • 도서출판 이화
대전광역시 중구 선화동 229-2번지
장현빌딩 2층
TEL. (042) 255-9707~8
FAX. (042) 255-9709

ISBN 978-89-6439-068-9 03040

〈값 12,000원〉

※무단복제나 복사는 금합니다.
※잘못 만들어진 책은 바꾸어 드립니다.